ABOVE
THE FORTUNE

财富之上

刘汉元和他的商业哲学

周　唱等◎著

浙江大学出版社
ZHEJIANG UNIVERSITY PRESS

序一

一个好人与一个好企业

通威已经 30 年了，但是我丝毫没有感觉它有苍老之态。因为我一看见汉元，看他轻快的步履和充满好奇的眼神，以及对未来的热情，就觉得他永远像一个年轻小伙子，当知道他出了这本《财富之上》个人传记的时候，我都有些诧异。

细细数来，我和汉元认识也快十年了。在他身上我也看到了通威的闪光之处。首先他始终关注世界，保持旺盛的好奇心，很多公司二三十年以后，创办者就开始享受像温水煮青蛙似的习以为常，对身上每个部位都不敏感，很难对某件事情眼睛放光，然而在汉元身上，每件事你跟他说，他都能腾地一下就兴奋了。对外部事情的好奇和充满期待，是通威和汉元持续发展和创造辉煌的重要动力。我对汉元过去 30 年表示钦佩，对未来的 30 年充满期待，他们会创造出更多奇迹，对企业对个人都有一个很满意的人生。

　　汉元起家做的是鱼饲料，现在进入了新能源和其他领域，无论在哪些领域，汉元保持平衡的能力非常好。我们都知道在业务的专业性、单一性和多样性之间做到平衡是很不容易的事情。平衡能力强的评价还体现汉元在商人、社会人、企业家、公共人物这几个角色之间的平衡和转换。

　　汉元是全国政协常委，作为一个公众人物和一个私底下的朋友，他都做得很称职。就像他站在这儿，形象端端正正，不高不低，不胖不瘦，一切都恰如其分。

　　这不是个简单的活儿，我的平衡性就不太好，善于做一些比较激进的、有想象力的事情，可能具体实施、操作上就得依赖团队去做，我自己不大有兴趣，所以有时候会感觉比较辛苦，另外我讲话不大容易让周边的人都舒服。我经常说得比较随意、太过生活化，有很多人听着不满。我只是个商人，几乎不参与政治活动，因为我觉得我平衡不了这些事情。

　　我只能做一个角色，同时做很多角色，内心会很纠结。这表示不够成熟，成熟的人一般平衡性比较好，因为委屈自己是成全大家，所以这种人是值得敬仰和追随的人。这方面汉元的确值得我们给他鼓掌，虽然汉元个人辛苦点，但是我们大家还是比较舒服的。

　　另外汉元的平衡性还表现在家庭和工作方面，我们有时侯出去玩，很少人带太太和家属的，但是我好多次都看到汉元带着太太，而且各方面都照顾得很好。

　　好奇心、价值观、平衡性，是我心目中的汉元和通威，它寓于无形之中，汉元不是用气势压倒人，用暴力征服人，用金钱收买人，而是用平衡、温润、润物细无声这样点滴的渗透和感染，以及对身边人的帮助，让你感觉到他无时不存在，他存在就是价值。

　　祝福汉元，也祝福通威能够在未来的发展道路上继续通、持续威。

万通集团董事局主席　　冯仑

2012 年 8 月

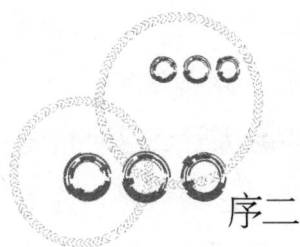

通威的商业伦理

如果《南方周末》关注一个企业，一定不是因为它的财富数量的多少，而是因为它的新闻价值或社会责任。

从舆论的角度来说，通威是一个很有意思的企业。1982 年创业以来，刘汉元和他的通威一直默默前行，从未引起公众更多关注。到了 2001 年，刘汉元却突然以 11 亿元身家被《福布斯》评为中国大陆富豪第 21 名，社会才转头注意到这个来自四川的水产养殖企业和这个年轻的富豪。

这种突然爆发的力量令人侧目惊讶，有些神秘。要感谢周唱先生的这本书，让我们得以洞悉通威此前此后的许多故事——尽管从外表看起来，通威无故事。

用"起点论"来看，通威是中国少有的一类企业，没有"红帽子"，阳光而没有原罪——一个中专毕业后分配到水电局的农村青年，靠着家里卖猪换来的 500 元钱开始创业，买废钢管，焊网箱，一家人日夜不停地搓饵料，一天到晚定时定量地喂鱼，喂鱼，还是喂鱼——这创业之路看似极其平淡简单，但我们现在能体会到，试验成败的巨大经济压力和心理压力，是怎样磨砺着当时年仅 19 岁的刘汉元。

等到这种网箱养鱼模式试验成功后，他们自己办厂生产饲料时，这条路就显得更为枯燥了。中国农民是最讲究实效的。瞎掰没用，饲料好不好，就看效果。刘汉元由此低调而明智地选择了"科学研究"，来作为产品以及通威这个企业的核心竞争力。

这种科研领先的路线一直贯穿着通威的发展史。刘汉元的"饭碗理论"耐人寻味：谁引导农民致富，谁就和农民一起致富；谁抢农民饭碗，谁就没有饭碗。他来自农村，完全知道农民的想法，一旦农民认为你成天是在同他竞争，在损害他、抢他的利益，那谁还愿意做你的用户？谁还忠实于你呢？所以在市场条件下，你给农民碗里添油加肉，你才能够长期生存。

于是，当通威为这个社会贡献了水产领域的核心科技时，也通过与农户利益休戚相关的市场营销，完成了一系列农业经济合作模式的探索，譬如说"万户共同成长计划"，譬如说""公司＋合作组织＋农户"的"蓉嵊模式"。通威希望引导农民，支持农民，让农民不用离土离乡就可以过上体面的"乡绅"生活。在农村集体经济已逐渐式微的大背景下，这些合作模式，不仅使得通威与整个中国农村经济和乡村社会的发展紧密结合，得到了更多政策支持，也为中国新农村建设的制度建设作出了有益探索。

刘汉元在另一个维度上的商业伦理同样值得解剖。通威后来打通了从饲料生产，到生态饲养直到鱼肉加工上市的整个产业链，直接向市场推出了绿色生态的品牌"通威鱼"。在食品安全的严峻背景下，来重新审视这条产业链和产品，意蕴深厚。在刘汉元看来，苏丹红、三聚氰氨、瘦肉精等食品安全问题肆虐全国的根本原因，就是因为产业链的生产机制是互相脱节、缺乏流程监管的，如果某个环节的供应商只顾自己的利益最大化，肆意添加违禁品，必然由此延及下游产品的质量。整个产业链的打通或许是中国食品安全的一个破解之道。现在的通威，正在研究"绿色无抗生猪养殖技术"项目，想生产出完全不用抗生素的畜禽鱼类产品，改变中国食品安全的现状。

这些事实本身——一个服务"三农"，利润微薄并有着高尚商业道德的企业不仅能成功上市，还能不断发展，去涉足新能源领域——通威的成功，让我们不仅重新看见了中国文化内生出来的商业道德，而且看见了中国社会经济的希望所在——

坚守商业伦理和崇高目标的企业能成功，就说明我们的市场经济还保留着良性基因。如果未来中国能变得更美好，那一定是这样的良性企业在起着正向的作用。

效率优先而又同时兼顾社会责任的草根企业，我们发自内心的喜欢，南周乃至全国媒体也愿意为之鼓掌壮行。

发展自己，与此同时服务社会，这是企业的基本生存之道，也是大道。

我个人尤其喜欢刘汉元先生的一句话，他的两大产业布局，一个着眼于最基础的食品安全，一个着眼于最高端的能源安全，"这两个产业，这两个战略目标和愿景，让我睡觉都很踏实，因为你做的事情对社会、对人类是真正有贡献的。"

愿每个人，睡觉都踏实。是为序，也是祝福。

《南方周末》总编辑　黄灿

2012 年 8 月

序三

中国企业的升级之路

四川自古号称"天府之国"，却也因富庶自足天然淡化了商业的发展，在当代，川人因文人、艺术家辈出闻名，而不以商业著称，盖因一方土壤基因使然。即便如此，四川却还是诞生了两家行业领先的知名企业，一家是刘永好四兄弟创办的希望集团，另一家就是本书讲到的通威集团，由刘汉元先生创办，它现在是全球最大的水产饲料生产企业。

刘汉元成名甚早，在20世纪80年代就做出了不俗的成绩，随后在全国开疆拓土，二十几年间都走得扎实稳健，在一波波的财富风浪涤荡下，他固守在一个传统行业却能做到"不被雨打风吹去"，本身就是不小的成就，也证明他确有过人的经营管理才能。

翻读书稿，可以看出通威的成功，很大程度上得益于其对专业化的坚守。刘汉元一直是杰克·韦尔奇"数一数二"的忠实信奉者,并且在十几年间坚守水产饲料主业,未曾分心,在一直提倡"将鸡蛋放到不同篮子里"的中国企业界,他显示出殊为可贵的定力与坚持。

"一个企业应该把自己最擅长的商业机会做精、做专,只有在行业里面处于绝对优势地位后,才能真正支撑未来公司长治久安的发展。"通威在水产饲料行业的成绩无疑是刘汉元这段话的绝佳注脚。

在过去几十年间,中国真正成功、长久的企业绝大多数都是专业化的公司,通威无疑就是其中的一员,希望这样的企业案例能够让更多的中国企业可以相信,在过去、现在乃至未来,专业化都是一条值得中国企业坚持的道路。

然而,通威的范本意义远不止于此。

中国企业前 30 年的发展,很大程度上靠的是市场经济逐步建立过程所迸发出的无数机会,众多企业都如此起家,带有明显的"机会驱动"性质。在那样一个"不用瞄准都能猎到一头鹿"的时代,能够把握市场机会、重视管理、懂得控制风险的企业都能跻身于优秀者之列。然而,随着中国市场经济体制的完善,特别是全球化程度的加深,中国企业面对的竞争压力越来越大,得到的机会变得越来越少,这种情况下,中国企业必须要改变传统的发展模式,实现从"机会驱动"到"战略驱动"的转变。

"战略驱动"的目的在于让企业明确自己的目标愿景是什么,从而知道该通过何种方法来形成自己在国际化竞争阶段的核心能力。简而言之,中国企业在经历过二三十年的"野蛮生长"后,需要重新思考自己的发展路径,实现面向未来的转型升级。特别是在以数字化制造及新能源、新材料应用为特征的"第三次工业革命"来临之际,中国企业的转型升级显得尤为紧迫且至关重要。

而在本书中,我很欣喜地看到通威在转型升级方面做了诸多颇为有益的探索,这种探索所体现出的价值,远比一些过往成绩更能让一家企业在未来走得长久。那更多的中国企业该如何把握机会实现转型升级呢?至少在本书中，我看到了如下启示：

第一，打造完整产业链。对于在某些领域已做到行业领先地步的企业，纵向打造完整产业链是一条可选之路。通威在水产饲料方面已经做到了全球第一，继续发展下去已多少遭遇瓶颈，而在新的战略构想中，通威要打造"从苗种到餐桌"的完整农业产业链。而这种全产业链的模式将让通威在国际市场上有不俗的竞争力。

第二，大力塑造品牌。长期以来，中国企业饱受品牌缺失带来的痛苦，只能沦为世界知名品牌的代工，赚取极为廉价的加工费用。而随着国内消费力水平的提高，中国企业有机会在国内市场建立起自己的品牌，从而实现优质优价。通威一直在有意识地打造自己的产品品牌，这在赢得高端用户群体及通威水产品进军欧美市场上都显示出不错的效果。

第三，用信息化的手段改造传统行业。互联网的技术正在改变着我们的生活，也在改变着企业的经营管理方式，对于传统企业来讲，积极利用互联网的技术和信息化革命的成果，将是决定企业是否有未来的关键。在这方面，通威也投入了相当大的精力，显示出紧跟趋势的决心。

当然，中国企业的转型升级还有其他诸多方法，这归根结底有赖于企业的探索与实践。中国企业在面向全球竞争的过程中，将遭遇越来越多的挑战与风险，但若可积极应对，则有可能取得昔日不可想象的成功。想来，这也足以让中国企业家们再次充满"激情与热血"吧。

作者是一位优秀的财经作家，诗人出身的他常常把财经故事写得温婉动人，却又不乏理性，本书再一次证明了这一点。他与通威很有缘分，多年前便采访过刘汉元先生，此次写作本书，他奔波于成渝两地，甚是辛苦。但我想他更多感到的是满足感，毕竟，一家优秀的企业本身就是对其写作者的最高奖赏。

是为序。

财经作家、"蓝狮子"图书出版人　吴晓波

2012 年 7 月

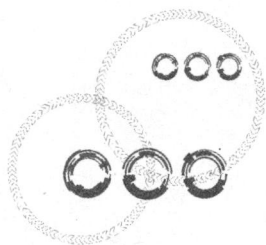

目 录

要用一辈子去学习

蓝天下

一位母亲带着儿子

去为别人谋幸福的欢欣

要用一辈子去理解

那运河上暗下来的夜色

和那片杉树林里的寂静

——杨键《幸福》

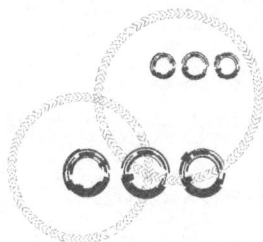

前　言

最平常是最神奇

"元企业"

通威集团①是一家什么样的企业？

这是一家完全"中国式"的本土企业。它不是传统的老字号，也不以有明显西方现代文明印迹的行业如家电、IT、信息等作为主业，更非承接了全球产业链的某个环节，或接受了全球大企业不愿再做的某些业务而成就的所谓"伟大的本土企业"。它是今日罕见的"中国原创型"企业，产品、市场、管理、智慧、服务的理念与方法，都源于它自己。

这个行业叫水产饲料业，这个企业叫通威，它原创的这一行业从 20 世纪八九十年代开始深深根植于中国最传统的农业与农村市场，虽然某些

①下文如非指明皆以"通威"作为统称。——编者注

原料环节也在全球产业链之中，但产品与市场完全原创于中国并在中国发展壮大。在全球，这一领域没有比通威更大更成功的先例，通威无从学习，一切自己创建，当它成为中国的原创和最成功的同时，也就已经代表了全球的原创和最成功。

笔者有理由将它称之为"元企业"。

什么叫"元"？①古代道家用以指万物之本。《子华子·大道》："元，无所不在也。"《春秋繁露·重政》："元者，为万物之本。"②始，开端。《公羊传·隐公元年》："元年者何，君之始年也。"《文心雕龙·原道》："人文之元，肇自太极。"③根本，根源。《吕氏春秋·召类》："爱恶循义，文武有常，圣人之元也。"

那么何为"元企业"？即初始的、开创性的、原生的、领导性的，整个产业和行业因之而诞生的企业。在中国千千万万的企业中，这样的"元企业"实在是微乎其微又弥足珍贵。

我们有充分的理由珍视和重视这样的"元企业"，只有这样的企业越来越多的时候，才是中国真正傲视全球的时候。

这样的企业，我们研究它什么呢？价值。它的价值来源于一个人，它的灵魂，创始人，姓刘名汉元，以及刘汉元领导下的这个企业成为"元企业"的过程和整个过程内在的肌理。

好，稍稍具体一点。刘汉元创办的这家企业，是农业产业化国家重点龙头企业。旗下上市公司通威股份是全球最大的水产饲料生产企业及主要的畜禽饲料生产企业，水产饲料占有中国25%的市场份额并至今保持了19年的行业第一。在通威的参与、推动之下，中国水产业经过30多年的发展，水产品产量增长了十多倍，全世界养殖的每四条鱼中，就有三条是中国人养的。无论是鱼的品种、数量，供应都非常丰富，价格也是肉类食品中最低的之一。这一切都是刘汉元和他的企业及行业带来的。

中国的水产行业与刘汉元密不可分。今天，这位通威集团的创始人已直接使近百万养殖户、间接使3000多万农村人口发家致富。

这一切，刘汉元是怎样做到的？他怎样把这一切做到如此优秀？本书将阐述这样一个过程。

而最近四五年，刘汉元又在为创新清洁能源的利用不停地投入并鼓与呼，甚至将研究报告直接递到了国家最高领导人手里，这些皆源于人类目前利用的化石能源煤炭、石油、天然气已接近枯竭，他认为自己找到了一条能让人类特别是让中国永远摆脱能源危机的终南捷径。

一个人又可以承载多少历史的重量？能力越大，责任也越大。他仿佛应该是一个纵横捭阖、驰骋沙场的将军，然而事实上，他更像一个布道者，最初是一个沉默的布道者，不声不响地改变着人们的餐桌，现在他又是一个奔走呼喊的布道者，为中国和世界有一个可持续发展的未来。

聆听沉默的声音

"头脑绝对清醒，胸中格局非凡；文则琴棋书，武则稳准狠。"和刘汉元交谈，你会对他产生这样的感受。很儒雅，除了拥有企业家的睿智，一眼可见他还拥有科研人员的简洁理性。思维高速敏捷，做事绝不含糊。

第一次见到刘汉元是 2002 年的夏天，他刚刚从籍籍无名浮出水面成为胡润富豪排行榜的新面孔。满以为刘汉元有丰富曲折的创业经历可以侃侃而谈，结果我坐在他面前很是煎熬——没有故事，就是科研发明，养鱼卖鱼，卖完鱼之后生产鱼饲料卖给更多的人去养鱼，直接面对成千上万的农村用户，更没有使命运跌宕的大开大阖，这有什么故事啊，没有！于是他谈的全是抽象的技术、理念、战略，直到一个小时后突发地震。

正谈着，突然感觉座椅晃动，左边传出一阵吱嘎声，扭头一看，一个放置电视的金属支架正在晃动发出声音，地震了！"不谈了？""那就不谈了吧。"连忙收拾东西下楼。

走出会议室时，正好遇到一群中干要去眉山厂开会，于是我们临时决定同车一块儿去眉山厂采访。对地震的恐惧瞬间消失。

第二天返程时下起了滂沱大雨，按理说通威将记者二人送上车站大巴就算很符合礼仪了，但是我清楚地记得当时管宣传的通威集团总裁助理胡荣柱叫来司机一番交代之后，安排了一辆别克商务车，在狂风暴雨中开了五个多小时将我们送回了重庆。这让我小小地感动了一下，觉得理性冷静的通威其实也无处不充满了真诚和情义。此时的通威，销售收入为30亿元。

第二次见到刘汉元是9年之后的2011年9月，在他本人的办公室里。

刘汉元拿着半瓶矿泉水进来了，精神抖擞，头发依然梳得一丝不苟。第一个动作是脱去外套，一边脱一边说"走热了"，第二个动作是喝了一口矿泉水说，"刚才在下面开会喝剩的"，第三个动作是大步上前和我们握手，"这叫九年一握"。众人大笑。

这时通威的销售收入已达352亿元，字面计算平均一年增长一倍，位列中国民营企业500强第35位，遍布全国和东南亚的分、子公司已达到110多家，以农业、新能源为双主业，并在化工、宠物食品、IT、建筑与房地产等行业快速发展；而47岁的刘汉元，已集全国政协常委、民建中央常委、中国饲料工业协会常务副会长、全国工商联新能源商会常务副会长等十多个头衔于一身。

这次刘汉元所谈的一切依然还是理性的思考，而且谈得更加深入透彻和具有全局性，丰富的哲理内涵相当精彩，难怪有人说"他的思想比他的财富更有价值"。显然他有一种远比其他企业家更加清醒、理性的品质，才让通威一帆风顺地走到今天而没有大起大落。

20多年来，刘汉元身边无数企业家跌宕起伏，1993年和他一起受到李鹏总理接见的15位全国杰出青年企业家，而今只有他和海王张思民等极少几个人还成功经营着企业，其他人早已烟消云散不知所踪。"为什么？"笔者问。他的理由并不玄妙："任何一件事，只要你想清楚了再去做，没有不成功的。"换言之，看不清想不透的事他肯定不做……

那么对他而言什么叫看清想透？看清事情的本质和本源，然后找到其间的"短路径"。

而已经在做的事，他凭什么又比别人做得更好？对这个三言两语说不清的话题，他的想法是，让作者自己去研究吧，"这里面有一系列系统性的复杂原因，你可以去把它研究透彻写出来。大概这也是让你来写这本书的原因"。

第三次见刘汉元，是一个月之后在成都的后花园、道教圣地青城山山脚下的某建筑设计师的乡村别墅里，院内古色古香，年代久远，质朴与山野自然融为一体，周遭环境优雅清静。

在这里，我和刘汉元进行了一次深谈，一天一夜。

这次所谈内容书中悉数交代，现在就让它暂时成为一个谜吧。

2011年，各行各业在金融危机影响下大呼日子难挨之际，他却实现了15%的逆势增长。在传统行业，这个数字相当突出，也符合行业特征和通威的经营定位。

越"无故事"越精彩

随着对通威和刘汉元的了解日渐深入，笔者发现，如果仅仅将这本书简单地定位为一本记录企业家个人奋斗史的传记作品，间或提供一些企业家思想精神和经营的片断方法，以满足部分普通读者的阅读智慧和需求，那么，这本书就失去了它最重要的价值。

刘汉元和通威最重要的价值，是其系统性的管理思想和方法论价值。

此书准确的定位应该是，以人物主角刘汉元的成长为线索，对通威的发展变化进行企业案例式的深入研究，因循逻辑，层层深入，通过种种案例表象，挖掘出通威30年来从无到有、从小到大的决策经营并高速发展的背后原因，换言之，通过对通威30年发展变化的深入研究，找出或者总结出通威系统的可持续竞争优势，也就是，它成功的基因是什么。

那么，为什么我们要研究通威，怎样理解通威？

最平常是最神奇。

通威是一个没有故事，却值得冷静审视和研究的企业。它没有人们喜闻乐见的大起大落、九死一生，但却在平淡之中获得了绝大多数企业难以企及的成就。通威无故事，这恰恰是它的高明之处，因为，成功经营二三十年却没有故事的企业，一定是十分健康、聪明的企业。

当通威选择了以最广袤的中国农村作为自己的市场，它就只需要坚持一种最低调的战略姿态，不必去哗众取宠，不必去为生存的技巧殚精竭虑，而只需要匍匐在中国农村大地上，踏踏实实为农民做好每一件事，它就可以自如地在自由的生存空间里达成自己的意志，可以游刃有余地思考未来，思考自己的运营及发展是怎样的一种"生存姿态"，所以它是平常的，但也是神奇的。因为平常而神奇。

即使通威开始适度多元化做多晶硅和太阳能，做的也是一种宏观大势。

的确如此。改革开放30多年来，风平浪静波澜不惊甚至是不声不响地成功经营20年以上的大型民营企业，实在太罕见了，而且还保持高速发展。将一家企业成功地做上20年算不了什么，历史潮流也可以将一家企业推进这么多年，关键是通威在大风大浪中却没有波折，一帆风顺——这样的企业写出来也许不好看，但它的价值却正体现为它的"罕见"，我相信，它远比九死一生之后活过20年的企业更有价值，这意味着，它"总是正确"，它成功的路径其实最短！

——这种总是正确带来的"无故事"，不正是天下所有企业梦寐以求的吗？

——因为决策和执行总是符合最广袤稳定的农村市场现状，所以整个企业二三十年都处于管理与执行的常态之中因而无故事；因为无故事所以关注度低，出镜率低，老板又刻意低调；因为总是低调、稳健，因此经营管理就更不容易犯错误……

在最基本的生存路径上，刘汉元给自己设计的就是这样一个很容易形成良性循环的短链逻辑，直接、高效、低成本，不给自己设置那种绕来绕去才能达成的好看却不中用的目标，而是切中要害，直击本质。这种思维方式应该得益于技术人员的思维模式，只要过程与效果，不玩花招和理论，反而能一针见血，入木三分。

如果要写刘汉元和通威，还有什么比这更有价值、更精彩的呢？

除了为社会创造财富及以慈善回报社会，一个企业最大的价值是什么？是为别的企业提供学习的范本；同时，"无故事"是每一个企业梦寐以求的状态，所以通威是一个值得敬重的企业。

因此理解通威、研究通威，就有了最现实的意义。

再换个角度来看，在新经济领域，夺人眼球的马云、江南春等代表的现代新兴企业，三五年即获爆发式成功，他们代表的是这个高度信息化时代和全球一体化时代的快速成功模式。但是，这个时代新经济可以引人注目，但传统的衣食住行、农业养殖业等却实实在在地关系着我们每一天的温饱，这类更普罗、更大众、更关系着国计民生的也许更重要的企业，怎样做才能做得更好更精彩？

刘汉元的通威给了我们答案。

刘汉元带领的通威，是这样一个企业，它明确遵循了中国二元哲学的生存方式，一静一动，一远一近，以不变应万变，而万变又不离其宗，既理想主义又极其务实，既坚守价值观又能灵活应变，既保持高品质又能不断优化降低成本，既全国大范围扩张又牢牢做实根据地，既看重企业的利益又兼顾客户的利益，既固守传统的低利润率的饲料行业，又将新兴的高利润新能源光伏行业作为自己的第二主业……许许多多看似矛盾甚至不可思议的东西，刘汉元都能兼顾，达到一种二元哲学的统一，而这是一种"高瞻远瞩公司"所具备的品质。

这样，进可攻，退可守，整个企业的运营保持了很好的弹性，总是游刃有余。

　　刘汉元的成功，显然是一种与数字时代快速成功截然相反的持久慢速成功。而且这一切，皆无捷径可走，皆是一点一滴的管理优化积累起来的。刘汉元不容易，因此他很神奇。而这本书最大的看点，就是回到通威创立和二三十年运营的原点：刘汉元怎样做到战略决策及策略的制定、执行，"总是正确"？

　　让我们在书中具体展开吧。其实，刘汉元及其通威有你意想不到的精彩。

第一章
"我有一个梦想……"

如果一个人和一个企业的成功是偶然的，那么从长期来看，其失败是必然的。

——刘汉元

这一科研项目的成功，开启了一扇人们从未注意到的"将科学研究与生产力转化合二为一"的成功之门。

- 在人类历史的长河中，有一些事的确是注定要发生的，不是此时，就是彼时，不是此人，就是他人。

- "那种吃苦也像享乐的岁月，便叫青春。"（诗人木心）

- 人会因为穷对许多事恐惧、害怕，人穷志短；也会因为穷对一切无所畏惧，光脚的不怕穿鞋的，铤而走险。两种情况都很危险，两种情况交织在一起就更危险；但是做了恶，再小也总是要还的，所以要做一个好人。

- 所有的人都迫不及待，都成了彻底的务实主义者。这种将试验与推广结成一体的做法，无形中打破了传统的科研试验与推广应用彼此脱节的状况，打破了二者的界限。

- 不管是金融危机、宏观调控还是其他原因导致的经济动荡，受影响最小的一定是马斯洛需求理论中最底层也最广泛的行业——衣食住行。

　　"凡是人能想象到的事物，必定有人将它实现。"科幻小说之父、伟大的法国作家儒勒·凡尔纳100多年前灵光闪现提出的这一观点，非常精辟地对20世纪后期四川少年刘汉元的创业作了准确的注解。这位宇宙神秘主义者将神秘与科学用文学的方式融为一体，在作品中预言了人类创造力的神奇。

　　是的，必定有某些神奇会等待某些人去将它们完成。在人类历史的长河中，有一些事的确是注定要发生的，不是此时，就是彼时，不是此人，就是他人。

　　按刘汉元的说法，今天的一切似乎对他自己而言也充满了意外——这些"意外"将不知不觉地在他身上逐一发生——他读书时非常不喜欢水产专业，但偏偏进了四川省水产学校的大门；他曾对无线电技术如痴如醉，可创业时最终选择的却是饲料行业，仿佛冥冥之中有一只巨手在扭转牵引着这一切。

　　正是这一系列的意外最终将他带上了现在这条正确的道路。

刘汉元说，他的事业起源于一条小河。

在成都高新区通威集团总部，一条小河的照片挂在陈列室里一个很显眼的位置，小河两岸绿树葱茏，向每一位经过的人昭示了通威的起源。这条叫蟆颐堰的小河流经刘汉元家门前不远处，是人们从岷江引出一条支流建成眉山市①永寿镇永光电站之后的尾水渠。这条普普通通的十四五米宽的小河至今日夜奔流不息。刘汉元的事业，就是从这条小河开始，它平凡而原始的自然律动赋予了通威绵延 30 年的生命与呼吸……

刘汉元已经不太愿意讲过去的事，不过对那段刻骨铭心的创业史，他仍然心怀感念。如果有人实在要问，他会概括说："当年在那条小河里的努力，开创性地解决了中国人吃鱼的难题。我们由此催生了一个全新的行业并参与推动了这个行业的形成、发展，最终使每一个中国家庭的餐桌为之改变，生活为之受益。"

——那时他 19 岁，他发明的渠道金属网箱式流水养鱼技术，让他在那条小河里掘到了令事业延续至今的第一桶金，也牢牢地奠定了他以技术创新引领生产经营的管理思想，以及一种全身心匍匐在中国农村大地上的企业姿态。

这里面有太多的岁月沧桑。岁月是什么？是人们一点点老去，而许多点滴经历却渐渐清晰起来。

少年身世与关于吃的记忆

古人言"少不入川"。入此温柔乡，何来事业心？天府之国，沃野千里，特别是川西平原成都眉山及乐山一带更是得天独厚，物产丰饶，河流密布，冬暖夏凉。曾经 2008 年初春那场罕见的冰雪灾害危及全国各地，1 月

---

① 2000 年 6 月 10 日，国务院批准撤销眉山地区和县级眉山县，设立地级眉山市。——编者注

底2月初，四周的贵阳、长沙、西安、康定处处冰天雪地，交通瘫痪，人们连生活出行都因寒冷而变得十分艰难之时，唯独四川盆地特别是盆地内川西平原一带，却未受丝毫影响，依然是吹面不寒杨柳风，大片大片的黄色油菜花在暖意融融的川西平原上肆意盛开荡漾。

原来四川盆地竟然离奇地属于海洋性气候，冬夏气温变化不大，昼夜温差也小，近20年来的气象记录显示，寒潮、冻害、霜降极少波及此地，总是从旁边绕着弯划了过去，气候十分宜人。20世纪整个80年代，眉山全年平均气温17.2℃，年日照时间1193.8小时，4月至11月平均水温21.7℃~22.7℃，非常适合鱼类的生长。此是后话。

古往今来，这块富庶之地上的人们只要伺候好土地就可吃穿不愁、安居乐业，所以刘汉元祖祖辈辈皆务农出身。到了六七十年代父亲刘定全这一代，国家自上而下的计划经济、政治运动波及社会各个角落，资本主义尾巴要割掉，人们谈钱色变。就算那一亩三分地种得再好，以养两头猪几只鸡种点小菜为经济来源的普通农家，还是过得很清贫，更何况刘家三个女儿两个儿子，让这个家庭再怎么起早贪黑勤劳苦做，日子也好过不到哪儿去。

刘汉元排行老三，是家里的长子。这个诞生了苏东坡的地方似乎的确人杰地灵，他自幼聪慧过人，4年读完小学，2年读完初中，读初中时曾经一次拿了多项单科第一、总分第一及"三好学生"等7张奖状。回到家找不到足够的图钉，就把7张奖状叠在一起用两颗图钉钉在墙上——客人来了要看，就一张一张地翻着看。显然刘汉元是块上大学的料，但刘家有更现实的想法："上高中就要考大学，大学难考，花费又大，如果初中毕业去读中专，读完就可以参加工作，为家里减轻负担。"

刘汉元初中毕业时体重仅33公斤，身高1.41米。体检的时候，医生说："读中专可惜了，还是考高中吧。"刘汉元转身跑出去问老师，老师说，不，考中专，重要的是早点工作。中国水产行业阴差阳错地没有在这里走弯路。

另一个鬼使神差的偶然错误，却像是注定要把改变水产行业命运的机会交给他。

这时他已对电子和无线电产生了无穷的兴趣，所填志愿全是电子类，压根儿就没有水产学校。但为什么莫名其妙地上了他根本不喜欢的水产学校？刘汉元从来没有解释过。总之 1978 年秋天，很偶然地，13 岁的小毛孩刘汉元一脚迈进了有 300 多名学生的四川水产学校的大门，学的专业是淡水养殖——与后来他从事的行业完全一致。显然，在河流资源丰富、气候利于鱼类生长的川西学习和研究水产，是一个正确的选择。

当时的计划经济，使整个社会底层仍然静如秋水，毫无生气。全国人民一穷二白，没有贫富差距的日子大家都过得心安理得。子女众多的刘家吃力地维持着刘汉元上学，好在他每个月有 12 元的助学金，差不多一个月才能吃一次肉，隔一天吃玉米，隔一天吃红薯。那时，他对钱唯一的概念就是："我现在一个月吃一次肉，能不能在我想吃肉的时候，半个月吃一次？"

直到今天，刘汉元对那个年代记忆最深刻的故事，都是关于吃的。

刘汉元在四川省水产学校的毕业合影

1981 年，刘汉元 17 岁，从水产学校毕业，被分配到眉山县水电局两河口水库渔场当技术员，月薪 33 元，终于能自立了！这时，还是一个小年轻的刘汉元，却必须先学会如何面对与吃有关的艰苦生活。

一个小年轻，和另外四五个毛头小伙子工作生活在一起，完全是自己照顾自己。在这个前不挨村后不着店的荒山野岭上，买一次蔬菜要跑一二十里地，男人们又做不来饭，吃的困难难以想象。没有水井，到了夏天，只得喝稻田里的水，而当时当地正流行血吸虫病，没办法，只好在田里掏一个水坑，弄一块明矾扔进去，水清亮之后舀起来做饭。结果吃了饭不久五六个人跑马灯似的跑厕所——肚子拉得昏天黑地——几十年后的今天，再说到此事，刘汉元仍哈哈大笑："明矾放得太多。"

谈到当年的艰苦生活，刘汉元总是感慨连连。常年吃不饱的人，最多能吃多少？答案是几个人曾经一顿饭每人吃下1.5斤大米蒸的白饭还没觉得撑着！今天来看完全不可思议。

还有一个故事更是让刘汉元印象深刻。有一次调来了一个转业军人，一看这几个人饿得够呛，说"咱们做馒头吃吧"，几个人一声欢呼，跑了二十里地买来面粉。此人负责发馒头切馒头蒸馒头。刘汉元很激动，自告奋勇在下面负责烧柴火。

几个人围着灶等着，嗅着空气中弥漫的馒头香气觉得幸福极了。"可以吃了！"当兵的一声喊，一揭锅盖热气腾腾，几个人立即伸手一抢而光，吹吹拍拍狼吞虎咽，吃完立即嚷"还要吃！"又蒸。

刘汉元也抢了个馒头，一边吃一边使劲儿烧火。第二锅吃了，几个人还没饱，再蒸！一锅接一锅不停蒸下来，最后第四锅，嗯？怎么闻着气味不对，水烧干了！一揭锅盖，锅里噌地蹿出了火苗！

日子太难了，除了工作，大家天天想的就是怎样改善生活。有一次跑附近农民家买来20多个鸭蛋，放白水里煮熟了，当时在家的三个人打算每个人吃7个。关键是没有油——没有猪油，也没有糖，怎么吃？三个人你看看我，我看看你，二话不说，各自埋头剥了壳吃了，吃完之后大家立即感到恶心，想吐——鸭蛋太腥了！实在受不了，三个人就跑路边去蹲着吐，吐了半天又吐不出来……

这些，就是刘汉元在两河口水库工作期间发生的经典故事，年轻的日子无知又有趣。当年苦中作乐，现在想来无一不是人生的财富，让人怀念，就像诗人木心所说："那种吃苦也像享乐的岁月，便叫青春。"

但是，年轻的人生也会遭遇险恶。

好在刘汉元在最年轻的时候就用最小的代价认识到了人性中潜藏着的险恶和人生道理，把最该经历的人性经历了，他迅速知道将来该如何做人做事。原来，他第三个月的工资被别人蓄意黑掉了！

当时领工资，发工资的人说："先把字签了吧。"刘汉元把名字签了，签完之后那人在口袋里一阵乱摸，却说："哎哟，钱发完了，过几天给你吧。"过几天，刘汉元找他要钱，对方却一口咬定刘汉元已经领走了工资。

刘汉元急了："那天我签字没领钱啊！"

"没领钱你签什么字？！"

旁边有人跟着起哄："哪有签了字不拿钱的事儿？我们都是拿了钱才签字的……"

刘汉元和对方彼此都心知肚明，工资就是被此人蓄意暗算到了自己的腰包里。刘汉元气不打一处来，他知道一个月的工资对自己有多重要，对此人鄙视到了极点，但自己就是束手无策，百口莫辩，最后只好忍气吞声，暂且作罢。

没多久，此人忽然听说刘汉元要离开两河口水库，借调到乐山市水利电力局。乐山水电局？这可是上级部门，是上司啊！也许是怕刘汉元把事儿抖搂了出去，此人立即决定请大家到家里"打牙祭"。"那是用柏树熏的猪肉，招待我和同事们好好吃了一顿。"刘汉元清楚地记得，吃了那顿肉，5 天以后出的汗都有柏树的气味，"倒是很好闻"。

当时，酒足饭饱了，柏树桠熏的肉也吃舒服了，此人凑过来，心照不宣地对刘汉元说了半句话："古人言，'马无夜草不肥，人无横财不富'，那次那事儿……"后半句不说。他是在投石问路，向刘汉元暗示，委婉地为自己找个台阶下。

刘汉元笑笑，若无其事地回答："哦，我知道了。"暗示他明白他的心思了，也算接招了。只是当时心想，33块钱也富不了啊！而且为了洗脱黑别人这33元钱的恶名，请大家吃饭花掉的钱，离这数也不远了。

据说此人多年后一直在通威四川分公司食堂做饭，已经功成名就的刘汉元一次回四川分公司时在食堂认出了他，两人高兴地拉着家常。但看得出此人依然表情尴尬。刘汉元暗想，以他的德性，会不会克扣员工伙食啊。很想辞退，但又想，当年已经承诺别人不计较了，还是算了吧。

至今刘汉元见到此人，两人还笑笑，说说话，为当年的同事情谊，却从不把事说破。"后来我发现，人会因为穷对许多事恐惧、害怕，人穷志短；也会因为穷对一切无所畏惧，光脚的不怕穿鞋的，铤而走险。两种情况都很危险，两种情况交织在一起就更危险。因此那事之后，我就一直告诫自己，做了恶，再小也总是要还的，要做一个好人。"

"为什么我们自己不养鱼？"

到1983年，这个国家因"极左思潮"引发的社会数十年动荡的余波，已渐渐趋于平息。十一届三中全会开启的改革开放已经进入第四年，计划经济的闸门稍显松动，整个社会出现了某种宽松和自由的空气，年轻人开始喜欢时尚，大波浪的头发、喇叭裤、收录机，当年所谓的"靡靡之音"都在陆续出现……早在这一年的1月12日，整个社会都还将醒未醒之时，那个小个子的早行人邓小平提出了一句著名的口号"要让一部分人先富起来"，终于明白过来的人们心思开始活络，小摊小贩也多了。半混沌状态的中国社会里，社会底层致富的努力、时代的草根商业力量，开始像小草在石头缝隙中悄然而顽强地生长起来……

社会在一种启蒙状态下前进，一切都百废待兴，国人都"摸着石头过河"。

不过很明确的是，经济的复苏使人们购买力明显回升，生产力低下又进一步使商品短缺，于是什么都显得供不应求，什么都缺。当时四川是中国水产品最少的省份之一，全国大概只有400多万吨的水产品总产量，而四川每年人均鱼的消费量不到一斤。刘汉元清楚地记得，1983年春节期间，成都市场上猪肉0.99元一斤，鲤鱼却卖到了12～13块一斤，可见人们对鱼的消费紧俏到何种地步。那时，一年之中什么时候吃过一条鱼、吃过一次鱼，人们都像过节一样记得清清楚楚，还把宰下的鱼尾贴在厨房墙上。所有机关事业单位搞后勤的人，如果能够弄回些鱼来，每人分上一条，更是一件令单位上下无比高兴的大事。

就在这样的时代背景下，刘汉元第一次受到了某种刺激，他开始按捺不住了……

在这之前，具体来说在两河口水库期间，工资之事后又发生了几件事，让年仅十七八岁的刘汉元一次次见证了人心之复杂险恶，不过他都平静地接受、平息了这些事。他还年轻，他需要的是不断进步，而不是在种种险恶的人事斗争中纠缠。更重要的是，刘汉元对当时农村渔业养殖现状和艰苦程度，有了非常深刻的体会。他深感人的渺小无助，但做大事又得从小事做起，他在自己的斗室里贴了一段那个年代有所追求的年轻人都喜欢的话："天将降大任于斯人也，必先苦其心志，劳其筋骨，饿其体肤，空乏其身……"那个年代平静生活之下好青年的标准，就是严于律己，追求进步，获得领导和同事们的赞誉。

后来，他被抽调去乐山，做水资源的调查。

来到乐山之后，他住在水产学校的同学王尚文处，王尚文当时在乐山市水利电力局水产科当技术员、宣讲员。刘汉元与他同住便节省了0.8元一天的差旅补助。就这样，两个小年轻天天睡在一张大大的双人床上，聊着天南海北，聊着未来、人生。这时的中国，改革开放，百废待举，一切都从头开始，社会变化的种种新趋势和社会对知识、技术的渴求，慢慢催生了两个年轻人心中的梦想……

1982 年春，刘汉元因工作出色又被借调到乐山水电局搞马边河渔业资源调查。他和另一人组成两人调查小组，任务是把川西重要河流马边河里的一切渔业资源调查清楚，形成科学数据和档案资料，以备将来发展之用。

"我们就沿着这条河一段一段地搞调查，常常吃住在野外河边。当时，马边河里有很多娃娃鱼，就是大鲵，我们研究娃娃鱼怎样繁殖、怎样孵化。从马边县、沐川县到犍为县，用了 8 个月时间，我们完成了整个马边河渔业资源及其繁殖的生物学调查，收集了马边河到清水溪这一带的野生鱼种，一屋子的鱼类标本，分门别类，标示拉丁文和中文名称，放到福尔马林里防腐保存。那是新中国成立以来，第一次在那条河里面搞这样的渔业资源调查。"

现在回忆起来，刘汉元还十分感慨，没想到对现在来说都意义重大的事，或者说现在要做下来都很难的事，当年竟然由他们两个小年轻做成了。不过现在那条河里还有多少鱼类没有消失，他早已无从知晓。

1983 年年初，调查渔业资源的事忙完了，刘汉元又从乐山调回了眉山水电局，还是水产技术员，工作是常年走乡串户宣讲农业渔业技术。两河口水库就不用再回去了。

当时，社会变革的潮流已然形成，随着邓小平鼓励一部分人先富起来的讲话，四川也出台了政策，鼓励人们"争当万元户"。当年乐山就出现了 5 个养鱼的"万元户"，政府准备表彰。表彰之前，相关部门安排刘汉元和王尚文去实地审查一下，看一看是否真像上报材料中说的养了那么多鱼。

将信将疑地去了，一看，刘汉元和王尚文两人完全被震惊了，真正的万元户就在自己的眼前——不是别人弄虚作假，而是别人太成功！两个人吃惊极了。"关键是，那些万元户们，养鱼的技术远远不如我们，见了我们无一不虚心讨教学习。我们用技术帮助他们，一年下来他们纯利润超过万元。我们这些当老师的手把手教会了他们，一个月收入才 38.5 元，干一年才几百块钱！差距太大了。想到这些，心里能平衡吗？"

而此时，一些先进国家1立方米水体养出上百公斤鱼的事实，也大大激发了刘汉元搞养鱼科研的好奇心和积极性。当时报纸上已经有登载，在德国和日本，有两种养鱼装置，自动化的程度非常高，有的可以达到1立方米水体每年500公斤到1吨的产量！日本在几个湖泊搞网箱养鱼，年产量也达到了每立方米二三百公斤。

刘汉元常常会郁闷地憧憬着那是一种什么样的情形，那就是自己这么多年学习水产的理想境界和终极目标啊，自己有没有可能也做到？一种按捺不住的冲动刺激着他。加上万元户们的事例狠狠撩拨着刘汉元年轻躁动的神经。他的心里，一种模糊的动机、一个小小的梦想越来越清晰、越来越坚定。

"为什么我们自己不养鱼？"他问王尚文。

初次创业的艰难

当时，整个社会仍然对生意人嗤之以鼻。前人称"士农工商"，当时人称"工农兵学商"，不管古代现代，商人都位列三教九流最不入流的底层。20世纪80年代初，人们认为做生意是那些没公职、没单位、生活无依无靠的"体制外"被人瞧不起的人才干的"投机倒把"的违法之事。于是刘汉元决定靠乡下的父母来做这个事情，在自家的自留地里挖口池塘来养鱼——自留地，自己想做什么不想做什么，那可没人管得了。这样可以改善家里的经济状况，自己也可以以科研的名义，名正言顺地参与而不受非议。

刘汉元说服了父母，一边准备和落实，一边继续干本职工作——向农民宣讲渔业技术。

1983年五一劳动节放假，王尚文骑着自行车去了刘汉元永寿镇的老家。刘汉元带着他去看了看自留地，此时刘汉元已经决定放弃挖池塘的想法，因为面积太小，养不了多少鱼，更重要的是没有流水，一潭死水含氧量低并可能很快大量繁殖藻类，鱼的生存生长会大受约束，气温高了甚至会死掉。

王尚文一看，确实不行。"还有没有水？"

刘汉元说："门前不远处还有一条很大的水流，去看看吧。我想放网箱试试。"

时值黄昏，晚霞瑰丽，天色尚好。空气中弥漫着一种烧稻草做饭和稻田泥土味混合的乡村气息，那是四川乡下特有的一种美妙宁静的气息。两人急忙赶去一看，眼前出现了一条十四五米宽奔流不息的小河，这就是日后闻名遐迩的蟆颐堰，岷江的支流，永寿镇永光电站的尾水渠。两个专业与水打交道的人凭目测，就知水深不到1.5米，这倒是不错。但是水流速度太快，每秒1～1.5米之间，一看就知道鱼待不住。放网箱进去呢？两人一讨论，还是觉得不行，网孔进出水流速度太快，对箱体和里面的鱼冲击太大。

两人的心凉了一大截。看来还是不行。

正在两人心情郁闷、一筹莫展之时，只见水渠对岸草丛里，有一块一两米长、四五十厘米高的白晃晃的条石。两人你一言我一语讨论起筑坝拦水的技术来，商量说："要不把石头推到水里把水挡一下，看看能不能形成缓流区？"两人忙绕过一座小桥到了对岸，来到石头边，心急的刘汉元挽了袖子卷起裤脚就跳下去搬石头。两人合力把石头竖起来，正对着河面轰一声推倒下去，一瞬间，两人立即欢呼跳跃起来！

在石头后面，形成了一条一两米长的缓流区！

刘汉元激动不已："只要弄他几大竹篓石头并排着立到水里，挡一下，后面形成大型缓流区，不就可以放网箱养鱼了吗？！"

"而且流水含氧量高。"王尚文也激动不已。

含氧量高是除饵料充足之外，对鱼的快速生长和形成高产最为重要的条件。

——仿佛上天有意在这儿留了一块石头。就是这灵机一动，一个微乎其微的搬石头的动作，一件小得不能再小的事，从此改写了中国水产养殖业的进程，行业历史在这儿机缘巧合地拐了一个小而巨大的弯，进入了另一个时代。

但是依然有一个问题，当时网箱养鱼用的都是尼龙纤维网，这种网很容易被老鼠、螃蟹、水蛇之类的动物咬坏，养殖效果会大打折扣。这怎么办？

说来也巧，有一天，刘汉元来到眉山崇礼镇给农民们讲渔业养殖技术，突然看到区公所一道用钢板做材料的大门上，有许多菱形的孔。他顿时若有所悟，问守门的老大爷："这门做了多少年了？"老人回答："七八年了，日晒雨淋，没有坏过。"哈！刘汉元想，这个东西不正好可以拿来做网箱吗？安装在河里，可进水出水，老鼠、螃蟹也咬不坏。这样鱼跑不出去，只要饵料够，不就能高产了吗？

网箱的问题终于解决，刘汉元打算开始干了。

想法确定，准备动工。但还得有资金，钱从何而来？买钢材、水泥等算下来，大概要花 500 元钱。

20 世纪 80 年代初，500 元是许多城里人整整一年的收入，尚在温饱线上挣扎的农村人家，更是难以筹到这笔巨款。家里没钱，刘汉元就想通过村里签字、镇上盖章，然后找信用社贷款。然而当时在池塘里每立方米养出 0.5 公斤鱼来已属不易，你一个毛头小子，要贷款 500 元去那条水流速度超快的尾水渠里养鱼？镇上领导看完报告将纸一扔，一盆凉水泼来："河沟里养鱼？妄想吃汤圆！"刘汉元备受打击。

但是他的创业激情并没有被浇灭，正如西方人说："直接的行动即使不能奏效，也富有健康的朝气。"前思后想，他找到眉山县水电局自己单位的领导，提交了利用流水养鱼的科研方案。领导对这种大胆试验表示支持。于是刘汉元提出申请 500 元的科研经费，后来这笔款项申请被报到了乐山地区水电局，地区水电局签字后拨钱要通过财政局，刘汉元往乐山财政局跑了好几趟，各个部门反复研究，也没人敢签字。当时，500元真不是个小数目啊，在财政局眼里，什么渠道金属网箱式流水养鱼？乱七八糟的，天方夜谭，高风险，高投入，钱一投下去，完全是打水漂。刘汉元的努力最后还是落了空。

数月上下奔走未果，年轻的刘汉元备受煎熬。

作为一个科研项目，当时有相当一部分专家不看好刘汉元的试验方案，说别瞎折腾了，别把自己套进去。备受打击的刘汉元心里非常复杂，做还是不做？他夜夜辗转反侧，几乎动摇放弃。

日子一天天过去，眼看年底枯水期快到了，永光电站一年一度的关水检修期也快到了，钱还没着落。刘汉元越发着急了，整天忧心忡忡。

他必须在这之前把钱凑齐，然后趁冬天上游关闸停水之际，抓紧时间把网箱建起来。就在几乎走投无路之时，把一切看在眼里的老父亲向儿子出了个主意：“要不，把家里还没有长肥的架子猪卖了吧，先把网箱建起来再说。”卖猪？那可是家里唯一值钱的财产啊。为了将这两头猪养肥，大姐从永寿一路割猪草割到彭山县，把猪当宝贝一样供着，还没长肥怎么能轻易就卖了呢？刘汉元心里十分矛盾，最初没同意，但几经奔波仍然未果，两手空空的刘汉元只好回家一脸难过地对父亲说：“卖吧。”

一对架子猪加一些菜秧卖了，凑够500元钱。父亲一分不留全部交到刘汉元手上，颤抖着声音语重心长地说：“娃儿哪，再要钱，家里可就没得啥子东西可以卖了。”“知子莫如父”，父亲相信儿子，他愿意把全家的希望都押在儿子身上。刘汉元默默承受的压力可想而知。

钱好歹是凑够了。1983年11月，刘汉元从邻近一个生产变压器的电站花200多元买来一些废弃的钢管，一节一节焊接起来。他白天在水电局上班，晚上回家做网箱，半个多月后，一只长15.4米，底部宽3.8米，顶部宽5.6米，顶部面积近64平方米的金属网箱制作成功，覆上网，用水泥固定在了蟆颐堰中。

1984 年 3 月，春暖花开，鱼儿生长的季节到了。第一批 185 公斤约 3800 尾鲤鱼苗投放到了网箱中，试验正式开始。

最平凡的努力也能成为传奇

进入 1984 年，逐渐鲜亮的大变革色彩在这个国家的气息里涌动，越来越多的人心被扬到了空中，刘汉元年轻的身体里也躁动着主宰自己命运的激情。

这一年，苏宁电器董事长张近东刚大学毕业，21 岁，在南京鼓楼区区属国企豪威公司谋得一份文员工作，月薪 55.7 元。这一年，柳传志创办了联想（现联想控股有限公司），张瑞敏进了那家濒临倒闭的工厂，王石在深圳当"倒爷"倒玉米刚赚了 300 万元。这一年年初，邓小平第一次视察

1983 年，刘汉元创业之初的养鱼网箱

南方,先去了深圳,然后又去了珠海。有一天王石骑自行车经过深圳国贸大厦,看见楼下大量的警车、警察,和激动躁动的人群,一打听,原来是邓小平正在大厦顶层俯瞰整个深圳。王石后来回忆说:"我好像感到干大事的时候到了。"

这一年,中国经济开始加快增长,投资和消费需求也随之增长。而1984年政府推出的两项改革措施在经济的旺火上又添了一勺油——扩大银行的贷款自主权和企业发工资、奖金的自主权。信贷需求的扩张使得1984年的 GDP(国内生产总值)增长达到了 15.2%。

这一年,中国粮食产量空前地达到 4073.1 亿公斤,在人口比 1977 年增长近 1 亿的情况下,人均粮食产量仍比 1977 年增加 92 公斤,达到 390公斤。加上这一年各行各业涨工资,人人笑逐颜开,不再饥饿的人民开始追求生活质量,对鱼和肉的需求大增。

这一年,偏居西南一隅眉山县的刘汉元,也像这个国家里每一个不安分的社会细胞一样,被滚滚历史洪流挟裹着奔涌向前……

1984 年,已将自己置身于社会大潮中心的刘汉元,正式开始自己养鱼了。在学校里学的就是淡水养殖,理论和技术方面毫无问题,鱼该吃什么他一清二楚,配方主要是蚕蛹、鱼粉、菜籽饼、棉籽饼、麸皮、米糠、小麦粉、矿物质添加剂、微量元素及维生素等,按所需营养比例搭配。但是当初指导养鱼户好像很容易,完全自己做就太难了。鱼儿每天都要吃,一天 24 小时,每 6 小时就要向网箱里投一次料,一次也不能停;而且每次只能吃七八分饱,饿了不行过饱了也不行。因此刘汉元一家每天最重要的事,就是及时制作、按时投喂饵料。

如今已 80 多岁的刘父,还住在永寿镇老家,提起当年自己一家人和儿子创业,长年累月一天只能睡两个小时,忍不住眼睛一下红了,哽咽着几乎不能把话说清:"那时候,真的是太苦了。"

有一次,父亲和刘汉元到县粮食局加工厂拉麸皮,没有交通工具,两人只有自己靠人力把一车麸皮拉回家,车是那种原本牛马拉的两轮架子车，两人一路拉到河滩上，拉不动了，下面是鹅卵石！父子两人咬着牙拼了命地前拉后推，结果父亲韧带断裂，险些造成残疾。

为了凑钱买鱼苗，刘父曾经每天挑两筐菜秧渡河到眉山县城卖掉，卖完就去鱼市上转，看到卖鱼的，不管是一条两条，都买下来，用菜叶裹着小心翼翼地带回家，放进网箱里。

最难的是全家人日日夜夜不停地制作饲料，没有成型机，就用手搓成团状。从1984年3月10日到4月底的50多天，全家人轮番上阵搓饲料，好几个人手都磨破了皮。然后又轮流熬夜，在网箱旁边的简易小屋里守着按时喂鱼，睡不了一个囫囵觉，第二天筋疲力尽红肿着双眼，还要继续搓饲料。

1984年刘汉元用于生产饲料的绞肉机

这边在艰难制作饵料，不料那边鱼又出了问题。

鱼苗放下去半个月，就开始白花花地浮出水面，死鱼，大量死鱼！头上长霉，身上长毛，尾巴烂掉。看着每天不断漂上来的死鱼，一家人心都凉透了。还有多少鱼会这样一条一条死掉？里面还有多少鱼活着？会不会死光？

身体早已疲惫不堪，现在这个 19 岁的小年轻还要学会在心理上承受巨大的压力。"甘苦都来自外界，坚强则来自内心。"他咬紧牙，必须马上控制住，不然都得玩完。静下心来仔细观察，发现原来是鱼儿不适应这种新环境，突然被高密度地关进金属网箱，在拥挤中游动老是与钢板网擦剐，身上剐出伤口，就感染了。

刘汉元马上把鱼药都用上，捣碎了拌到饵料里，半个月后一看，好像鱼病控制住了，刘汉元迫不及待地穿条短裤就跳进冰凉的水里去摸，看看还有多少鱼。他一下去脚就碰到一条鱼，心里高兴了一下，再碰到一条鱼，心里又是一喜，哈哈，还有不少鱼儿活着！

危机终于过去，重归日常艰辛。"再艰苦，只要在预料之中，只要可控，就不怕。"不过，还有问题——手搓出来的饵料饼太大，鱼儿总是吃不完，于是白白被水冲走了，这让一家人最是心痛——这浪费的就是钱啊！刘汉元又想办法，买了一台绞肉机来"搓"饵料，出来的粒儿大小正合适，在太阳底下晒一晒放水里就不散，也正适合。可饲料摩擦力太大，原料放进机器，三个人一起用力都搅不动。刘汉元又想办法，在绞肉机上装个电动机来搅，这需要人不停地把堵在上面的饲料用手戳下去，70 多岁的外婆曾一不小心把手指给搅得血肉模糊。

这还不算完，农村常停电，其他家的电停一停还不打紧，刘汉元家的电停了可不得了。他跑到供电局提要求，供电局说"好，你可以申请在河边拉一根 2000 瓦的用电专线"。可申请交上去，却怎么也批不了。刘汉元又急又气，差点写文章投到报社曝光，最后找了好朋友周金华托关系帮忙，电的问题才好不容易解决了。

问题一个接一个冒出来，又一个接一个克服掉，差不多所有大问题都解决之后，试验才渐渐步入了正轨。

在刘汉元不达目的不罢休地继续游说之下，县科委（科学技术委员会）、水电局见他的试验也没失败，感觉还像那么回事，又见他买原料的钱老是捉襟见肘，老是又赊又欠，两单位最终决定各自批给他300元经费，但却是要还的——不是科研项目，只能算借；再后来，水电局领导说，鱼吃了那么多饲料，里面究竟有多少鱼，还是要请专家来验收一下；再后来水电局就决定说，要验收，那就列入科研项目吧——刘汉元一听大喜过望！这个仅仅19岁的小年轻，一年多来承担的所有艰辛与压力、责难与怀疑、内心的隐忍与忧虑，在此刻一下释放了，眼泪刷一下就流了下来。

这下，能得到一定的科研经费了。既然是科研项目，那就要保护。怕人来偷，县科委、县水电局和县公安局就联合发布通告，在网箱边和关键路口四处张贴，正式宣布保护这一科学试验的正常进行。

天时、地利、人和，事情开始变得顺风顺水……

有一天，王尚文又来到刘家，一见面刘汉元就兴奋地说："走，带你去看鱼！"

王尚文有点诧异："我当然要去看鱼。"

"带你去看你没想到的，鱼在水面上吃！"原来在此之前全中国乃至全世界都没有任何文献记载，也没有任何一个地方养鱼可以让鱼在水面上吃食。此前鱼在水底吃不光浪费巨大，更不利于搞清楚鱼对饲料的喜好。但现在，刘家率先把这个全国性甚至世界性的问题给解决了——之前都是将饲料放进一个大簸箕然后慢慢沉到水底去喂，有一次刘父尝试着将饲料直接撒到水面，奇迹出现了，所有鱼突然全游到水面扑腾着争抢。

今天几乎人所共知的鱼吃食的这一习性，从那时起才开始被人们所利用。

至此，成本问题大为改观。一个被视为天方夜谭的试验，就这样一步一步离成功越来越近。

爱因斯坦谈生命的意义时曾说："命运总是取决于个人所感受的、所想要的和所要做的。"诚哉斯言，刘汉元的命运确实是因他自己所感受、所想要和所做的，而在一年内发生了改变。

一个人可以自己改变自己的命运吗？可以。

验收："从未见过这么多鱼！"

经过 7 个月的精心饲养，1984 年 10 月 25 日，刘汉元平生第一次体会到了万众瞩目的滋味。

这一天，眉山县水电局和县科委联合举行了蟆颐堰金属网箱流水养鱼试验的正式验收，省计经委（计划经济委员会）、省水电厅、省水产局和地县政府、科委等相关部门的领导及技术人员、《四川日报》、四川人民广播电台记者共 57 人参加。小河两岸围观的人群更是摩肩接踵，附近村子的乡亲都来了，一层一层站在山坡上，好奇又紧张地关注着与他们的未来似乎有某种神秘关联的历史时刻。

秋天的寒意，挡不住人们热切的期待。上游关闸之后，水位缓缓下降到几十厘米，在众人目不转睛地注视之下，刘汉元第一个跳进水里捞起了第一网鱼，然后一网接一网活蹦乱跳的鱼被人们捞了起来，人们无不瞪大了眼睛，一向寂静的蟆颐堰两岸立刻沸腾起来！"天啊，这么多鱼……"最后在这顶部面积 64 平方米的网箱里，共捕捞出 2781 斤鱼，平均每立方米水体产鱼 37.87 斤，算下来饵料系数 3.22，即每 3.22 斤饵料长一斤鱼，折合亩产达 2.53 万斤。整个网箱里的鱼，按当时市场价计算，除去养殖成本 3075 元，净利润 1930 元。

最后验收专家一致得出结论，刘汉元发明的"渠道金属网箱式流水养鱼"技术，创造了四川养鱼史上前所未有的高产纪录！当时全四川最高产量一亩不到 2 万斤。

这一试验成果令到场人员大大震惊："创造历史了！"四川省水产局副

1984 年 10 月 25 日，眉山县水电局和县科委联合对刘汉元发明的网箱养鱼进行验收

局长、南下干部杨全成兴奋得当场大叫："回去要将这个技术像老母鸡孵小鸡儿那样，在全省推广，带出一窝，带出一片来！"人们大受鼓舞，现场验收会顿时变成了一场动员大会，县领导当场开始筹备第二年扩大网箱养鱼的计划，动员会又变成了激动人心的规划会。

验收专家小组一致认为：

第一，渠道金属网箱式流水养鱼具有不占用耕地，不与农用灌溉争水，不需要开支水费和充氧电费等优点，"有百利而无一害"；第二，用这种方式养鱼，流水含氧量高因而养殖周期短、产量高、成鱼品质好，生产集中，饲养管理方便，经济效益高；第三，高效利用流水，很小的面积可安置很多只网箱；第四，网箱结构简单，安全可靠，投资省钱，适宜有条件的单位、集体和个人，特别适合养鱼专业户养殖和推广，具有广阔的发展前景……

当晚，整个眉山县上下就轰动了。

一周之后，11月3日，《四川日报》头版显著位置报道了这项发明。1984年底，刘汉元被眉山县委县政府授予"科学养鱼能手"称号，乐山市授予"集约化养鱼先进个人"称号。

这种全新的养殖方式开始迅速传开。1985年初，仅眉山县就有80多户农民主动要求建箱养鱼。乐山地区水电局、科委决定进行"中试"①，选了其中12家有养鱼经验的农户，就在蟆颐堰里建了15只网箱进行养殖，其中刘汉元家增加到3只。农户们极为踊跃，自行投资，自己管理，自负盈亏，统一规划，统一培训，统一指导——这种机制为后来通威产权的明晰打下了基础。

同时这15只网箱养鱼需要的饲料由刘汉元家的小作坊提供——过去人们养鱼用鸡粪和其他乱七八糟的东西，不讲究营养配比。而用刘家营养配比好的饲料，鱼长得快，效果才明显——这又为后来刘汉元成功转型饲料生产奠定了坚实基础。

人在忙，鱼在长。1985年10月25日验收之时，中共四川省委常委、省科委主任宋大凡及政府各职能部门共80余人前来现场参观，看热闹的更是人山人海。

之前，宋大凡对此一直将信将疑，2.53万斤一亩，笑话！简直是放卫星！难道1958年的"大跃进"遗毒死灰复燃了？连报纸都不能辨别真假？无论下面的人怎样言之凿凿，宋大凡坚决不信！所以第二年15只网箱他要亲自验收，而且验收方案由他自己定。他对刘汉元说："你把15只网箱编上号，明天现场我说称哪只就称哪只。"他怕定早了被做手脚。所以那一年是由省科委到现场抓阄决定称的是哪一只网箱。称完一算，同样面积产量比上一年又翻了一番，达到5000斤左右！

宋大凡终于眼见为实，吃惊不已，兴奋异常，连连感叹："名不虚传啊，名不虚传啊！"

---

①中试，即试验的中级阶段。

媒体传播，全省轰动。

回到成都，宋大凡连忙给国务委员、国家科委主任宋健汇报了此事。宋健说："好，下次验收我来！"次年，即1986年全县建箱62只，面积达到4626平方米，验收时宋健亲临蟆颐堰现场。听说"中央都来人了"，兴奋的眉山人和周边涌来看验收热闹的人比往年更多，用刘汉元父亲的话形容当时的情景："那时河沟两岸的大桑树上都站着人。"21岁的刘汉元再次成了眉山及乐山地区的人们街谈巷议的新闻人物，跟随他的养殖户更是坚定了信心。这一年产量15万公斤，当年项目获四川省水产行业科技进步一等奖。

1986年，渠道金属网箱式流水养鱼技术被列入农业部"星火计划"，正式向全国推广——其实随着省市及国家有关部门领导不断来视察，这一技术在眉山县和周边，早已经推广开了。

这一来，全行业轰动。全国各地来参观的人络绎不绝，高峰时一天二三十拨人……

1987年全县建箱211只，面积达到13059平方米，产量达50万公斤。当年9、10两个月，四川省及全国"流水网箱养鱼现场会"两次在眉山召开。农业部及国内水产院校、研究所、各省市技术部门著名专家一致认为，这一养殖方式的采用，在国内外未见报道，属于世界首创。1987年农业部又将此项目列入"丰收计划"。

"要赚钱，学汉元！"一时间，大大小小的养鱼网箱遍布川西的河湖沟渠，沉寂了上千年的中国水产行业，在这里迅速变得热闹起来。

至此，历史开始被改写。

创业启示录

后来，人们讨论发现，刘汉元的试验，还有另一些颇有意思的启示。

第一，"科研如何转化为生产力"。"刘汉元将科研与推广合二为一，这样的试验非常罕见。项目实施科研的过程就成了推广的过程，推广过程就直接进入了农村和农户！"这反过来证明了试验的项目有巨大的市场，一次不成功下一次也一定会成功。所有了解的人都迫不及待，都成了彻底的务实主义者。具有特殊意义的是，这种将试验与推广结成一体的做法，无形中打破了传统的科研实验与推广应用彼此脱节的状况，打破了二者的界限。至今，中国至少 90% 的科研成果一旦完成就被束之高阁，难以转化为生产力大规模推广，一是不够重视，二是不为外界所知，三是项目本身应用价值低。

而刘汉元科研的成功，似乎开启了一扇人们从未注意到的"将科学研究与生产力转化合二为一"的成功之门。找到这种"合二为一"的规律和方法，本身就应该是一个颇有价值的应用技术研究课题，但至今没有人深入研究。如果研究成功，不知可以指导多少科研项目直接向生产力的转化，特别是应用技术的转化。

第二，刘汉元的成功，说明"小人物也有大力量"，最普通的努力也可以成就传奇。刘汉元创业的时代，没有光鲜亮丽的现代企业、互联网、电子商务、投资银行等创业元素，那时只有温饱线上的口腹之欲，但不论层次高低，只要满足了全社会的马斯洛需求层次理论中的任何一种需求，他一定会成为传奇。事实上，刘汉元选择了马斯洛理论金字塔模型的最底层"生理的需求"，满足了所有人最本能的食欲和物质需求，提高了所有人最基本的生活水平。这就是他迅速受到市场追捧的根本原因。

越是满足人们最基本的生存和生活需求的企业，越是容易获得最快最稳定的成功，这是最普遍的真理。人们应该看得到，不管是金融危机、宏观调控还是其他什么原因导致的经济动荡，受影响最小的一定是马斯洛需求理论最底层的行业——衣食住行。

第三，2005 年前后，有一段时间许多专家大谈富豪的所谓"原罪"，认为中国富豪的第一桶金无一干净，建议国家予以清算。刘汉元闻此，联系到自己一分一厘都来自于清清白白的草根创业经历，在一次全国"两会"小组讨论会上大声疾呼"有贪官有污吏不等于政府是贪污政府和腐败政府，有投机有偷税也有为富不仁不等于这个群体具有这个共性"。此番言论当场得到参加小组讨论会的全国人大委常会委员长吴邦国的赞同和肯定。因此刘汉元的创业故事，作为一种"阳光标本"，可以启示更多的人：

干干净净地创业是一种阳光下的幸福，任何时候你都睡得着觉。换言之，只要你愿意干干净净地创业，你就做得到。将来老了之后，你会觉得自己的人生问心无愧。

第四，产权明晰。刘汉元成功是个人创业的成功，从未寻求挂靠集体或其他单位去戴个"红帽子"，"借"、"贷"关系非常明确，避免了日后困扰成千上万企业家甚至让人锒铛入狱的产权纠纷。刘汉元小试成功之后第二年十几家农户志愿参加的中试，全都自筹资金、自行管理、自担风险，为这个行业的良性发展和快速推广确立了正确的路径。这也启示了人们：产权清晰、自主创业，也是企业持续成功和做大的重要前提。

另外，创业阶段，一定要提的是，那时刘汉元还一如既往地醉心于电子产品研究。

在这之前的业余时间里，他喜欢在自己的小房间搞电器。他喜欢音乐，没钱买，就把能弄到的旧收音机、电唱机拆拆装装，最后发展到能自制单体管的收音机、落地式的音箱。他还自制电唱机、直流电动机、电唱盘，从音响到功放全是自己做，一块电路一块电路地焊接，一个难题一个难题地解决……

1984 年底，刘汉元和管亚梅谈恋爱的时候，他还自制了一款"坛子音箱"，在农村装米的那种黑不溜秋的大土陶坛子，旧棉絮铺在里面，口子装上喇叭，整个坛子就是音箱，低音厚实，中音明亮。"太美了，很迷人，现在很多音响都赶不上。女友认为那是她听到过的最好的音响，到现在为止，我都不敢再做。"这种对电子的持续热爱，却无意间对刘汉元后来的事业发展起到了重要作用。

自从刘汉元在小河里找到养鱼的方法之后，他的几乎所有业余时间，都投到这前所未有的"渠道金属网箱式流水养鱼技术"的发明试验之中，暂时把电子技术放到了一边。

但事实上，他的兴趣，很快就发生了转移。

第二章
转型与第一桶金

谁和农民抢饭碗，谁就没有饭碗；谁往农民碗里添油加肉，谁就有饭碗。

——刘汉元

一个人掌握了某项商机，他决定无偿地让千千万万的人也掌握这项商机，而自己却悄然来到产业链的上游，为千千万万利用这项商机的人提供他们无法生产而又日常必需的优质饲料——他们争相从他手里购买，他因此控制了更关键更赚钱的上游环节——这样的商业智慧无疑是经典的。

- 巨变下的中国社会不能以一般原则下的行为惯性来预判未来，现实往往出人意料。

- "伟大的历史时刻会光顾每一个民族。"属于中国的历史时刻来了，它像一列隆隆奔驰的巨型火车，喷着蒸汽、煤烟、灰尘，不顾一切又势不可当地呼啸而来，穿透了历史的铁幕。

- 那场持续至今的改革开放对中国而言是多么重要，它不仅带来了财富，还为闭塞、落后甚至愚昧的中国人带来了多么及时的知识启蒙、眼界拓展和思想真知。

到 20 世纪 80 年代中期，社会已经发生了深刻的变化。

1986 年、1987 年间，中国改革开放继续深入推进，原本就有一定基础的社队作坊式生产单位，此时以"乡镇企业"之名在农村大地上普遍兴起。这种星火燎原般蓬勃发展起来的以苏南地区为代表的集体性质企业，被邓小平称之为"意料之外的异军突起"。那时在江浙平原、珠三角的河湖湾汊里，已隐隐生长着不少"大鱼"。如果在这些地方行走，你会觉得已经行走在中国财富涌动的火山带上，活力、内敛、神秘……

邓小平已说过"不管黑猫白猫，抓住耗子就是好猫"，只要能发展生产力，无论是国营，还是集体、私营，都允许试，不怕犯错误。那么，人们还有什么不敢试呢？

什么都允许试一试。当时政府和社会已广泛认同一种思路——鼓励有能力的人创办企业，带动周围更多的人富裕。南风西渐，四川的泥泞乡村里的非公经济也日益呈现蓬勃之势。你甚至可能在四川盆地的乡村公路走上几个小时之后，突然发现某块田野里有一个半新不旧的小厂，在轰隆隆地生产着什么……

在那个拨云见日、苦尽甘来的年代里，"野百合也有春天"。

在这样的时代洪流之下，刘汉元也搞起了个私经济。

快速转型：从养鱼到生产饲料

西方心理学家说，"可以根据三件事来判断一个人的能力：他已做过什么（包括他留给别人的印象），他自认为他能做什么，根据他的个性揣度他可能做什么"。以此三条来判断，刘汉元的能力，是一个养鱼户的能力还是其他什么样的能力？

看上去，他会去养鱼。但是，刘汉元第一时间却转型办企业开始生产饲料。这时你会发现巨变下的中国社会不能以一般原则下的行为惯性来预判一个人的未来。表面看，这样的转型很突兀，其实刘汉元生产饲料，完全是水到渠成、顺理成章之事。

从当时情势看，他不这样做都不行。

1984、1985 两年刘汉元投入全部精力确保试验成功，首要任务是提高鱼的产量。但事实上这两年与其说刘汉元在养鱼，不如说他生产了两年的鱼饲料。的确如此，鱼投进网箱之后，只要不生鱼病，刘汉元就不用再管它，而是必须将 90% 以上的精力花在生产喂养它们的饲料上。从 1985 年、1986 年开始到之后的 5 年，他的主要工作完全转变成了如何生产、研制出优质的饲料和如何扩大饲料产量。但前后之间的转换几乎没有间隔，过渡显得非常自然。原因有四：

第一，每天要保质保量地为养殖户提供饲料。从 1985 年开始，他除了自己养鱼之外，还要负责为所有参与中试的其他 12 家农户提供饲料，保证足够的产量和稳定的质量成了刘汉元每天最重要的工作。也就是从这一年起他开始靠卖鱼饲料赚钱了。第一年的成功让他理所当然而且非常乐意地承担起了这份由政府安排的任务。

第二，竞争对手的突然出现迫使他必须扩大规模，提高质量。1986年开始流水式网箱养鱼从眉山县推广到乐山、丹棱、洪雅等县，该年养殖季节一到，鱼饲料立即变得供不应求，这大大激发了人们跟风学刘汉元兴办鱼饲料厂的热情，仅眉山永寿一带就出现了12家鱼饲料作坊和小厂，加上其他县，达到数十家之多。他们无一不认为刘汉元靠一台绞肉机都可以生产鱼饲料，自己又为什么不可以呢？

刘汉元面临着突如其来的商战，怎么办？作坊式的小企业无法打价格战，为了赢得竞争，刘汉元只有在饲料品质上下工夫，用科研技术降低饵料系数，即想办法用更少量的饲料养出同等重量和更优质的鱼，实现用户整个养殖成本的降低，这才是竞争之道。

第三，搞科研技术的需要。作为一名科技人员，刘汉元本能地想知道"鱼吃什么才能长得更快"，从未有过的大规模高密度养殖如何防治鱼病，如何防止人工养殖所带来的品质退化等，这都是对他有极大诱惑力的科研课题。这是他的天然职责所在，也是政府相关部门希望刘汉元有所研究突破的。

这里产生了一个奇怪的悖论，是对当时整个畸形社会心态的生动写照——政府希望刘汉元以科研提高饲料品质并进一步实现高产，目的是让养殖户可以赚到更多的钱；而刘汉元却深受"做什么事如果是为了赚钱，就会被人耻笑"的"资本主义尾巴"舆论困扰。

在这种多元的、混乱的社会价值观面前，在个私经济前景不明的年代，刘汉元低调而明智地选择了"科学研究"——这种高度低调的作风后来贯穿了刘汉元的整个人生和通威的发展史，直到太阳能、多晶硅、光伏产业的出现。此是后话。

第四，刘汉元是发明了"渠道金属网箱式流水养鱼技术"，但第二年他就完全放弃了对这项发明的控制，因为这项技术被千千万万的养殖户所掌握、利用的势头是不可阻遏的。就算1985年年底《专利法》开始实施，就算刘汉元申请专利，他仍然将无法在广袤无比、难以控制的农村大地上获取专利的收益；其次，如果刘汉元去做一个"养鱼大户"，他将很快被淹没在千千万万养鱼户中，最终必然"泯然众人矣"。

因此表面看，刘汉元当年最为人津津乐道的是他发明了渠道金属网箱式流水养鱼技术，但事实上，这项技术聚集了千千万万的农户以此方式来养鱼或是激发了他们以各种方式养鱼的热情，他却在第二年第三年就完全转入了另一条道路——饲料生产——真正具有技术含量而养殖户们又无法做到的事——鱼饲料的大规模生产和销售。这最终成就了通威成为"全球最大的水产饲料企业帝国"。

这的确让人慨叹。一个最通俗简单的逻辑是：一个人掌握了某项商机，他决定无偿地让千千万万的人也掌握这项商机来赚钱，而自己却悄然来到产业链的上游环节，为千千万万用这项商机赚钱的人提供他们无法生产而又日常必需的优质原料——于是他们争相从他手里购买，他因而成功地控制了更关键更赚钱的上游环节。

这样的商业智慧无疑是非常经典的，让人想到一个成语："放水养鱼"。

还让人想到当今社会中，低价销售医疗设备而高价配售日常运行该医疗设备必需的易耗材料，包括汽车行业主要靠售后服务持续赚钱等商业手法，与刘汉元皆有异曲同工之妙。

而且刘汉元转入上游显得非常自然，因为他顺应了社会发展的方向。事实上，是社会经济发展的滚滚洪流挟裹着他身不由己地向前走，是一种社会变化的大趋势，是一种"势能"，推动他顺其自然地在产业链上进行了转移。"天将降大任于斯人"，他不露痕迹因而常人不能看出其中奥妙，"大象无形，大音稀声"。

换一种方式，也可以这样表述：任何行业都有一条可以最快成功的隐秘捷径，或者叫产业链中最具控制力的一环。找到它，控制它，你就可以控制整个产业链，就可以成就一番事业。

第一桶金：眉山县渔用配合饲料厂

刘汉元完全没有必要去深刻思考这一转型，因为它符合"道"，就用不着费心地去做精巧的设计，他只需要顺其自然，扎扎实实地抓住眼前的每一个机会。

其实早在小试、中试的过程中，刘汉元就一直在艰辛地进行科研探索。他有空闲之时，就坐在蟆颐堰边的草坡上，望着网箱里若隐若现无数游鱼，心想："鱼吃什么才长得快？鱼吃什么才能吃得少又长得好？"最初他不断地根据鱼的生长情况和气候水温变化来调整配方和营养成分，效果虽然不错，但由于绞肉机成型不好，饵料投喂之后散失大，成本偏高，全年养下来一核算，饵料系数 3.22 ：1，即 3.22 斤饲料长一斤鱼。尽管如此，第一年试验仍取得了惊人成果。

1985 年中试开始后，为了生产中试专用饲料，刘汉元在蟆颐堰预制场租了一间村里的库房做作坊，瓦房破旧，条件很差。不管怎样，得赶快做起来，他花 3000 元买来一台每小时产 60 公斤饲料的 SRG—Z240 型饲料机，夜以继日加班生产，当年共生产了 77.5 吨，满足了中试 12 户农民的需要，同时还供给了其他养殖户和周围池塘、坑塘养鱼户。

——这就是刘汉元进入饲料生产领域的开端。完全不需要思考，不用下决心，不用作决定。大家要用他的方式养鱼，而只有他能生产出对路的饲料来，所以他就顺其自然地为所有人生产饲料。

恰好 1985 年，国家开始推行物价改革，特别调整和放开了农副产品的价格，刘汉元生逢其时，为其他养殖户生产的饲料，他也可以自己定价卖钱了，帮其他农户制作一个金属网箱，也可以赚上好几百元。

这一年，有了点钱的刘汉元买了辆摩托车，常常很神气地载着女朋友管亚梅来去如风……

接下来，在政府的大力推动之下，大量农户通过技术培训接受了刘汉元的集约化养殖技术，整个养殖规模扩大了，饲料明显短缺了。进入 1986

年，刚一开春养鱼，刘家生产的饲料立即变得供不应求，刘汉元敏锐地发现必须立即扩大生产规模，建设正规的饲料厂，才能满足市场需求的高速发展。

汹涌而来的饲料需求，已不啻"天上掉馅饼"，就看你能否接得住！

而且，更多的小型饲料作坊跟风出现了，对刘汉元形成了包围蚕食之势——建厂迫在眉睫。

这一年3月，刚22岁——现在的同龄人还在读大学的年纪，刘汉元就开始自己办工厂了。此时贷款已不再困难，他让父亲刘定全出面与永寿镇永新村达成协议，租赁了八分土地建厂。兵贵神速，当月开始修建，次月就投入生产，厂名定为"眉山县渔用配合饲料厂"，父亲当厂长。设备除了原有的，又增添了一台每小时产500公斤的SLY—17型饲料机。不久，刘汉元取"科学技术是第一生产力"之意，将饲料品牌定名为"科

1986年3月10日，通威前身眉山县渔用配合饲料厂（科力饲料厂）开业

力牌",宣传用语更是直白形象:"科技能使卫星上天,科技能让你养鱼致富。"差异化地打了科技牌。

多年以后,他的员工这样评价自己的老板:"刘汉元天生聪明。"小小年纪,需要建厂了,他就摇身变成建筑工程师,自己设计了自己的第一家工厂,从土建放线、人字梁结构、圈梁挑梁到用多粗多大的钢筋、用什么水泥,全是刘汉元自己设计确定,包括电线安装、机器配电,全是他一个人完成。一个人怎么可以懂得这么多?到今天,他的员工说,他讲话,一两个小时,嘴里讲的全是数据:"没办法,天生聪明才能记那么多。"

最初没什么钱,办公室只修了一层,屋顶粗大的圈梁看上去有点怪怪的。三叔问他:"你这是干啥子哦?"

刘汉元答:"等发展了,我要在上面再加一层做化验室。"

三叔听了心里一惊,暗想:"这孩子将来不得了。"

正如一句西方谚语所说:"你并不掌管整个宇宙,但掌管着自己。"房子自己修,机器设备也自己安装、调试,刘汉元少年时期对电子技术的痴迷,这时又无形之间成了他解决问题的工具。比如那时没电话,也装不起电话,厂子里有事怎么办?人们不知他从哪儿弄来些零件,鼓捣着自己装了两部对讲机,一部放厂里办公室,一部放家里,两边屋顶用长长的竹竿支几圈铁丝做成天线。厂里一有问题,值班人员就用对讲机喊:"刘总刘总,机器不转了机器不转了,收到请回答收到请回答。"

刘汉元一听到,答一声"马上来!"不管是半夜还是凌晨,起床骑上摩托就往厂里跑,马上把机器修好。这时他又成了一个机械工程人员。他必须这样来回不停地奔波,市场供不应求,机器24小时不能停啊!

刘汉元记得自己骑坏过三辆摩托车,行程8万多公里,跑市场,跑客户,跑原料,"几次车祸差点出事"。而那个年代乐山地区同自己前后一块儿买摩托的人,差不多都出车祸死了。"现在想想,都感到后怕。"

就这样,少年时期培养的对电子技术的兴趣,为他解决了鱼饲料建厂的生产设备问题。这个世界就是这样神奇,很多看似风马牛不相及的事,在某些特殊条件下就直接成了因果关系。"不然当时还要花钱请一个电工。"刘汉元笑着说。

那时候，刘汉元兄弟亲戚都在厂里干。"家族管理能够使企业的凝聚力发挥到最大，适合企业初期阶段的经营管理，因为在特定阶段，企业根本没有实力从外面聘请管理人员，只有当企业做大以后，才可能聘请专业人才，实现企业的规范化管理。"

刘汉元很难得这样回忆细节："当时何志林管一部分生产、采购，兄弟刘汉中管生产，一段时间大姐、二姐都在厂里工作，标准的家庭作坊，各自分工。1985 年开始赚了点钱，兄弟亲戚们都分掉，全部按人头分。只有两个人不分钱，老父亲和我不分钱。会计倒是有，但是我每个月都亲自盘存。我要去核算原料总共消耗了多少，实际使用的原料又是多少，要比较这部分消耗是否合理，是否按照计划需要按不同配方生产，原材料消耗和成本是不是合适，每吨的利润是多少，这样每个月的账都是我在算。"几年下来，刘汉元又把自己训练成了一个专业财会人员。

自助者天助之。1986 年一投产，刘家饲料供不应求的旺销景象立即呈现，省市和中央部委相关领导纷纷光临，成了刘汉元最无可争议的活广告，"科力牌"鱼饲料顿时成为抢手货，远近养鱼户蜂拥而至，过去一向冷清的永寿小镇变得一片繁荣，常常车水马龙阻塞交通。前来拖饲料的有货车、拖拉机、自行车、板车，甚至人们肩挑背扛，排队排到了厂门外很远的地方，还有人竟然排了 7 天 7 夜的队……

赊销、代销，还是买断经销？

生产顺利上路了，刘汉元却遇到一个销售方面的难题。

1986 年，乐山高中水库养鱼场的宋大发率先与渔用配合饲料厂签订了正式的饲料供销合同，成为刘汉元的第一个大宗稳定的用户。不久，乐山又有 8 人联合与刘汉元签订经销合同，成为他最早的经销商，为以后通威的经销模式打下了基础。

但是经销商们却提出了一个要求——赊销。因为这时国家政策让物价放开了，什么都在涨价，经销商资金周转压力太大，他们希望卖完再结账，听上去要求挺合理；还有一个理由是，农村市场历来都是这样做的。面对不断增加的经销商和养殖户，刘汉元应该采取什么样的销售政策呢？

是赊销、代销，还是买断经销？

其实，中国农村古往今来一直呈现一种分散的小农经济、自然经济的特征，赊销是其中一大特点，特别是生产物资领域，能赊就赊，你赊农民才买，你不赊？好吧，我到别家赊去。这里固然有物价上涨，农民手里钱少，只好采取赊来物资生产出农产品卖了之后再还钱的做法，但也源于农民多年来被低质劣质产品害苦了，同时还有中国人几千年来形成的民族性的原因。对于养殖户来说，你卖饲料给他们，他们会在心里盘算："万一你的饲料有问题，我好不容易积攒了这么点钱都付给了你，养鱼亏了我找谁去？"农村人平和老实又胆小怕事，出了事往往只能吃哑巴亏。因此他们就盘算着，怎样才能不吃亏？那就赊。到时"赚了钱我自然会一分不少地还上，如果你质量有问题让我损失了，对不起，赊的账我就不还或少还，你的质量问题是你的责任"。

面对这样的心态，刘汉元有段时间很是头痛。

虽然自己的鱼饲料优质紧俏，但其他小作坊为了竞争，偏偏有一些短期内愿意赊销，给刘汉元造成了很大的压力。怎么办？现在就得定规矩，定了就不能变。

最后他决定："现款现货，绝不赊销！"

刘汉元自有他的理由：一是市场本来就供不应求，现款现货天经地义；二是自己产品优质有目共睹，地方和中央领导的认可是最大的质量信誉保障；三是自己也没多大实力，大家都来赊，资金链肯定会断，最后大家都没戏唱；四是万一农民养鱼养出问题了，自己哪有时间精力财力去扯皮打官司啊；五是自己是公职人员，一旦闹出动静来，这"资本主义尾巴"问题就大了，没准还会被扣上欺农坑农的帽子……所以绝不赊销，你要去赊那些质量无保障的小作坊产品，也只好请便。

农家出身、天天和养殖户打交道的刘汉元，其实对他们的心态再清楚不过。他知道养殖户也不傻，心里都有一把算盘，他们会算，如果为了省那几个小钱，赊小作坊质量不稳定的饲料，最后如果不能达到预期的产量，那岂不亏大了？而且小作坊不一定干得长久，为了赚钱，他们想的是如何降低成本，最后质量还是不可靠。

那些不赊销的小作坊，刘汉元也不怵他们。他们之所以能生存，是因为刘汉元的饲料供不应求，养殖户买不到才去买他们的，只要刘汉元扩大产能，就能把市场吸引过来。

而养殖户买刘汉元的饲料，花了多少钱买了多少饲料，按 3.22：1 的饵料系数算下来，年底鱼的产量是多少，可以事先计算得清清楚楚。只要每天按培训的方法来喂，就可以踏踏实实安稳睡觉。中国农民讲的就是实在，看得见摸得着，年底的产量和你算给他听的差不离，他就信你。

因此对刘汉元而言，保持饲料营养配比的稳定性非常重要，每一批原料的质量都必须仔细检测，生产过程必须严格按照要求，稍有偏差，最后都会在养殖户那里体现出来。专业学淡水养殖的刘汉元很早就建起了化验室，所以原料的偏差，自己必须事先掌握。刘汉元后来常说："我们一直是按照搞高科技的方式来生产饲料的。"而这些，小作坊哪能做到？

产品质量没得说，但是怎样做好增值服务，才能让他们高高兴兴地掏钱呢？

农民们从来不需要讲天花乱坠的大道理，他们相信眼见为实，相信真诚、信用和实实在在帮助他们解决问题。因此刘汉元以诚信为本来面对用户，坚持对用户负责，把最好的产品和服务送到用户面前。

他总是骑着摩托车，带着人员深入养殖场和养殖户开展市场调查，深入最偏远的地方去卖饲料送饲料，让养殖户们感受到他的真诚；同时对养殖户进行现场指导，现场培训，提供咨询，遇到问题就地帮助解决；还根据不同养殖对象的需要，生产不同规格、不同价格的配合饲料和添加剂，针对性地满足用户；还生产出防治鱼病的"科尔乐"系列药饵，方便用户选用。当时，集约化养殖初起，养殖户经验不足，鱼病困扰很大，刘汉元就对大宗饲料用户定期配供预防药饵，把大客户牢牢地和自己捆绑在一起。

最后，上述种种原因再加上刘汉元的好人缘，经销商和养殖户们很快接受了他现款现货的要求。

就这样，积极因素促进，天时地利人和，各方皆大欢喜，刘汉元的销售问题很快就理顺了，接下来一路凯歌高奏。

——刘汉元的转型，就这样水到渠成。

技术才是第一核心竞争力

在各种需求爆发式增长的市场上，谁拥有更大的产能谁就能占领更大的市场。刘汉元当仁不让，他的渔用配合饲料厂一上马就是四川全省乃至整个西南地区第一家专业生产商品鱼饲料的工厂，规模不大，却产销两旺，1986 年生产 620 吨鱼饲料。

这里有一道算术题，很有意思，能看出刘汉元面临的市场状况。1986 年眉山全县公开建立的 62 只网箱产鱼 15 万公斤，按当时饵料系数长 1 公斤鱼需 3.22 公斤饲料来计算，15 万公斤鱼共需 483 吨饲料。这个数字远低于刘汉元的产量，可见刘汉元当时的生产能力足以牢牢控制眉山市场，同时说明，刘汉元的发展速度快于市场的发展速度。这意味着他转型饲料生产跨出的第一步，取得了完胜。

而供不应求和其他众多作坊式小厂的不断出现，则意味着网箱养鱼和其他方式养鱼的面积在迅速扩大，刘汉元要继续实现转型成功并继续独占市场鳌头，也必须更加迅速地扩大饲料产量。1987年养殖季节结束时，全县网箱养鱼总产量50万公斤，计算下来消耗的鱼饲料达1610吨左右，而刘汉元的工厂该年生产鱼饲料仅1100吨，市场的实际饲料消耗量比他的产量大510吨，这意味着，这一年刘汉元的产量增长速度没有跟上养殖面积的增长速度，换言之，刘汉元的发展速度已经比市场慢了——同时意味着，其他众多的作坊式小厂正在迅速瓜分市场。

虽然这是一个供不应求的好生意，刘汉元却明显感觉到自身发展太慢。

他遇到了一点小麻烦。但就是这个小麻烦最后成就了一项了不起的成绩，奠定了通威未来高速发展的基石。

怎么办？23岁的刘汉元，怎样才能在无法快速扩大产能的情况下，赢得这场竞争？

思来想去，还是科技。正是这一推动了全人类文明进步的伟大力量，使中国四川乡下某个角落里毫不起眼的刘汉元和他的小工厂，赢得了这场水面下的战争，并最终赢得了全国市场。

换个角度看，他的竞争对手其实不是别人，正是他自己。

当别人采用刘汉元的养鱼方式和他创造的饵料系数生产饲料来同他竞争之时，刘汉元只要超越自己，进一步研制出更低饵料系数的饲料，也就是用更少的饲料养出同等产量和品质更好的鱼，就能为养殖户大大节约成本，他就能战胜竞争对手。这是铁定的市场规律。

而科研，正是他之所长。而且他一直是以科研之名介入养殖和生产的，因此他必须在科研上有新的建树，方能名正言顺地把厂继续办好办大。

以上多种因素，促使刘汉元作出了决策。

一方面，面对厂门前排队争相购买"科力"饲料的人群，刘汉元强化了"现款现货"的销售政策，以保障自己良性的现金流。同时以此为基础积极扩大产能，1987、1988两年进行了两次扩建，增购了多种机器设备和粉碎机、锅炉等，日产饲料从两三吨增加到十七八吨，最高达到日产20吨，以满足用户需要。1988年产量翻番达2200吨，1989年为3100吨，1990年达到了4500吨，远销到了省内外。

通过这组数据的变化，还可以看出四川省和全国水产养殖面积增长的曲线，即全国人民对鱼的消费增长的曲线，五年之间消费增长了六七倍！而这些都是刘汉元发明渠道金属网箱流水式养鱼激活了市场之后带来的变化。需要说明的是，从那时至今，全国最终大规模实施的水产养殖方式，并非流水式网箱养鱼，仍然是遍布各地的天然和人工的鱼塘、水库网箱。能进行流水网箱养鱼的自然条件，毕竟有限。

另一方面，生产和销售理顺之后，刘汉元全力以赴加大了科研力度。1986年他就将工作重点转移到了对饲料转化率的研究和对动物生物化学的研究上。1987年开始更是加大了时间精力和财力的投入，全力以赴就四川地区的养鱼问题针对性地寻找解决方案。这就引出了当时长期困扰刘汉元和更多养殖户集约化养鱼的三大问题：

一是养出的成鱼脂肪过多；

二是内脏比例过大，品质退化；

三是体形体色与自然河鱼差别太大。

搞科研，首先要解决这三大问题。刘汉元怎样才能做到？

1986年开始，刘汉元除了发展，赚到的钱都投到了科学配方、加工工艺方面的研究和大面积试验上。怎样才能实现技术创新，提高饲料系数？他多方请教专家，认真学习国内外最新技术，经常在实验室里通宵达旦地工作，每一项重要的试验都要放到实际养殖中去检验，证明成功后才正式投入饲料生产。1987年，年仅23岁的刘汉元就成了中国整个水产行业最年轻的高级工程师。以这样的年龄获得这样的职称，在现在看来，完全不可思议。

"天才行其所必行，人才行其所能行。"那时刘汉元知道哪个方向是正确的方向，他知道哪个方向必须去走，虽然他一时半会儿看不清未来，但他一直坚持着。那时乐山水产站、水库，仁寿的水库等都是刘汉元的试验基地，一个接一个排成一列列的网箱里，养着采用不同营养配比饲料分别喂养的鱼，一群人还要定期捕捞进行观察、解剖、分析，在生长快慢不同的季节，尤其是在不同的水温、水质、气候条件下还要不停地对不同喂养的鱼进行研究，调整配方……同时，还要着力做好养殖过程中鱼病的防治。5 年的研究，对配方的改进，最终使饲料的效率成倍提高。

一次又一次地试，一年又一年地坚持，终于，到 1990 年时，人们突然发现使用"科力牌"鱼饲料养出的鱼不再像过去那样大腹便便了。这一年，科委对新的饲料配方正式验收，鉴定报告一公布，"一不小心就搞成了！"内脏占鱼的整个比重从 1986 年的 25% ~ 30% 降到了 6% ~ 12%，鱼长得结实了，干物质比其他饲料养出来的鱼提高 20% ~ 30%，体形变长，外形和自然河鱼开始接近了，长距离运输也不像过去那样容易死了。以至于当时农业部全国饲料工业办公室主任王维四高兴地说："刘汉元的饲料解决了网箱养鱼的最大难题——个体品质退化的问题。"

同时，饵料系数降到了 1.11 ~ 1.54，单位面积产量由过去的每平方米 26 公斤，到 1991 年猛增到每平方米 300 公斤，最好的甚至达到每平方米 350 公斤！已经完全接近世界水平。当时日本的系数在 1.1 到 1.6 之间，德国为 1.3。整整 5 年，刘汉元几乎没有做其他任何事情，但饲料的科技含量在国内同行中已遥遥领先。

然后，刘汉元采取了配方保密措施。

这是一道完全不识字的农民也会计算的算术题——花过去不到一半，甚至只有 1/3 的钱买过去 1/3 量的饲料，就可以收获和过去一样多的鱼，而且比过去的鱼品质更好！刘汉元成为川西农民心目中当之无愧的英雄，傻瓜才不买他的饲料。一时间，买饲料的人蜂拥而来，多得让人意外："原来有这么人养鱼啊！"

刘汉元无形之间扩大三倍产能，俨然已成为这一水产饲料市场巨头。在他的高效、优质饲料冲击之下，一两年内，眉山当地和附近绝大部分市场，最终被吸引了过来。曾经风光一时的作坊小厂们最终销声匿迹了。刘汉元再次一枝独秀。

意料外的赞许

"饵料系数达到甚至超过了国际先进水平，当年你是怎么做到的？"这个问题，现在偶尔还会有人好奇地问。

答案在刘汉元看来非常简单。"主要是维生素的应用。无论是维生素 E 还是维生素 A、维生素 C、维生素 B1、维生素 B2，饲料用的维生素那些年买不到，复合维生素也很难买到，所以当时我们用的维生素全部是以人的药典作参考，一片一片的 5 毫克、10 毫克捣碎了按一定比例混合在饲料里。

刘汉元发明的网箱养鱼技术吸引了诸多外国人前来学习

这样养出来的鱼，我们经常送样到西南唯一能检测氨基酸等成分的成都沙河堡某研究所进行检测，然后和他们一起讨论怎样提高，然后回来又养……"

刘汉元真切地感受到自己的技术已经在全球领先，是源于一个小故事——

20世纪80年代末90年代初，除了国内常常来人考察刘汉元的养殖技术，日本等东亚、东南亚国家乃至许多南美国家也会慕名前来。有一年，刘汉元在乐山水电局水产科的老同学王尚文，接待了一批日本访客，陪了半个月，之后马上向领导写了一份报告，称"我们的技术已经超过日本人，建议将来拒绝接待日本的访问团到眉山参观"。

原来这一次，王尚文陪了日本人半个月，他一直想向日本人学点东西。前面接待过几批日本人，结果非但没学到东西，反而被日本人把通威的东西一点不留地学走了。这次他非要向日本人请教。其中有一个日本老人每次总是很谦逊，打马虎眼说："你们很好，你们很好……"王尚文老是觉得他没说实话。但是，就在他和老人经历了一次生死患难之后，他觉得，老人说的是实话。

当时，他陪这位日本人到峨眉山旅游，下山时，汽车前面不到100米处，突然泥石流"轰隆隆"地冲下来，整条公路瞬间消失了，当时车开快几秒钟就被掩埋了。一车人吓得不轻，赶快倒车调头，在山上找个宾馆住了下来。晚上，因为共此生死患难之后，彼此一下拉近了距离，这位在日本养鱼多年的老专家，握着王尚文的手，推心置腹地说："小伙子，我说的真是实话，你们真的已经比我们养得好了。"这下王尚文才相信。回到乐山就写了报告，拒绝再接待日本人，即使接待，眉山、乐山这一带养得好的地方不能去，那是中国人的血汗成果，每一步都很艰难，不能让他们轻易学走。

那时候，包括集约化养鱼技术、饲料生产、饵料系数、鱼病防治，刘汉元确实已经领先了。这一来，他开始相信自己方方面面的技术已经走到了世界前列。

他说："知识只是经验的总结，而智慧来自于运用知识时对未知的尝试和探索。"所以，"无心插柳柳成行"。那几年里，刘汉元还渐渐形成了一个指导思想："农民会做的事，让农民去做；农民不会做的事情，我们来做。"他经常以此告诫员工。现在看来，从他投身饲料研究、生产的那一天起，他就无意中选择了一条农民不会走，但又和千千万万农民发家致富息息相关的一条道路。农民不能做的事，还有太多太多，他的事业，就沿着这条道路开始做深、做大了。

几乎与科研成功的同时，1990年7月，刘汉元获知自己用了4年的"科力"商标早已被其他企业注册，自己使用"科力"变得非法。集思广益之后，他决定采用"通威"商标，取"通力合作，威力无穷"之意。

1991年1月，通威商标正式注册。

5月，他将眉山县渔用配合饲料厂更名为眉山通威饲料厂，厂长仍是父亲刘定全。

这一年，刘汉元运用自己的先进技术，推出了全新的"通威牌"饲料，几十个新品种、新规格相继上市。其中通威牌鲤鱼111号配合颗粒料和鲤鱼成鱼101号配合颗粒料等，成了养殖户家喻户晓的名牌产品。此两种饲料很快被四川省评定为1991年度"四川省饲料行业优秀产品"和推荐申报省优质产品。

这一年，刘汉元的产量达到5600吨。但是此时，他再次发现，自己的发展还是太慢了，原有产能已远远跟不上市场需求。太小的市场基数和太大的市场需求之间形成的巨大空间，还在不断扩大。对刘汉元而言，这样的市场几乎是无限的！

他决定，择址重新大规模建厂，全力扩充产能。

这一年，整个社会经济的发展已是风云激荡，刘汉元身在潮流之中，"春江水暖鸭先知"，他敏锐地体会到改革开放的巨变已经不可阻遏，革新的力量在中国的每一个角落蓄势待发，他最终决定顺时应势，下海去！刘汉元最终辞去了眉山水电局水产股副股长的公职，再也不端铁饭碗了，自己干事业。

多年之后，许多人还记得，1991 年的岁末，中国迎来了这一二十年来最冷的一个冬天。这个寒冷的冬天里，人们的生活一切如常。到 12 月 27 日，四川盆地忽然纷纷扬扬地下了一场罕见的大雪，一夜之间，大地银装素裹。

四野静寂，仿佛有什么将要发生……

脱胎换骨仅仅只是开始

翻过年，尚在春寒料峭之时，这个国家的许许多多公民，突然意识到，他们应该深深地感谢一位老人，他的名字叫邓小平。1992 年初春近一个月的时间里，他用他生命最后的力量，把中国的发展带到了一条正确的道路上。

"东方风来满眼春"，伴随着邓小平第二次"南方谈话""思想更解放一点，胆子更大一点，步子更快一点"，改革开放姓"社"姓"资"的多年争论一夜间平息了，长期以来禁锢人们思想的障碍被彻底破除，邓小平彻底推开了中国改革开放的大门。随后，发展"中国特色社会主义市场经济"的大政方针被确定下来，无数国人心情激荡，市场经济蓬勃发展，呈现了前所未有的高速度，各行各业风起云涌，十万政府官员下海，甚至当年毕业的无数大学生都深受感召，义无反顾地加入了滚滚南下的洪流，选择自己决定自己的命运。

"伟大的历史时刻会光顾每一个民族。"属于中国的历史时刻来了，它像一列隆隆奔驰的巨型火车，喷着蒸汽、煤烟、灰尘，不顾一切又势不可当地呼啸而来，穿透了历史的铁幕。

也是这一年，川西一隅刘汉元的事业也发生了彻底的变化。

他刚刚下了决心辞去公职，从眉山国营良种场圈了 17.37 亩土地，正准备合作建厂大干一番之际，突然传来了邓小平的"南方谈话"！这下，他多年来一直紧绷的神经彻底放松了，他知道他可以真正放手一搏了，再也不用担心别人对他姓"资"姓"社"的种种非议。

刘汉元坚定了加快发展的决心，三步并作两步走，将才改名不久的眉山通威饲料厂重新按现代企业制度的要求，注册更名为四川通威饲料有限公司，并按现代企业制度设立董事会，刘汉元出任董事长，其父亲刘定全任副董事长。

接着，紧锣密鼓地建新厂。建厂要贷款，刘汉元把自己的所有资产交到银行，评估下来价值达170万元。一评完，眉山银行圈和企业圈内就小小地热闹了一下，人们争相传说"眉山最富有的人是刘汉元"！然后刘汉元用这一笔身家，经朋友周金华担保，从银行贷到了300万元资金，然后投入240万元，开始进场施工建设厂房。

这边开始施工，那边又赶快到工商局去注册新公司。刘汉元一直记得，这时发生了一个有趣的小故事，一个花絮，明显地具有时代的印记。

刘汉元一行到县工商局去注册有限公司的时候，工作人员看着他们的申请，显得很是诧异又无所适从，喃喃地自言自语："有限公司？有限公司好大哦。"

刘汉元一听笑了。

在当时工商局某些人员的眼光里，西方资本主义概念下的那些巨大无比的公司才叫有限公司嘛，你一个永寿镇出来的小厂，也想叫有限公司？殊不知，有限公司，责任有限，其实是最小的。

现在，刘汉元只是偶尔把这事儿当茶余饭后的谈资讲一讲，并非为了取笑。他只是觉得，当时改革开放14年了，一个县的工商局人员还不知道什么叫有限责任公司！他想通过谈这事儿来表明，那场持续至今的改革开放对中国而言是多么重要，它不仅带来了财富，还为闭塞、落后的中国人带来了多么及时的知识启蒙、眼界拓展和思想真知。

新公司注册下来，建筑施工队进场仅仅5个月又16天之后，刘汉元的第一期工程、一个年产 4 万吨级的饲料厂就矗立在了眉山县城，其建设速度在国内同行中是空前的。然后刘汉元和乐山饲料办领导广泛考察国内饲料生产设备厂家之后，选定的瑞士技术、大同机械厂生产的 420 型、单班年产 2 万吨饲料的成套设备，立即进场开始安装。

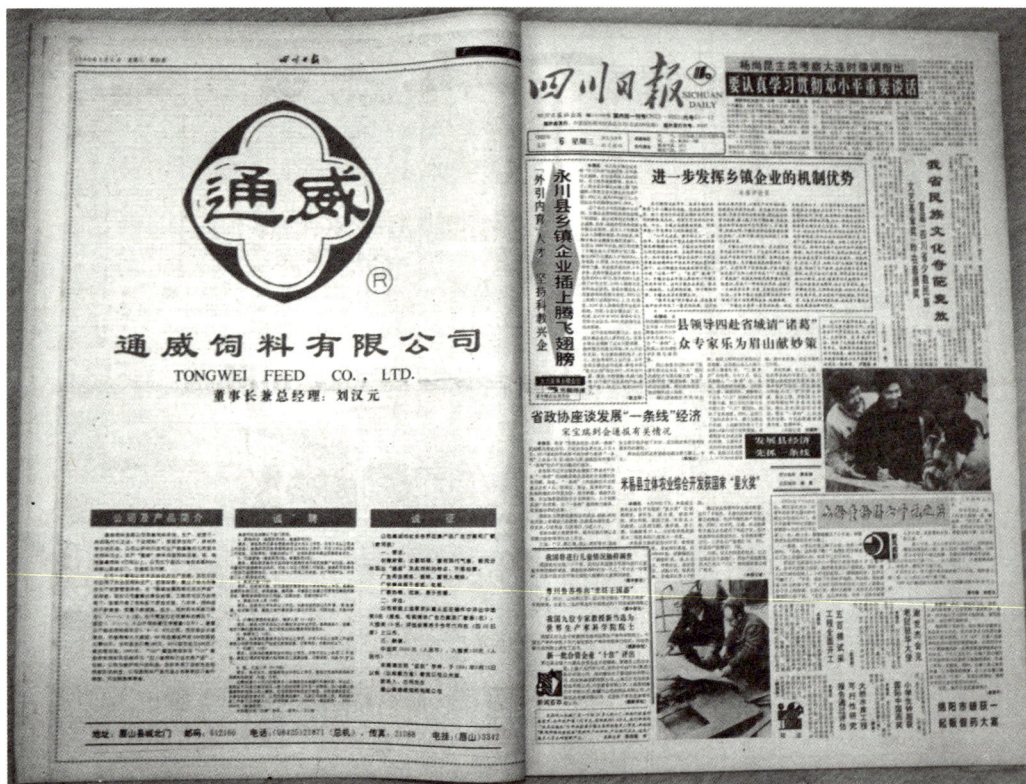

1992 年《四川日报》通威整版广告

现代企业极为讲究整个企业管理系统的协同运营，虽然那时候刘汉元的经营管理显得较为粗放，但他统筹兼顾地安排了各个环节的协同推进——

系统性的工作方法，第一次完整地在刘汉元身上体现了出来。

厂房即将竣工而未竣工之时，他不早不晚开始打广告，以便最经济、最有效地达到人才引进、人才培训和市场宣传造势的目的。5 月 5 日，刘汉元在《四川日报》投了该报有史以来的第一个整版广告，大大的"通威"

二字，向全社会宣告通威的生产规模宏大、设备先进、产品精良，为中国重要的鱼饲料生产基地，并面向全省及全国招聘人才，征求企业歌曲。通威以大手笔营造登场气氛，令社会刮目相看。这一动作，直到今天看来都是非常领先和极有远见的方法。

同时刘汉元还宣称："有谁因为质量问题而放弃使用通威饲料的，奖励1万元。"敢于如此出声，更是让经销商和用户充满好奇与兴奋，一时间来访不断，行业人才也纷至沓来。

市场造势恰到好处，刺激了社会的胃口也激励了员工之时，人才培训也正好完成，历时一个多月的设备安装调试也按计划完工，并试产成功。一切事宜都恰到好处。

6月30日，新厂正式开工生产当天，诸事顺利。眉山上下震动，经销商、养鱼户从四面八方来到厂里购买饲料，通威门前车队再次排成长龙，挤得水泄不通。同时刘汉元邀请远近父老乡亲前来参观，他们亲眼看到一袋袋鱼饲料像河水一样源源不断地流下生产线，流进大卡车和拖拉机里。有一个好事的老人从早数到晚，他惊喜地四处宣传："那一天饲料装了足足100多辆汽车和拖拉机！"

从此，养殖户买通威饲料不再困难了，这一年仅眉山一县就有10多万人走上了养鱼致富的道路。同时乐山地区和眉山县政府也把通威新厂视为提升眉山经济发展的一大举措，将通威列入县"八五"重点工程，予以重点扶持。

企业由此迈上了一个新的高度。但是在刘汉元眼里，这仅仅只是开始。

至此，笔者发现，一个完全本土的、没有任何西方文化和西方现代产业影子，诞生于中国农村又服务于中国农村的行业，在中国最传统的三四级市场上最终形成了。它完全是原生态的，甚至看上去很土，很难看，但它却具有中国企业罕见的"元企业"的色彩，它是初始的、最先期的……

大事小事都非易事

新厂刚投产，刘汉元就高瞻远瞩，进一步调查了四川及全国水产畜牧业的现状与发展前景，着手制订二期工程实施方案。"全省养殖业方兴未艾，但优质廉价的饲料产品远远满足不了用户的需求，市场缺口仍然很大。"他决定再投资 1000 万元建设年产颗粒饲料 6 万吨的第二期工程。

其实，此时广东顺德、南海地区饲料生产总体已经有较大的规模了，"但其单厂饲料产量大部分处于我们老家蟆颐堰工厂的水平"。

1992 年 9 月 20 日，四川通威饲料有限公司举行了隆重的"希望工程捐赠仪式暨一期工程完工、二期工程奠基典礼"。从此 9 月 20 日这一天成了通威的纪念日。在仪式上，刘汉元捐资设立了"通威——希望工程奖励基金"。中央电视台主持人赵忠祥专程前来眉山主持这一盛会，四川省水电厅、乐山市委市政府、省水产局、畜牧局、饲料办、眉山县委县政府等领导专程前来祝贺。当天现场饲料销售，又是热闹空前，从中央到地方的媒体都报道了中国水产饲料行业的这一盛况。

1992 年 9 月 20 日庆典仪式现场（左一为刘汉元）

有一张现场老照片，已略发黄，仔细辨认，可以看出当时仪式的情形：各级领导们在主席台上坐成一列，年轻清瘦的刘汉元身穿深色西装，手拿记录本，极为谦逊地侧身坐在最靠边的一个边角上，真的是"叨陪末座"，姿态是随时准备鼓掌和记录领导们讲话的样子，而不是像其他许多企业家那样志得意满地以主人的姿态居中而坐。

这个 20 年前的场景，可能从未引人注意，过去就过去了，但保存下来的照片却以小见大，真实地记录下了刘汉元 20 年来低调、谦逊、务实、毫不张扬的处事姿态和工作风格——这与整个通威不声不响地匍匐在中国大地上踏踏实实为农民做事的风格，完全一致。做人低调，做事高调，只有这样的个人风格和企业文化，才可以长期持续地保持属于中国的企业风格。

从这一细节可见，领导们不喜欢、不支持这个年轻人，似乎都说不过去。

随着后来二期 6 万吨和 1994 年第三期工程 20 万吨产能的实现，眉山通威面积扩大到近 58 亩，年产能达到了 30 万吨，成为当时西南地区最大的饲料企业之一。

——1994 年，30 岁的刘汉元加入了民主党派中国民主建国会，很快成为四川省政协委员。他人生价值中极为重要的政治生涯，从这里开始了……

另有一些不大不小的事儿，在这里必须交代一下。

如果还原当时刘汉元企业经营的真实状况，你会发现，其实做企业真不容易，完全不是旁观者写文章这样轻轻松松几句话就可以交代，也不是"什么时间做了什么，什么时间又上马了什么"这么简单。其实做企业，就算是走对了路，后面还有无数繁琐的程序、艰难、困惑和令人烦扰的费心费力的大事小事，层出不穷，永无止境……

成功是什么？就是无数平凡琐碎积累起来的那一点与众不同的价值。

比如技术，很多技术别人搞不懂，只有刘汉元亲自上。1992 年、1993

年期间，刘汉元西装口袋里经常是左边放着扳手右边放着螺丝刀，常常是前一分钟还在会见客人，后一分钟就爬到机器上。"这就是表率的作用。看到我这样卖力，搞技术的不惭愧吗？所以表率是最好的领导方法。"

通威纪念日之后第二个月，刘汉元在日本考察，突然一个越洋电话从眉山打到日本，很焦急："刘总，设备又不转了，没人能修。"

刘汉元一听，心都揪紧了。只有他能修，人又在日本，怎么办？

"最后只好让值班人员把显示屏上的语言，全是些英文、数字等，有数百条之多，念给我听。反复查了好几次，画出逻辑图，后来找出二三十条逻辑漏洞，才把机器调好了……"刘汉元从哪儿去把这些技术知识搞懂的？没人知道，他自己也只这样解释过："知识和知识之间是一种网状相通的结构。"

往事点点滴滴，曲折不堪回首。大事小事难事易事一年365天全压在身上，然后一件一件按轻重缓急去处理，还得处理正确。"你只能把自己看成机器。"现在回忆起来，刘汉元只是轻描淡写。

他说，总之新公司搞起来了，生产和销售都是持续的，广告也会持续投放。在政府、行业支持，市场旺销的市场背景下，整版报纸广告、四川电视台的广告、农村墙体广告，那些年通威一直在做，而且试点示范推广、现场验收会推广结合起来综合运用，使得通威饲料知名度、销量不断上升。

至今，当年投放的电视广告中，刘汉元印象最深的一条，是1992年时四川电视台播的。一位美丽村姑站在乡村网箱边，一把鱼饲料一撒，说："辛勤的劳动从这里开始，通威饲料是你信心的保障，一斤鱼只需1.1到1.6斤饲料，成活率高，养殖成本低……"配上鱼儿争相抢食和丰收时无数成鱼腾出水面的壮观镜头，刘汉元回忆说："那感觉，真的很美好。"

第三章
快与慢的辩证法：管理的内因与外因

清醒者生存。

——刘汉元

　　至此，刘汉元在新的战略目标之下对企业经营的每一个方面都进行了初步的梳理和建设，虽称不上完善，但一个全新的饲料潜力型企业已开始进入人们的视野。

　　此时，整个企业的发展感觉好像"慢"了下来。

　　其实，此时的慢是为了快，不慢下来，快从何来？

- "我们从哪里来，要到哪里去？"这是个大问题。

- "'取法其上，得乎其中；取法其中，得乎其下'，只有按大企业的要求来架构企业的方方面面，你才能在执行上接近大企业的目标。""目标决定你将成为什么样的人"，没有目标，你会是什么人？

- 不慢下来，怎能"不疾而速"？

- 厂门外，是一条老旧的公路，公路外，是大片依然青葱的四川乡下的农田和点缀其中的农家瓦舍。春天时，农田里会开满大片大片漂亮的油菜花。举行第一次升旗仪式时，公路上有拖拉机"突突突"地经过，有几个骑自行车的农民好奇地停下来，驻足观看。

- 什么叫制度，制度就是告诉你我们坚持什么，提倡什么，反对什么。

- 内心越是有高远的理想，就越需要强大的定力。

企业开始做大了，战略和管理问题就浮出了水面。

1992 年之后，已经脱胎换骨的通威初步具备了规模化企业的雏形，也铆足了发展的后劲儿。与此同时，全国各地的饲料企业也如雨后春笋般纷纷兴起，几乎每一个县的粮食系统都办起了自己的小型加工厂，更多的民营饲料厂也不断问世，全都沉浸在经济大发展带来的"供不应求，皆大欢喜"的祥和气氛之中。

然而年轻的刘汉元并没有因此而沉醉。也许是天赋异禀，他总是比常人更理性、更清醒，看问题有不同寻常的敏锐目光。那时他开大会，对公司全体员工说："这种形势是暂时的，一旦市场饱和之后，残酷的竞争本质就会暴露出来。"如巴菲特"在别人贪婪时恐惧"一样，这份恐惧给了刘汉元清醒。他越来越感觉到，有一个问题，他并没有完全想清楚但又必须立即想清楚，那就是，通威不断做强做大的理想和目标是什么？通威为什么要做大做强？在成百上千家饲料企业构成的行业坐标之中，未来的通威在哪一个位置？

"我们从哪里来，要到哪里去？"这是个大问题。

他凭直觉感到，只有把这个根本问题想清楚，自己和每一位员工每一天都在加码的工作才会有明确的方向，才不会跑偏。这是企业最基本的指导思想和大政方针。简而言之，刘汉元将给通威定一个什么样的战略？

按当时的经济形势，可谓机会遍地，绝大多数企业仅仅需要勇敢地迎上去，而不必去考虑什么战略。看上去刘汉元也只需要高速跑马圈地就可以发展得很好，但与众不同的是，他一边高速奔跑，一边又给了自己足够的闲暇，静下心来思考企业的未来。

此时，通威已经是西南地区最大的饲料企业之一了，正在成为全国最大的水产饲料企业。反复思考权衡之后，刘汉元给通威确定了一个至今未变的、清晰的战略定位——

"鱼饲料方面，要做全国第一。具体而言是在产品质量、数量、规格和销售上，要始终保持全国第一的地位，保持拳头产品的强大优势；畜禽饲料方面，也要生产一流产品，和各个时期市场上高标准厂家的产品不相上下。"同时，还要创名牌产品和名牌企业，他说："用户面对名牌，就等于在审视一个企业的整体形象。"

他认为："有了战略目标，通威就有了精神。"

战略就是方向和高度。战略确定之后，刘汉元再回头审视企业，看看各个方面的能力离达到这样的战略高度还有多大的差距。"'取法其上，得乎其中；取法其中，得乎其下'，只有按大企业的要求来架构企业的方方面面，你才能在执行上接近大企业的目标。"否则，企业误打误撞地靠时代变革赋予的机会，依靠跟潮流、碰运气，不可能一直成功。正如罗伯特·欧文[1]所说，"目标决定你将成为什么样的人"。没有目标，你会是什么人呢？

——审视一圈下来，刘汉元发现，初创的通威需要着手去提升的管理

---

[1]罗伯特·欧文（Robet Owen），英国空想社会主义者，现代人事管理之父，人本管理的先驱。
——编者注

头绪太多，人才、企业文化、思想观念、质量管理、市场营销、品牌打造等方方面面，都需要重新搭建——事实上这些方面，过去从未正式系统地搭建过。

此时，通威的发展眼光开始向内审视，企业好像一下"慢"了下来。

而此时的慢，是为了将来的快，不慢下来，快从何来？不慢下来，怎能达到李嘉诚说的"不疾而速"？

企业文化与人才管理的最初运用

1992 年 10 月，国庆节后第一个星期一，通威的第一次升旗仪式开始了。

"奏唱国歌！""奏唱通威之歌！"早晨上班前 10 分钟，刘汉元带领全体员工在公司一个小型广场上列队集合肃立，精神饱满地齐声高唱《国歌》和《通威之歌》，注视着国旗和通威旗先后冉冉升起。通威之歌唱道："我们通威人，共同创明天，携起手，肩并肩，不怕困难；我们在一起，为理想实现，有苦，有甜，有欢笑……"唱得也说不上好听，但表达了某种属于通威的雄壮和力量。升旗仪式之后，公司的重大事项如上级领导来访、获得奖项，或者新制度的颁布、本周奖惩情况等各种消息，现场向员工通报。

举行第一次升旗仪式时，公路上有拖拉机"突突突"地经过，有几个骑自行车的农民好奇地停下来，驻足观看。

一些新鲜的事物，就这样在中国广袤的大地上，越来越多地出现。

当时的场面和歌词，其实也无甚特色，但是对于多数来自农村的青年员工而言，这种最普通又最庄严的仪式和易懂的歌词，却能最广泛有效地传递公司基本的价值观，形成一种激励和凝聚，荡涤心灵，回归纯洁，唤醒内心的庄严和神圣，自觉增强工作激情和组织纪律性。这样的仪式也许最符合这样的草根企业，正应了管理中的一句话："最合适的才是最好的。"

很快通威的升旗仪式成了眉山县里的新鲜事儿，成了眉山人最向往的精神高地。

从此升旗仪式成了通威集团的惯例，以后新建的所有单位，包括总部、子公司、分公司、办事处，无论设在哪里，无论人多人少，无一例外地每周一同时举行升旗仪式，20 年来风雨无阻，雷打不动……

可以看出，刘汉元与他同时代的许多企业家有一种明显的区别，他那时就讲究某种"内在的"精神层面的东西，即使开始只表现为某种"外在的"形式，他也要先把它做起来，用形式来强化管理。同时他理性地降低了企业的速度和温度——他总是觉得"不能用做生意的方式做企业，而是应该按照企业成长本身应有的规律来做企业"。

多年以后，中国大量的企业纷纷落马，而刘汉元的决策至今一次也未曾有过重大失误，从 1983 年创业开始，他将通威稳稳当当地做到了 30 年后的今天。这应该归功于他很早就善于理性地看问题，建立了可持续发展的企业制度。而同时代那些曾经叱咤风云，与他同行的企业家们却往往属于"机会驱动型"，靠短期的暴利机会给他们创造的免费午餐而一夜成名，又一夜跌落尘埃。

刘汉元不会去追求那种短暂的辉煌，他要做长久的事业。

那么，通威具体有哪些方面需要提升？怎么去提升？

第一，人才决定一切。刘汉元对人才的原则是"外举不避贤，内举不避亲"，是能人都来。他大打广告招贤纳士，当时水产行业最优秀的人才老同学王尚文来了，刘志全来了，万学刚等人来了，也有之前就加入公司的得力干将胡荣柱等人。人才的加入让刘汉元有了充足的底气，他们和之前的创业元老也就是刘汉元的家族成员们一起经营管理着公司。但是，新、老力量之间知识水平、管理理念、管理风格的不同，立即在公司内部形成了不同的阵营和格局。二者磨合的难题又成了管理中的新问题。

对这一切，刘汉元心知肚明，他只是想："慢慢来吧，刚刚上路的企业不能操之过急，自己也没那个能耐把一切都一下做到位。而且一下做到位的东西会好吗？好像很值得怀疑。只要规章制度到位，人人严格遵守，素质不行能力不够的人，自然会慢慢被淘汰。"后来联想柳传志对这样的管理风格有两个形象的比喻，一是企业的管理变革必须"拐大弯"，不能"拐急弯"，欲速则不达，弯拐急了离心力过大会翻车；二是企业的管理好比"拧螺丝"，方方面面都要兼顾，随时都要达成一种平衡。就如把一块板用3颗或4颗螺丝拧到墙上，必须每一颗分别拧几下，这样才能拧得最紧；如果把一颗完全拧紧了再去拧其他螺丝，这块板根本就拧不到位。

管理人员还好办，成百上千来自农村，刚刚洗脚上田的员工又该怎么管？靠企业文化。

第二，企业文化。除了规章制度之外，刘汉元认为最重要的是企业文化。当然刚性的制度是首要的，比如建厂时有一位亲戚卖了水泥袋子后只交了4元钱给财务，自己留了1元装兜里，查出来之后刘汉元立即将他开除了。老丈人管超在厂里抽烟，被罚了几百元钱，随地吐痰也被罚过好几次。"什么叫制度，制度就是告诉你我们坚持什么，提倡什么，反对什么。"通过这些制度长期不懈地执行，逐步形成一种是与非、对与错的价值观，也就逐步形成了企业文化氛围。其中最实用的方法是广播，从1992年建厂开始，厂里高音喇叭天天广播好人好事、销售捷报等，方向明确，气氛活跃。这样下来，整个公司的管理和员工的心态都规范了、理顺了，企业文化的效果就显现了出来。他精辟地指出："企业和文化二者，是躯体和灵魂的关系。"

当然树立企业文化的重要举措也包括升旗仪式。刘汉元亲自制定了这一规定。

也许有人会说，通威举行升旗仪式还不是向当年郑州亚细亚[①]王遂舟

①即郑州亚细亚商贸集团，在20世纪90年代初名噪一时，以其在经营管理上的创新创造了"亚细亚现象"。然而在90年代后期，由于盲目求大求新等，亚细亚迅速走向下坡路，最终失败。——编者注

学的，亚细亚还不是很快就垮了。是否学自亚细亚姑且不论，区别在于百货公司亚细亚举行升旗仪式更多是为了秀给全郑州的顾客看，而刘汉元却是实实在在地做给员工自己看的。试想，30多年来，通威在全国乃至海外的几家、几十家、上百家分、子公司每周一早晨的同一时间同时唱响国歌和通威之歌，风雨不辍，从无断绝，它所形成的一种文化存在和内心坚持，是何等的让人感慨？

同时，企业经营是一种系统运营，通过大小公司坚持升旗仪式可以看出，通威各方面的经营管理亦是何等的坚韧有序，方方面面的坚韧有序带来的将是不一样的结果。2011年10月的某一天，笔者在成都通威总部恰逢一次升旗仪式。只见刘汉元站在队列的第一个位置，手贴裤缝，站姿笔直，神情肃穆一动不动，直到仪式结束。

大千世界，风流浩荡。越是有高远的理想，内心就越需要强大的定力。

前期品质管理与市场营销

最能说明通威严控质量的一个案例是，河南分公司某一任总经理弄虚作假的事件。

饲料原料玉米等从采购到生产成为饲料成品的过程中，由于含水量的蒸发、储存管理和粉碎生产等原因，会导致少量的合理损耗。美国饲料厂目前平均损耗为0.81%，国内饲料行业平均损耗为1% ~ 1.5%。通威规定，如果在各公司不断的品管监测中，发现损耗率超低或过高，则说明了储存和生产管理水平的高、低两种不同，就会对分公司领导进行一定的奖惩。

这一次，河南公司总经理为了达标，自己掏部门经费买了一些膨润土加进了饲料中。其实他只加了极少一点，而且生产饲料本身就要加膨润土。但是这笔投入他没有入账，投入的物资不做账，也就提高了投入产出率，就成了弄虚作假！

结果，通威对此人进行了非常严厉的罚款、降职、调离处分，产品销毁，以示惩戒。虽然那批饲料的质量改变仍然在公司允许的范围内，对养殖效果没有丝毫影响，但是弄虚作假性质恶劣，背离了企业诚信的根本原则，如不严惩将造成极坏影响。对此事件的处理，通威向全国各分、子公司下发了文件，在整个集团造成极大的震动。

这就是刘汉元治理企业的第三个方向——堪称苛严的质量管理。难怪刘汉元在 1992 年有如此大的口气，敢于宣称"有谁因为质量问题而放弃使用通威饲料的，奖励 1 万元"！

在质量管理方面，通威又确立了怎样的质量观？

刘汉元一直认为，只有客户能从你的产品中获得最大的利益，你才能赢得最多的客户，赢得竞争。因此通威始终站在让用户获得最大利益的基点上，全盘考虑原料的选用、工艺的设计、产品的定位、价格的制定，以及新产品的研发等，保证产品质量，创造一流品质。

比如早在永寿的渔用配合饲料厂时期，就因为一批饲料原料不合格，刘汉元果断决定将两吨饲料销毁，直接倒进锅炉烧掉。另有一次，眉山通威饲料公司因原料部门购进的部分玉米含水率超标，质检部门把关不严，造成当月部分产品质量下降。为此，公司作出决定，剩下没卖出的饲料全部烧掉，并严厉处理了该事件的当事人和主管领导，并被扣除当月全部目标奖励和当月岗位工资的一半，同时又主动向使用了这批饲料的用户作了相应的赔偿。

通过这些事例，你几乎能感受到这家企业昂扬的正气，感受到它严格坚韧的力量和为客户利益精益求精的精神。所有员工的努力，又一起营造、强化了这种文化。

第四，思想观念。1993 年 1 月，通威第一部《员工手册》印发到每一个员工的手中，扉页赫然印着"通威精神——团结高效，求实创新；通威作风——谦虚谨慎，雷厉风行"。这与升旗仪式的定力坚持仿佛又不一样，强调了一种速度和灵活。这恰恰又反映了企业经营在不同侧面的不同特性，而这种速度和灵活本身也需要一种坚持。不同的管理风格，在企业内部形成辩证的统一。

刘汉元在《员工手册》的序言中，对通威的发展理念进行了清晰的阐述："公司以科技进步、促进生产发展、追求最佳的经济效益和社会效益为基本宗旨，视质量为生命，以为国内外用户提供高质量的饲料产品和完善的售后服务为最高目标。"

"通威的生存与发展取决于社会各界的关心和用户的信赖，而用户的信赖取决于我们完善的服务和产品的质量。高质量的产品和完善的服务，靠的是公司严密的质量管理体系和全体通威人的齐心协作，可以说没有用户就没有通威。因此，对于我们的用户，不论身份如何，不论来自何方，不论用量多少，我们必须竭诚地为他们服务。"

"让用户获得最大利益"这一指导思想，一直延续至今并成为通威管理的核心理念。在这样的要求之下，通威经营管理每迈出一步，就离它的战略目标更近一步。

第五，身份和心态分析。刘汉元对质量要求如此苛严，还可以从他的个人心态方面作简单的分析。

其实想想逻辑也很简单，"要想公道，打个颠倒"，换位思考。刘汉元此时既是城里人人羡慕的大老板、企业主，同时也一直是奔波在乡下的农村人、养鱼户，至今他家在蟆颐堰里的几只网箱还一直养着鱼，只是后期更偏重于科研试验。如果将自己生产的有瑕疵的饲料卖给农村人，就是明知这饲料有问题，还要亲手卖给如同自己的父亲母亲一样的农民。心理上的阴影和疙瘩，无论如何让他迈不过去。

也许就是这种特殊的双重身份，和对农村人深厚的情感，让他容不下自己饲料质量的半点瑕疵。再努一把力，就能将瑕疵修正，就能让自己和整个公司坦坦荡荡、光明正大地面对每一个养殖户，这何乐而不为呢？"做饲料，你躲不开养殖户啊。"何况自己搞科研的身份，已经习惯了精益求精，追求完美。

从理性角度看，只有追求完美，他才更有可能实现水产饲料行业第一的战略目标。

第六，名牌战略（市场营销）。通威的名牌战略目标很明确，就是最大可能地抢占全国水产饲料市场，做全国第一，与"正大"（正大集团）的禽饲料、"希望"（希望集团）的畜饲料形成三足鼎立的局面。

具体实施策略是：首先，重视广告宣传，将产品品牌和企业的整体形象推向社会公众。其次，实施"以销定产"和"以产定销"两种生产策略。"以销定产"即根据市场对产品的需求来决定研发和生产，相反的"以产定销"是以公司生产能力为依据，有计划有目的地开拓市场，宁愿发展速度稍慢一点，对市场做到"开拓一个，成功一个，巩固一个，保护一个"，采取的是守势。后来通威产量足够大之后，扩张策略又灵活地变成了"吃一个，挟一个，看一个"，采取的是攻势。最后，通威建立了一个符合行业特点的销售渠道。主要采取"公司—总经销—分销商—用户"的大流通渠道模式。采取这样的销售模式，是因为中国农村市场广袤，小农经济极为分散，通威的产品必须广泛分布到数万个五六级乡村市场，才能把市场做深做透，但这样的市场厂家完全无力进行扁平化直销管理。所以通威的最优选择是依靠土生土长的当地经销商来做市场。

第七，精心做好市场服务。首先，通威宣传车和科技人员不断深入乡镇、养殖场、院落，向广大养殖户和用户散发科学养殖的资料，并进行现场讲解和实施操作指导；其次是抓培训，从 1992 年到 1994 年两年间，先后对 1200 多名经销商进行了培训，同时对养殖户进行巡回培训，先后办技术培训班 200 多期，培训人员达到 10 多万人次；最后，搞好跟踪服务，实地指导。

——至此，刘汉元在新的战略目标之下对企业经营的各主要方面，都进行了初步的梳理和建设，一个现代企业的经营组织架构树立了起来。虽然远远称不上完善，但一个全新的饲料行业潜力型企业已经进入了市场的中心地带。

此时的通威，呈现出了一种强有力的市场姿态。

通威一直保持着高速发展。1992 年通威产销饲料 6460 吨，1993 年猛增 4 倍达 25800 吨，1993 年刘汉元以其突出业绩被共青团中央授予"全国杰出青年企业家"称号，全国仅 15 人获此殊荣，刘汉元名列榜首，受到当时的国务院总理李鹏的接见。

11 月，由于全国很多地方饲料厂纷纷慕名找上门来要求合作，刘汉元遂将公司重新注册为四川通威（集团）有限公司，性质为私营，注册资金 4000 万元。从此通威以更加稳健的步伐迈向四川乃至全国，开始了对外扩张。

移师成都，树立"诚信正一"的经营理念

对于刘汉元而言，1994 年是多元的、忙碌的一年。

这一年，他忙于将总部移师成都，忙于总结提炼通威的核心企业文化理念，忙于眉山通威第三期 20 万吨工程的扩建，忙于抓住外部环境变化带来的扩张机遇……整个企业运营的方方面面，都需要再搭建，再提升。

在当时国内通货膨胀的刺激之下，1994 年鱼价上涨，通威饲料的市场表现如火如荼，不仅畅销四川省内，而且远销到了云南、贵州、广西、山东、湖南、湖北等地。公司发展速度越来越快，"幸亏 1992 年及时迁至眉山重建了大规模的新厂，否则这两三年的高速发展机会通威根本抓不住，必将沦为小厂而沉没"。因此企业发展的速度应该和市场发展的速度保持一致。而现在，显然也不能继续待在眉山这个偏远的小地方了，通威已经具备全国性集团公司的雏形。于是刘汉元决定将通威总部迁至西南地区政治经济文化中心成都。

这一年 6 月，刘汉元在成都市内物色到了新的总部地址。

1994 年 10 月，通威集团总部北上迁往成都，图为通威总部老办公大楼

　　几乎与此同步推进的是，四川通威财务部开始使用"用友"财务软件，实现了会计电算化，使会计效率和准确性都大大提高。

　　也是这一年，刘汉元一直在思考，成天与农民打交道的通威究竟应该具有什么样的经营理念？有了发展战略，有了目标，但刘汉元还是觉得缺少了用一两句话就能概括的易记易传播的核心理念。1994 年 7、8 两个月，在成都总部忙于装修的时间里，《经济日报》记者羊慧明在眉山对刘汉元进行了 4 次访谈。4 次访谈，4 次碰撞，在通威多年的经营思想基础上总结出了"追求卓越，奉献社会"的企业宗旨，以及"诚、信、正、一"的经营理念。

　　也几乎同时，通威集团成立了以胡荣柱为主任的 CI 委员会，开始推动通威形象识别系统（CIS）的设计和导入，将"追求卓越，奉献社会"

的企业宗旨和"诚、信、正、一"的经营理念规范到识别系统之中，包括文化理念、视觉识别，包括 Logo（商标）标识、包装设计、标准颜色等。

1994 年 10 月，"四川通威（集团）有限公司"正式挂牌成都市高新区奇力新峰大厦，同时正式启用 CIS，整个企业从员工精神到外部识别，已脱胎换骨，焕然一新。

那么，为什么要将"诚、信、正、一"四字作为经营理念？

刘汉元和通威高管们一直有一个最基本的观念，公司对待客户、供应商，对待自己的员工，以及员工对待公司等，互相之间最基本的关系就是：在任何时候都真心诚意，以诚相待。

仔细想来，为什么 1985 年到 1994 年的 10 年间，养殖户会排 7 天 7 夜的队来购买通威的饲料？为什么通威公司里总是车水马龙？"那就是因为我们真诚，我们从未欺骗过客户，从来都尽一切努力为客户利益着想，取信于客户。"刘汉元每年考虑的首要问题，总是经销商和养殖户经销、使用通威的产品，他们愿不愿意长期合作？他们能不能持续赚取应有的利润？然后以此为基础来设计生产经营的各个环节。

当时通威对"利润来源"有一个观点："企业在生产、制造、销售、服务于产品的过程中，为养殖户增加了产品的使用价值，你才能分享其中的一部分利润。"利润来源于"通威为用户带来的新增使用价值的一部分"，因此通威始终追求和研究的是，将产品卖给养殖户以后，他是否能产生更好的收益？而不是只管自己赚钱。这充分体现了通威为用户着想的诚意，因此通威将"诚"字放在第一位：以诚相待。

第二是"信"，刘汉元认为信用信义为立身立企之本。因为市场经济是信用经济，市场成立的基本条件就是人与人之间、企业与客户之间严格遵守契约关系。一旦达成了协议双方就必须讲究信用，完成协议的约定，包括工作中说过的话，对用户承诺的事一定要认认真真去落实；否则不光市场经济搞不好，一个企业也不可能长期生存下去。所以通威将"信"作为核心理念的第二个字：信用、信义为本。

第三是"正"，正当合法经营。刘汉元经常形象地比喻做企业犹如司机开车，黄灯、红灯都有人闯，甚至有时候闯黄灯越快的人抢到的资源和利益越多。但久而久之，你会发现一个企业的长期生存一定是建立在"正"字上面的，老是闯黄灯红灯的企业终究要出问题。所以刘汉元要求通威"合法经营，一身正气"，企业才不会自己给自己未来的发展设置障碍。再者，上梁不正下梁歪，员工发现老板喜欢搞歪门邪道，他对客户也就可能搞歪门邪道，这样的企业谈何持久经营？所以通威认为"正当合法"是企业本身健康发展的根本保证，也是一个员工对自己企业高度认同，控制和约束自己的行为并努力投入工作的一个前提条件。

第四是"一"，则是事事争创一流。短缺经济时代能拿出产品来就是老大，一旦供过于求，一旦在市场供应非常丰富的条件下，不是生产出来就行了，而是生产出来之后你还得有竞争优势，包括成本优势、使用价值优势、服务优势等，客户才会选择你。所以，竞争之下常常是前一、二、三名才能生存，四、五、六名最后都倒下了。因此通威做事总是精益求精，卓越和杰出永远和企业伴随在一起。这就是通威追求的"一"。

回想这么多年的经营，刘汉元非常深切地感受到，在规范员工行为、规范公司行为、理顺公司和理顺产业链上下游关系的时候，"诚信正一"确实已成为一个非常重要的指南针，为企业的长治久安和高速发展提供了一种坚实的保障和方向。

有了这4个字，实实在在地遵循，刘汉元终于觉得踏实了。

从此通威发展速度再快，也有与之相匹配的思想底蕴来进行支撑。

1994年，通威产销以同比超过两倍的增速达到61300吨，销售收入达到4亿元人民币。该年，通威在中国饲料工业协会举办的"全国饲料行业百强企业"评选活动中跻身前10强，通威水产饲料在国家科委主办的"第六届中国新技术新产品博览会"上获金奖。1995年，"通威牌"系列饲料被评为"全国十大名牌饲料"，同年，通威集团被国家工商行政管理局和中国企业评价协会联合评定为"500家最大私营企业第二位"。

这些奖项，代表了企业质量和信用的卓越，又成了下一步企业营销宣传的一部分。

这个土生土长的标本式草根企业，没有空降的海归，没有西方企业管理制度的直接嫁接，生产的也不是时尚现代的城市人群需求的产品，所思所想所做全部是面朝黄土背朝天的农民的所思所想所做，因此它的经营管理也非常实在，扎扎实实地追求着这个社会本质上的东西……

抓住政策机遇，实现对外扩张

就在刘汉元不断优化完善经营管理系统的同时，外部环境却在发生剧烈的变化。

1991 年中国经济增长率为 9.2%，1992 年邓小平"南方谈话"之后，中国经济出现爆发式增长，各行各业抓住罕见的发展机会，迅速增加投资，经济增长像脱缰的野马猛增至 14.2%，1993 年又升至 14%；1991 年和 1992 年，居民消费价格指数（CPI）分别上涨了 3.4% 和 6.4%，1993 年中上涨达到 15%，年底又上涨到 20%，1994 年又上涨 24%，其中粮食价格上涨竟然超过 100%！

至此，继 1988 年席卷全国的抢购风潮之后，通货膨胀再一次实实在在地降临，经济高速、过热发展终于使社会难以承受，举国上下"治理整顿"呼声一片。那时尚无"宏观调控"一说，国家对经济的调控，都被称作治理整顿。

既然如此，为什么不减少投资让速度降下来呢？

凌志军在他的《沉浮》一书中这样认为："一个国家经济的成长有两个来源，一是投资的增长，一是效益的增长。中国经济的效益之低且改善之不得力人所共知，但是我们又不能等到提高了效益之后才来要求增长，效益的提高必须而且只能在发展中提高。因此剩下的只有一条道路，即增加投资，以投资拉动速度，以速度来积累效益，然后再努力实现效益的提高。因此高速发展很容易导致通货膨胀，然后国家又必须对经济严格监控。在严格监控时减少投资，矛盾缓和下来之后再以投资来拉动，直到一步步实现效率和效益的循环提高……"

所以，国家在1993年、1994年时采用行政手段控制物价过快上涨，严厉要求稳定物价，保证居民生活供给。国家特别对养殖业如肉、蛋、禽、鱼类产品实行了限价上市，终端价格被强行压制不许过快上涨。这样一来，饲料销售价格就无法实现同比例上涨，而恰恰饲料生产上游的工业生产原料价格已经放开，上涨很快。两边一挤压，饲料企业的利润率大幅缩水，全国大大小小刚刚兴办起来的国有性质的饲料企业，几乎一夜之间变得举步维艰。

——整个饲料行业从此开始进入艰难的微利阶段。

生存艰难，导致了1993年间四川武胜、梓潼、广元、蓬安等地方中小饲料企业纷纷上门寻求与通威合作。

在这样的"治理整顿"大背景之下，饲料行业又出现了一个悖论：如果众多的饲料企业不能正常生产，下游环节的肉蛋禽鱼类产品也就不能正常供给。既要控制零售物价，又要保证饲料生产企业的积极性，这该怎么办？最后国家采取行政手段，针对性地出台了税收优惠政策，对农业及饲料行业进行扶持。

1994年年初，财政部、国家税务总局两次联合颁发文件，明确规定对若干农资产品给予税收优惠，其中包括：自1994年5月1日起至1995年底以前，对饲料的批发、零售、生产经营免征增值税；自1994年1月1日起至1995年底以前，对饲料加工企业减半征收所得税，对新办饲料企业免征所得税。

增值税为13%，当时所得税为33%，按新政策计算下来饲料企业可少缴纳营业额29.5%或46%的税费，生存转机乍现！换言之，饲料企业与过去相比就实现了利润的大幅增加。

其实在中国，这种自上而下的国家政策拉动一直是经济发展的主导力量。因此企业保持冷静和敏锐的洞察力，政策一有风吹草动就立即作出反应，是企业的重要能力之一——政策是什么？政策是一种权宜之计。与法律最大的区别在于它的针对性与灵活性。所以对企业而言，政策就是最大的商机。

——此时，通威企业内部经营管理系统恰好建设完善，确立了发展战略和各方面经营策略，并成立了集团迁至成都正准备向全国扩张，确立了"诚信正一"的经营理念，恰好铆足劲儿准备发展之时，政策优惠之门就刚好为它打开了。

一切水到渠成，恰到好处，刘汉元立即抓住这一外部环境带来的扩张机会。

1994 年秋，通威第一次走出川西地区，在重庆永川市双石桥镇租用了兵器工业部 235 库房作为厂房，投资 700 万元成立了年产饲料 4 万吨的重庆通威饲料有限公司，成为通威扩张中完全独立投资的第一个饲料厂。该饲料厂一投产之后月月快速增长，1997 年增长 60%，销售覆盖四川中部、贵州等地区。

1994 年 12 月，又投资 900 万元成立了山东淄博通威饲料有限公司，销售覆盖山东、苏北、河南东北部等地。

1995 年 1 月，投资 500 万元成立了涪陵通威饲料有限公司，覆盖川东。

1996 年 3 月，湖北沙市通威饲料有限公司成立，两年后覆盖整个湖北，通威的科学养鱼方法改变了湖北传统的养殖观念和技术。随后又在"老少边穷"地区成立了昆明通威、安岳通威、西昌通威、达州通威……

当年的税收政策虽然只对 1994 年、1995 年两年进行优惠，但刘汉元却利用这一波短暂的优惠政策，开启了公司抢占市场、抓紧向全国扩张的全新历史时期。

1994 年 11 月 25 日，涪陵通威签约仪式

1995 年，重庆通威成立

挫折与顿悟：清醒者生存

世界潮流，浩浩荡荡。1995 年的中国经济依然保持着高速发展，建设社会主义市场经济的方向日趋明朗，"入世"（加入世界贸易组织）谈判再启，国门即将打开，国际大企业的全球化浪潮席卷而来，中国离世界更近了。此时太多的中国企业在高速成长的冲动之下开始热衷于"进军世界 500 强"。走向世界的冲动与产业报国的情怀令企业家们回肠荡气，壮心不已。

此时，在饲料行业做得风生水起的刘汉元也深受感染，重拾梦想。

他自小就有一个情结，热爱电子技术。在水产饲料行业如鱼得水之后，他内心里的梦想就再也按捺不住，不断膨胀起来——进军电子产业！

30 岁的刘汉元是年轻的，年轻的刘汉元也是浮躁的。此时从无败绩的刘汉元手握数亿资金，开始与大量知名国际企业接触。他数次前往德国，计划投入 5 亿元人民币，收购和重组前东德一家处于停产状态的电脑芯片制造企业，然后成立跨国公司在成都生产芯片。

1996 年 11 月，德国总统赫尔佐克访华，还专门邀请刘汉元以贵宾身份出席他在北京举行的国宴，可见双方政府层面对刘汉元并购项目的重视。

但是，就在刘汉元殚精竭虑、鞍前马后调动资金之时，由于国际政治风云突变和两国体制等原因，此项合作最终未能实现。多年的夙愿不得不以失败告终，梦想一夜破灭。

他躲在家里反思："究竟该怎样看待这件事？应该从中吸取怎样的教训？"善于思考的刘汉元渐渐想清楚了："其实走出国门，才发现自己原来是井底之蛙，与全球企业相比，自己弱小得简直不足挂齿；而国际大企业的多元化，一定是建立在主业做到行业领先的基础上，而且经营管理无可挑剔。再看看自己，在国内虽已是行业第一，但还有绝大部分市场尚未进入，企业的经营管理还有相当多的缺陷和漏洞……"

想明白了，刘汉元也释怀了。

"国内尚未做好，谈何跨国经营？"刘汉元突然意识到自己差点走到一个深不可测的悬崖边缘。此时他感到庆幸，塞翁失马，焉知非福？然后及时打消了多元化的念头。

之后他进一步进行了反思。的确，通威进入成都一年多来，少了进眉山城时的创业激情和单纯的梦想，多了大量的新面孔和各种各样的新问题，搞品管的、原料的、生产的、发展的、人事的……带来了颇为艰难的人员磨合和思想统一问题。

如何摆脱狭隘的地域观念？"眉山系"以及创业元老们怎么容纳来自全省乃至全国五湖四海的员工？刘汉元深感"船大了，刹车、掉头，都变得困难了"，尤其是员工队伍日渐壮大的同时，官僚主义、本位主义等大企业病，也开始出现了。

大量问题摆在面前，该如何解决？看来，自己的管理还远未到位。

1995年，刘汉元与管亚梅前往美国考察、学习，考察了包括摩托罗拉通信公司、福特汽车公司、道格拉斯飞机公司等10多家著名企业和美国著名的金融、会计、证券等机构。每到一处，刘汉元都如饥似渴地学习先进的企业管理经验。他一边自觉受益匪浅，一边又深深地感到，与国际一流企业相比，通威差得太远了。

通威必须从内部再次进行管理治理。

此时，外部宏观经济环境方面再次出现了巨大的变化。由于1993年、1994年国家开始出台政策抑制经济增长过快，到1996年，如洪水猛兽般的通胀终于被抑制，各行各业三四年前大量上马投产的企业突然变得产能过剩，供大于求，市场竞争变得激烈，价格战开始在各行各业出现，中国经济开始从卖方市场向买方市场转变。

饲料也不例外，行情一路下跌，三四年前冒出来的无数中小饲料企业销售也变得困难重重。此时，对通威而言，是冲进市场参与价格混战抢占市场重要，还是加强内部管理更重要？

刘汉元选择了后者。他分析道："此时通威要采取的策略是'质量始终如一，价格随行就市'，行情涨我们的饲料价格就涨，行情跌我们也跟着跌，保持合理的毛利和稳定的市场份额，我们的经营就是安全的。更为重要的是，在买方市场的竞争里，真正决定成败的是更具有技术含量的产品、更优秀的管理和更高的效率和服务，靠一种内在的力量来竞争。因此此时放慢扩张速度是最好的自我保护；市场紧缩之时，正是抓紧时间完善内部管理的好机会。"

1996年，一批原本兴旺的民营企业相继倒下。残酷的现实，再次给了刘汉元警示。"各领风骚三五年"难道真是中国民企的宿命？民营企业能不能做得更长久一点？这最终促使刘汉元决定放慢发展速度，静下心来，进行现代企业制度的建设和完善。

他有一个"开车理论"。"企业的扩张发展就像开车，除了踩油门加速，还要不时地踩刹车。稳健，对一个企业而言，才是最重要的生命力。"他说："只有清醒者才能生存。"

想清楚这一切，刘汉元长长吁了口气。刚浮出水面的通威，再次潜入深海。

第四章
沉默的品质与力量

"效率优先"永远是我们管理、服务、监督过程当中必须兼顾的第一要素。

——刘汉元

有人问登山家，为什么要登山？登山家回答，因为山在那里。对刘汉元而言，答案是市场在那里。扩张是每一个企业的本能，曾经停止扩张是为了更好地扩张。现在，机会来了。他开始踩油门，加速。

- 他不仅仅看到了"做好某个细节"这一滴水或无数滴水的妙处，更看到了将企业打造成一片"浩瀚大海"之时，整个系统整合呈现出来的巨大力量。这才是万物本质上所遵循的"系统的力量"。

- 最"酷"的历史主角，仿佛一副胸有成竹、老谋深算，却大智若愚、不显山不露水的样子。

- 外表很瘦削很文弱，内心很骄傲很强大的人，是一种什么样的人？

- 一个举重运动员要举起相当大的重量时，自己必须要有足够的体重；射击比赛，运动员的心理素质练到了九环十环之后，他的射击技术才能稳定地达到九环十环。

- 整个体系像机器齿轮一样相互咬合高效运转，才是应该追求的管理实质。

- 把事情做到90%的程度够好了吧？绝大多数人做事能做到90分已经非常好了。但是你知道0.9的10次方是多少？10个环节过去，其结果仅有0.35左右。不及格。

　　细节都是一时一地的具体操作，是事物实质的某种外在表象。

　　如果表象是一滴水，那么实质就是整片海。对刘汉元而言，他不仅仅看到了"做好企业某个细节"这一滴水或无数滴水的妙处，更看到了将通威打造成一整片"浩瀚大海"之时，整个系统整合呈现出来的巨大力量。这才是万物本质上所遵循的"系统的力量"，而细节的力量始终是单薄的，只有系统才能给予细节持续的动力。

　　还是那个问题："我们要怎么干？"通威的整个系统和规模怎样才能呈现出最大的可能性？三四年之后的 1996 年、1997 年，刘汉元对这个问题，比三四年前有了更加成熟的思考。

　　其实，通过之前三四年的治理，通威的管理已经很优秀了，但刘汉元犹嫌不足。

　　他理想中的优秀企业，不仅仅是这样的。

　　非常有意思，也非常能说明问题的是，此时刘汉元默不作声地一心埋头提高企业管理水平的做法，在那个浮躁、疯狂的年代看上去十分不合时宜——1996—1998 年之间，令全社会着迷与兴奋的，是"价格屠夫"长虹倪润峰在彩电市场上疯狂降价、横冲直闯的身影，是山东临朐县某小酒厂的勾兑酒秦池凭着胆大一口吞下央视"标王"的冲天豪迈，是三株口服液吴炳新指挥千军万马席卷农村市场的霸气，是广东青年胡志标爱多 VCD 的一夜崛起……

刘汉元仿佛不属于那个时代，他只是在行业内名气颇大，在社会中却少有人知。他脱离在人们的视线之外，不去凑那个热闹，只是静下心来大量阅读经典管理书籍，到世界知名企业去考察学习，然后回来对自己的企业敲敲打打、修补提升。

"能者隐其锋芒而不露"，刘汉元笑到了最后。当年那些叱咤风云的企业家们，都没能经得起历史的检验，1992 年之后高速成长的冲动终于让企业家们在这一阶段尝到了代价的滋味——以 1997 年巨人史玉柱的倒下为标志性事件，他们开始从舞台中心消失。他们深知必须在"丛林法则"中拼市场、出风头，却忽视了一些必须老老实实埋头去做的事。

现在来看，笔者有理由认为，刘汉元默不作声老老实实做的那些事，其实才是当时中国企业最应该去做的。他才是最"酷"的历史主角，仿佛一副胸有成竹、老谋深算，却大智若愚、不显山不露水的样子。历史证明，这才是中国企业家应有的生动形象。

他仿佛早已知道，会是这样一个结果。

那么，刘汉元在 1996—2002 年间究竟埋头做了些什么，让他可以笑到最后？

向现代企业制度全面转型

1996 年 10 月 24 日至 11 月 5 日，世界银行考察团一行 7 人来到通威进行了为期 13 天的深入考察。世行考察团来到中国，原本只和政府推荐的国有企业有打交道寻求合作的可能，但全国饲料工业办主任王维四老先生却极力推荐说："四川有一家民营企业通威，你们一定要破例去看一看。"

来到通威之后，考察团分成 7 个组，分别对上至总裁刘汉元、各位高管，下至各分、子公司总经理，销售员乃至用户，进行了非常细致的调查，最后写出了一个上万字的长篇评估报告。考察团组长、美国人艾伦在评估会上公开称："没想到中国内地还有这样一家民营企业，管理水平已经处于 90 年代初的国际先进水平。"刘汉元大感意外，自己的管理已经达到国际先进水平了吗？他瞪大了眼睛，吃惊不已，简直不敢相信这句话是真的。

那时的刘汉元，很瘦很文弱，但他的内心，很骄傲很强大。

与这一句评价相对应的，是通威日积月累建立起来的现代企业制度之下的基础管理……

那么，对于一个优秀企业的基础管理，刘汉元是如何理解的？他曾经如此表述他的观点："一个举重运动员，他要举起相当大的重量时，自己必须要有足够的体重；射击比赛，运动员的心理素质练到了九环十环之后，他的射击技术才能稳定地达到九环十环。与之相对应的是，企业的管理水平与思想内涵足够完善强大了，企业才能真正做大做强。"

企业之间的竞争是综合实力的竞争，刘汉元要的就是通过管理提升通威的综合实力。他收缩了多元化扩张的雄心，从 1996 年开始静静地蛰伏了下来，用了整整两年的时间来完善现代企业制度的管理建设。他知道，基础管理，取不得巧。

1996 年春节假期之后刚一上班，刘汉元就开始着手建立与公司发展和生产经营相适应的各种规章制度。而此时，外面的世界很精彩，外面的世界正一片喧嚣，彩电、VCD 等各行业价格战正如火如荼，此起彼伏……

刘汉元不会理睬这些，他按照自己的逻辑做事。

第一，一部数万字的《通威集团管理条例（草案）》在 1996 年出台了，其中详细规定了总部各机构、各分公司、子公司的管理职能、责权利和执行考核办法。

第二，通威又全面推行了ISO9000质量认证体系，这在全国饲料行业中尚属首例。为强化市场营销及售后服务工作，刘汉元率先在全国企业中开通了800电话，当时很多企业还根本没有这个概念。别人没做，不等于刘汉元不做！

第三，是建立和严格执行了审计与监察制度。通威的管理不仅从正面推动，也会从另一个完全相反的层面来防微杜渐，甚至会以铁腕手段对内部外部的违规行为进行坚决打击。"只有制定了审计与监察规定的制度才叫制度。"当时分、子公司逐渐增加，规模不断扩大，财务管理中的问题和漏洞越来越明显。对此，刘汉元认为，企业在迅速发展过程中如果没有审计与监察，内部岂不很快就千疮百孔？就像硬币的两面，一面是快速发展，一面是严格监管，二者如果分离，企业也不成为企业了。因此，通威建立并实施了一套完整的监控体系，一直坚持至今。

1996年通威监审室查办了涪陵通威某高管巧立名目侵占公司款项的行为。之后，凡类似行为，监审室均严肃清查。后来通威上市之前每年都有上百人因审计监察被处罚，慢慢规范起来之后，处罚人数越来越少，设立审计监察部门就真正达到了目的。

第四，进行了精细化的财务管理。刘汉元要求，"财务要在生产管理中，真正发挥'事前控制、事中监督、事后考核'的监控作用，有效地参与生产经营计划管理，参与原料采购、储存、资金调控以及精心做好成本核算等工作，把关心成本和效益变成每个最小核算单位的自觉工作，做到目标的最大化、成本的最小化"，并深入开展"成本在我心中，利润在我手中"的增产节约活动。

1996年10月，通威技术人员自行开发出了一套进销存财务管理软件，配合原有的财务管理软件形成了通威自己的财务管理信息系统，使公司的运营效率大大提高。

　　通威财务管理的规范精细之处不胜枚举。在此仅举一例，2000 年通威上市改制审计过程中，四川华信会计师事务所感叹说：“我们审计了不少准备上市的大型国有企业和公司，他们的财务管理水平远不如通威这样规范。”

　　第五，通威进行了科学严密的生产管理。在刘汉元亲自严抓品质管理的基础上，1994—1997 年，随着涪陵、重庆等几家分、子公司的成立，通威饲料年产能已上升到近 100 万吨。此时买方市场要求企业必须提供性价比更优的产品，才有能力参与市场竞争。而性价比高的产品，又依赖于严密的生产管理制度，于是通威制定了十几种科学规范的生产管理制度，做到了每一个工序都有章可循、有据可查，以此来降低损耗，节约成本，在生产环节实现了“同等质量比价格，同等价格比质量”的优势性价比方针。

　　2002 年通威开始上线 ERP，品质和生产得到了更加严格精准的监控管理。

通威工厂化养鱼车间

第六，在市场营销方面，通威一如既往地坚持"让用户利益最大化"，"一切为用户着想，一切为用户服务"的理念。通威一边研发、生产出完全符合不同地方、不同阶段用户养殖需求的创新产品、特色产品，一边坚持不懈地对全国养殖户进行专题知识培训，举办技术讲座和现场讲解，同时建立养殖示范点，组织养殖户进行实地参观、交流经验，定时强化售后服务，并开通了800免费热线电话。到2002年时，已有500万人次的用户接受通威的培训，通威每年发放的各类养殖技术书籍、刊物、《通威报》达上百万份。这样的"服务营销"，还包括向用户提供种苗、兽药、商品鱼猪等销售信息之类的外延服务。

刘汉元从1997年开始强调"做营销也要像做实验一样，要结合当时当地，认真研究分析，作出有别于竞争对手的差异化营销"，同时加强广告营销策略，运用电视广告、墙体广告、公益广告、广播、画册等多种手段，在有效的成本控制之下全面铺开……

第七，刘汉元还一直亲自抓通威的立身之本：技术研发。1992年成立通威科研所之后，刘汉元就聘请了大量的国内一流专家。1995年，通威在业内率先成功地用菜籽粕替代了豆粕，在保证质量的基础上实现了成本降低。1995—1999年，通威相继建成了两个试验场、两大技术中心、一个西部最大的工厂化养鱼车间。近百人的专家、教授以及博士队伍，每月改进和研究新配方达到50余件，每年出试验报告200余篇，由此构建了通威完善的水产、畜禽饲料研发链。如此规模和实力，在行业内绝不多见。

这时在通威，已形成两个众人皆知的经费"上不封顶"：一个是培训，另一个便是研发，技术由此成为通威差异化竞争战略的重要支撑。

……

至此，通威集团初步形成了一个相对完善的协同管理体系，只要认真地去执行，企业管理水平就上来了。事实上，这个体系像机器齿轮一样相互咬合高效运转，才是他追求的管理实质，"系统的力量"才得以真正形成和呈现。

当然各个板块细则在未来进行改进是必需的，2008年根据发展需要和新增项目，《通威集团管理条例》又进行了修订，它的形成为通威以后的高速发展奠定了相当扎实的管理基础，正如柳传志所说："撒上一层黄土，夯实了，再撒上一层黄土，再夯实，当你发现脚下是坚实的黄土地时，撒腿就跑……"

此后，通威的管理效果立竿见影，以刘汉元本人为表率，整个集团上下做事都一丝不苟、精益求精，达到了相当高的自律和协同管理水平。而家族中不合格的管理人员，比如曾经作出很大贡献的父亲和弟弟，则先后从公司的管理高层退下，取而代之的是一些具有硕士、博士学位的专业管理人才。

万科（万科企业股份有限公司）的王石，这位中国企业家中的教父级人物，最初也曾做过饲料生意。他曾说如果一个企业把饲料产业做到了全球第一，那么它可以做好任何行业，因为这个行业太难管理了……

恰到好处的经销商管理

对现代企业制度下的基础管理重新梳理建设之后，通威的整体素质全面提高，体格强壮，为后来的全国性大规模发展和2004年成功上市，奠定了坚实的基础。

——为什么这一系列规章制度的制定主要是在1996年及以后，而不是1992年或者更早？原因是：太早，通威还没有获得丰富的经营管理经验，对关键环节体会不深，制定的制度就可能不符合实际；只有大规模发展了四五年之后，对所有的人事物有了深刻经历，对各个环节怎样做是对的、错的，未来该怎样判断等，从刘汉元到高管到中层干部，都有了清楚的认识之后，这一系列管理制度才能准确、合理地制定出来，而不是盲人摸象、隔山打牛……

另一方面，1996 年正好进入行业低谷期，天赐机会给刘汉元，让他在需要并有时间进行内部治理之时，利用已积累下的十来年的实力和丰富的管理经验来做这件事。而那些借 1992 年之势甚至更晚成立的竞争对手们，此时绝大多数实力和经验尚有欠缺，只能忙于应对市场危机。企业高下立判。

还有一个原因是，刘汉元出身农民，知道饲料这一生产资料对养殖户的重要性，必须实实在在地做到优质低价，因此他唯一能做的就是静下心来埋头去做好每一件事，而不是玩一些花里胡哨的噱头。面对农民，生产出来的产品，除了实在、厚道，还有什么可讲究的？

所以，在最艰难的 1996 年，大量饲料企业纷纷亏损倒闭之时，通威一手抓管理，一手抓销售，两手都硬，最终使销售收入增长了 10%。

进入 1997 年，刘汉元似乎该喘一口气了。

他似乎想看看抓了整整一年的基础管理，在 1997 年里能取得什么样的实际成效。不料，到夏天时突然爆发了东南亚金融危机！突如其来的危机席卷而过之后，他发现，这次金融危机简直是天赐良机，使通威可以对之前未曾兼顾到的经销商进行科学的培训管理——

1997 年年底，金融危机带来的震荡已经波及内地，此时国内通货紧缩的滞后效应依然存在，市场消费本就不足，而企业出口骤降，大量产品转入内地销售致使内地市场竞争骤然白热化，市场彻底进入买方市场阶段。

饲料行业也不例外。此时，饲料经销商作为众多厂家倚重的出货渠道，一下变成了"香饽饽"，多个厂家之间常常为争夺同一家经销商而打得头破血流，纷纷给出了相当优惠的政策。这使大量经销商"拥市场而自重"，获得了更大的话语权，而大经销商更是产生了操纵厂家、坐收渔翁之利的心态——"渠道为王"，这就是买方市场的特征。

如果不处理好这一问题，企业就将变得非常被动、危险。有的饲料企业为了争夺经销商，不得不采取赊销或变相赊销（铺底）的销售政策，最后由于呆账、坏账过多而倒闭（这警示了通威在 1999 年大力整顿赊销行为）。最后激烈竞争的结果是，饲料全行业赢利水平大幅下降，和全国各行业一样，最后企业普遍薄利，又不得不想办法控制和削减经销商的利润空间。

所以 1997 年、1998 年之后，各行各业大量企业直接插手销售渠道，"杀大户"、"扁平化"之声不绝于耳。

通威和经销商之间，也展开了一场博弈。

当年，刘汉元为了摆脱经销商的挟持，一方面，在依靠一系列刚刚制定的内部管理措施使通威具备了更强实力的基础上，又制定了一系列条例和规定并下发各经销商严格考核执行，如《经销商管理条例》、《关于经销商窜货、杀价的处罚规定》等 5 项措施。若不严格执行，要么进行经济制裁，要么取消经销商资格。

另一方面，通威主动进行渠道下沉，大力发展、培养和扶持乡、镇级的区域总经销，限制、削减县级（含县级）以上总经销商；同时大力发展大量的直销用户；并加强对经销商的培训，提高其经营能力和亲和力，提高其制度约束和对通威的认同感、归属感。通威还加强了对最终用户档案的建设和管理，直接控制用户资源。

这还不够，通威还大力培训销售人员，提高他们与经销商打交道的能力和开拓市场的能力。只有自己更强大，经销商才会遵守规则。

——这样一来，通威顺势而为，化"危"为"机"，化腐朽为神奇，成功加强了对渠道的控制，实现扁平化又使通威和养殖户都增加了收入，市场号召力再次大大增强，成功避免了被经销商要挟的恶果。

就在此时，国家为了应对东南亚金融危机和国内市场低迷带来的风险，提振市场信心，财政部、国家税务总局又联合颁发了财税字〔1998〕078 号文件《关于对若干农业生产资料免增值税的通知》，规定 1998 年 1月 1 日至 2000 年 12 月 31 日期间，整整三年，对多种农资产品免征增值税 13%，其中饲料产品赫然在列。

刘汉元清楚地看到，又一个大规模扩张的政策商机到来了。

而这正好在他刚完成了大规模企业管理改造和渠道改造之后，一切都恰到好处，仿佛政策的出台时机正是为他而设。这正应了那句老话："机遇总是偏爱有准备的人。"

再扩张："吃一个，挟一个，看一个"

通威多年苦练内功，仿佛一切都是为此刻而准备。

有人问一位登山家，为什么要登山？登山家回答，因为山在那里。对刘汉元而言，因为市场在那里。扩张是每一个企业的本能，曾经停止扩张是为了更好地扩张。现在，机会来了，刘汉元松开刹车，开始踩油门，加速。

此时，蛰伏了两年的刘汉元清楚地感觉到自己已有了更强的市场能力，通威也渐次被打造得具有了大企业的基础和气象。而此时的全国饲料企业多数已陷入困境，小企业战死沙场，中型企业退守防线，大片大片的市场被吐了出来。刘汉元认为，这正是低成本扩张的好时机。他决定主动出击。对他而言，全国有太多的市场，还是空白。

1998年年初，刘汉元确定了由内向外的辐射式扩张战略："吃一个，挟一个，看一个。"思路很明确：由于饲料具有一定的销售半径，市场区域性特点比较明显，最稳妥的做法是，先将目标市场培育到一定程度，然后再在当地投资建厂，即"先做市场后建工厂"，这种做法使新投资项目的成功概率大大提高。正是因为这种战略思想，通威至今已在全国各地建立的分、子公司几乎从无败绩。

具体来说，"吃一个"，即将已经设立了子公司和生产工厂的成熟区域市场精耕细作，做成牢不可破的根据地，把市场吃定；同时要"挟一个"，不断开辟新的市场，扩大市场销售和品牌影响力，达到一定的口碑和占有率之后，即一旦初步成功之后，迅速跟进设立子公司建厂，实现本地生产，强化并扩大销售，稳步向"吃一个"转变；与此同时，还要"看一个"，对将要开辟的市场着手规划，一边调查研究一边铺点销售，再稳步向"挟一个"发展。

三条腿同时走路，轻重缓急各不相同，却能层层递进转化，进可攻，退可守，相互支撑，又相互补充。

1998 年 4 月，通威迈出了大规模扩张战役的第一步：沿长江流域挥师东进，出三峡，下宜昌，直逼武汉。一进入湖北水乡，通威立即遭遇到了来自农户和竞争对手两方面的抵制。

当时全国鱼产量最大的省份是湖北，在鱼米之乡长大的湖北人打心底里瞧不起这帮四川人，觉得四川人养鱼根本不在行，竟然还敢对自己指手画脚！

他们一脸不屑地对通威人说："我祖祖辈辈都在养鱼，我养鱼的时间比你的岁数还长，还需要你来教我？"原来湖北（包括后来的江苏等地）人祖辈父辈就用菜籽粕、棉籽粕和豆粕养鱼，价格便宜效果好，混合的饲料才 800、1000 元一吨。"现在要我花 2000 多元买一吨你的饲料来养鱼？笑话！怎么可能？"

他们没用过，不知道好处。怎么办？

刘汉元对症下药，制订了快速反应的"步兵行动计划"，采取最直接的走家串户式的人员促销，全力推广，引导消费，培育需求。一夜之间，通威营销大军就散布在了千里水乡的各个角落，他们组成无数个小组，每个人都是突击士兵，挨家挨户地对农户像堡垒一样进行攻陷，给他们算账：

"你那个方法虽然便宜一些，但四五斤菜籽粕才能养一斤鱼，一吨菜粕只能养出四五百斤鱼，现在 2000 多元钱买一吨我们的饲料，最多一斤半就可长一斤鱼，一吨饲料可以养出至少 1400 多斤鱼。多出的一千来斤鱼就算以最低的批发价 3 元一斤计算，你也可以多卖 3000 元左右，减去多花的 1000 元饲料钱，你不是还可以多赚 2000 元吗！"

可他们哪会轻易相信？不相信？好！立即进行免费的"试喂示范"。

具体的方法是，找几家当地农户签好协议，通威免费提供饲料让他们试喂，失败了通威按他们往年的收入赔钱。到了生长旺季，通威人员就将示范鱼塘和当地传统方式养殖的鱼塘，不断地作养殖效果对比，每5天把鱼打上来过秤，称重量，算数据，二者对比，10天内就可看出生长速度不一样，"逢五看鱼，逢十杀鱼"（要做更深入的生长了解，必须把鱼杀掉看肠道情况）。此时养殖户心里已经有了一杆秤，许多人开始转向选用通威饲料。

最后，"试喂示范"的鱼塘验收时间一到，就像当年刘汉元开现场会验收一样，请来乡领导和乡亲们到现场。鱼一捞起来，农户们一看惊叹不已，热血沸腾，仿佛当年蟆颐堰边情景再现！

就这样，当相信眼见为实的农民们明白通威人是实实在在为他们付出时，便勇敢地掏出了质朴的心。

刘志全，一位多年在市场一线打拼的营销副总裁，对此十分感慨："这就是通威文化中'诚'字的体现，是一种真正为养殖户服务的努力，为他们增收的真诚打动了他们。通威就这样推广，在全国一做就是20年，很漫长，很艰难。你可以想象那情形，每年中国都有数不清的乡村，在试喂，在验收，我们在辛勤付出，鱼塘周围的养殖户们在激动，在鼓掌欢呼。全国各地，这里那里，遍地开花……"

通威就这样，越做越大。

一旦养殖户们愿意用你的饲料了，通威营销人员就培训养殖户，耐心讲解什么鱼喂什么饲料、什么时候喂哪种饲料、在怎样的条件下如何搭配饲料，以及养鱼也有模式，怎样驯鱼、在什么时间去喂鱼、怎样拍手让鱼听到声音等。他们不但对农户进行售前、售中、售后服务，还进行外延服务，对农户进行不间断的素质培训：讲解市场经济的信息和知识、鱼的市场和推广、养殖业的未来等。一个地方一个地方地讲，不厌其烦地重复……

在中国，几乎所有主要的水产养殖区域，都是通威用这种方式改变了过去传统的养殖方式，让从不养鱼的地方开始养鱼，让从不使用饲料的养殖户用上饲料。通威因此做到了中国水产饲料业老大，也解决了中国人"吃鱼难"的问题。

湖北故事与广东故事

在湖北，发生过一系列有趣的故事，与湖北人与众不同的聪明有关。

1997 年，沙市通威刚设立时，刘汉元的老同学王尚文领军在湖北开拓市场。刚开始效果很好，但是到了关键的 7 月份，突然没效果了。调查发现很多养鱼户理论上接受，却没有实际行动，怎么办？

王尚文就和养殖户们深入交流，闲聊时发现湖北人觉得自己肯定比河南人更聪明，养鱼天经地义比河南人养得更好。王尚文就心生一计，因为河南市场也是自己在管理，他就到河南郑州一带选择最勤奋的人，做示范养殖，派最能干的员工手把手地教会了河南人养鱼。然后，王尚文大动干戈，分批组织了 975 个湖北养殖户，大巴车开了 35 个车次把他们拉到河南实地学习，现身说法。

"看看！不相信？你们就自己去看看，我出费用，你们去看看人家河南人是怎么超过你们的！"从沙市出发浩浩荡荡的车队到了郑州，到实地一看，别人用通威的饲料和方法亩产 3000 多斤，湖北人自己的方法亩产才 1200 多斤！湖北人都傻眼了，骂一声"他娘的"，"真是真的"，群情振奋，纷纷向王尚文表态说回去就用通威的饲料和养鱼方法。王尚文高兴坏了，当即给刘汉元打电话建议："马上扩大沙市工厂，这边效果太好了！"

接下来，湖北销量果然上升了一段时间，但是慢慢又不动了。"嗯？真是奇了怪了！"王尚文又纳闷了，连忙到实地深入了解，这才发现，原来湖北人有一种完全与众不同的想法。比如，潜江一个当时跟团去郑州考察过的养殖户，去郑州的路上就打电话告诉经销商他要买 2 吨通威饲料。

此人回去后把手扶拖拉机都卖了买饲料。

但是，就是这么一个铁了心要用通威饲料的人，卖拖拉机买通威饲料的人，从河南回潜江后，当地没去郑州的其他养殖户问他："你去参观看到的情况怎么样？"

他竟然回答："不怎么样。"

旁边另一个人问："不怎么样你为什么要去看？"

他答："别人出的路费，我给他一个面子嘛。"

天，怎么会这样！王尚文惊诧莫名，此人明明觉得通威饲料好得不得了，怎么心口不一啊？找到此人一聊，他说："如果告诉他们实情，他们不就也用通威饲料养鱼了？他们养起来我不就少赚钱了吗？"因此他没说实情。王尚文一听又好气又好笑。人之常情是好的东西要告诉亲戚朋友分享，他回去以后竟然连亲兄弟都没说，确实聪明啊。可怕的是，这样的思维已经阻止了通威销量的增长。王尚文马上要求所有人员出去宣传，对没去考察的养殖户说："你们留意观察那些参观的人回来后，他用不用通威饲料和通威方法来养。你们自己最了解湖北人，他嘴巴上骂我们，其实是不想你也用。现在，只要你发现他用你就用。"整个沙市公司都这样宣传，两三个月后，销量激增。

总之，只要"为经销商、为养殖户增加收益着想"的大前提不动摇，刘汉元就坚信市场会越做越好。

解决养殖户问题的同时，通威也遭到了各种竞争对手一次比一次猛烈的狙击，包括一些全国性品牌、地方品牌和游击队。

针对不同的竞争对手，通威采取了不同的战术对策。针对正大等全国性品牌，通威进行优势比较。作为全国水产饲料龙头企业，通威每月要改进 10 种产品的质量，新投产 10 ~ 15 种新产品，而且当时技术储备已可用到 10 年之后，显然通威水产饲料的专业优势无人能望其项背。同时，在刘汉元"同等质量比价格，同等价格比质量"的高性价比理论指导下，市场自然发生逆转。

针对地方品牌，通威采取了因时、因地、因人而异的特色营销。开发出适合当地气候、水质、鱼种的产品专供销售，人员、销售实现本土化之后，先进养殖方法的传授带来立竿见影的效果，地方品牌通常都难以招架……

通威大军所及，无不所向披靡。接着在全国靠近饲料原料产地和（或）销售区域设立工厂，以降低运输成本。不久，武汉公司成立，市场成功地由"看一个"进入建厂投产的"挟一个"阶段。随后两年，沅江通威、苏州通威、北京通威、长春通威、广西通威等纷纷成立。

到1999年，通威在保持淡水料市场扩张势头的同时，又开始关注广东沿海的海水料市场。通威扩张的第二步由此拉开帷幕。

1999年，已开发出海水料的通威在刘汉元的亲自统率下挥师广东。

刘汉元知道，广东是全国饲料工业最发达的省份，需求量占全国的1/10，谁占领了广东，谁就占据了最大的利润增长点，其中，南海和顺德又是广东的制高点。"伤其十指不如断其一指"，刘汉元决心集中优势兵力打歼灭战，猛攻南海、顺德市场。由于竞争异常激烈，买方市场的形成使全国上百厂家为了进入广东，无不以赊销方式入市。

刘汉元决心一分钱不赊，现款现货。

"你们不赊，就一定会垮掉！"广东经销商急得跳了起来。

他们想得到通威饲料却又不愿按通威所坚持的规则行事。这时通威的扩张，已经建立在理性分析、决策和相互协同的基础之上。双方斗智斗勇，但决定胜负的却是智慧和实力。就在广东经销商集体拒绝通威之时，通威以其世界领先水平的质量，取得试喂示范的成功。同时广告铺天盖地而来，电视、墙体、POP（卖点广告）小旗、宣传单让当地小学生都耳熟能详，难以招架的广东经销商、养殖户最后不得不就范，市场终于被撕开缺口。

2000年，广东营业额达到3亿元。当年8月，通威斥资1.2亿元在广东南海建成的全行业最大的50万吨饲料厂投产，生产鱼、畜、禽、宠物、海水 5 大系列 130 多个品种和规格的饲料，产品质量达到了国际先进水平。2001 年，通威广东公司营业额高达 5 亿元，在近百种品牌各有份额的市场中，拥有了 20% 的最高占有率。

至此，刘汉元实施的渠道下沉，使通威的整个市场格局发生了巨大变化。市场通路拓宽了，渠道扁平化了，中间环节的费用减少了，终端用户得了更大的实惠，产品性价比相对提高，企业的竞争力也得到提升。"客大欺店"少了，企业对经销商的约束加强了，掌握了更大的市场主动权。赊销禁止了，企业的风险减小了，对用户的管理也更加有序和成熟。广东市场一直延续的赊销规则，被通威一举改变。

2000 年，通威集团销售收入比上一年增长了 47%。

"0.9 的 10 次方是多少？"

通威是一个很值得研究的企业。它很低调，不显山不露水，但是它很强。在民营企业中它算不上最大的那一类，但一定是最强的之一。

它是怎样做强的？我们来看一个区域性案例。

我们先来看看刘汉元对"细节"二字的要求。熟悉刘汉元的人都了解他对细节把握的"苛刻"。刘汉元曾说："把事情做到 90% 的程度够好了吧？社会中绝大多数人做事能做到 90 分已经非常好了。但是你知道 0.9 的 10 次方是多少？10 个环节过去，其结果仅有 0.35 左右。"他告诫他的团队：即使每人把每项工作做到了九成好，10 个环节下来，工作的有效性将远远不及格，一个组织的整体能力和系统的工作质量将大大削弱。

也许正基于此，每次刘汉元找高管和员工谈话，对很多事情喜欢追问，如果一个细节没有回答清楚，便会一直追问到底，他说"了解细节才能了解全局"。员工都害怕向他汇报工作，因而在汇报之前都会将材料准备到 100% 的精细。由于每一个层级都有这样的要求，因而每一层级的员工日常工作都尽量做到精通和精准。他对员工强调说："当你真正下工夫投入，任何一件事都能做出一番成绩出来。"

——这就是他对工作"精益求精"的要求。因此对于市场，刘汉元很清楚，前方将士的摧城拔寨只是让通威变得大了，而在没有硝烟的后方对根据地的深入巩固和精耕细作，以及把事情做得100%完美，才会使通威真正变强，变得难以撼动。那么，随着各地子公司的细化、增加，每一个子公司的管辖范围将一步步缩小。这种情况下，分、子公司面临的最大任务是什么？他认为，就是精耕细作，就是以追求"一"的精神将市场细微之处的潜力最大可能地挖掘出来。

1999年，刘汉元决定在眉山公司下辖的33个县内进行试点，进行了4项精耕细作式的改造：

第一，将渠道从单一化转变为多样化。将过去单一的从"县级总经销商→零售商→用户"，根据实际情况，转变为让"区域代理商→用户"、"厂家→大型养殖场"、"厂家→用户"等多种方式与过去的经销方式并存发展，用不同的方式面对不同的市场。在这样的销售过程中，通威控制终端价格，但承诺商家利益，体现出品牌和规模的强势力量。这是一般中小企业做不到的。

第二，细分市场。过去由一个总经销代理包销，现在将传统销售渠道进行扁平化改造，减少或取消二、三级经销商，细化为上百个小型的区域代理，网点多，各个网点自然就做得更加精细深入；而厂家直接发货到这些小区域代理商，使中间环节减少，又使得这些小区域经销商、养殖户、通威都能获得比之前更高的利润。整个产业链变得扁平，价值大幅提升。

第三，对市场饱和程度进行恰到好处地研判运用。比如眉山公司市场下辖的邛崃县，1998年水产料的销售量为1200吨，与其他大多数县比较，销量并不小，以往达到这样的销量之后，公司就不再做更"苛刻"的要求了。但该县营销经理却不满足，对该县农村人口、养殖户数、经济水平、城镇人口等综合指标仔细研究之后，发现该县容量应为每年3万～5万吨,那么当时通威的占有率就仅为 2.5% ~ 4%!

不这样研究不知道,这样一研究,真让刘汉元吓了一跳!这是一个非常危险的小品牌的市场占有率,如果有别的强势品牌进入,通威岂不要被清扫出局?还好,其他大品牌尚未大规模进入。还有太多的养殖户并没有用通威,因此判断出邛崃县还有巨大潜力可挖。

于是在公司支持下,邛崃进行了多渠道形式改造、市场细分和精耕细作之后,两年后的 2000 年销量做到了 4900 吨,占当地市场 10% 以上的份额。此时根据饲料行业的规律,通威在邛崃已经明显成为使用人数最多的品牌,然后更多的农户将跟风使用这一品牌……

第四,致力于将现代营销理念与乡土文化相结合。刘汉元总是不停地告诫员工,"搞市场营销要像做科研报告一样精细和理性"。促销人员入乡随俗,特别是在一些有特殊民风民俗的地方,了解这种与众不同的风土人情就很重要,因势利导地融入当地人的生活之中,成为其中的一员,相互接受和信赖,就可以发现营销就是一件水到渠成、如鱼得水的事。

以上一系列市场深耕的做法,1999 年开始在眉山公司下辖 33 个县试点,2000 年为磨合期。各种操作并非孤立行事,而是各环节协同运行,交叉融合成为一个相互作用的有机整体,在调整中融合,在融合中进步。就这样,通威像挖金矿一样,把各个市场的最大容量一点一点挖出来,然后维持效益的最佳水平。到 2001 年,眉山公司下辖区域的销售收入竟然比 1998 年全国市场的销售收入还高!

市场在缩小,销量却在增加。企业经营水平之高可见一斑。

刘汉元说:"这就是通威质的飞跃,是通威真正强大起来的开始。"试点的成功,令集团高层欢欣鼓舞,刘汉元眼前出现了一幅波澜壮阔的画卷——又一场在全国市场层层推广的、没有硝烟的战役,将在一个又一个区域地拉开大幕……

像卖可乐那样卖饲料

非常有意思的是，通威的经营还有一个秘密——在饲料行业翻版可口可乐生产模式。

鱼类饲料营养配方远比人类食物配方更杂，因为鱼类消化道比其他动物短，而且鱼不会说话，它不会给你修正的机会，如果配方不对，鱼就以死表示反抗。因此鱼饲料配方必须精细到不能有丝毫差错。"那么凭什么鱼吃一斤饲料长一斤肉，在理论上甚至吃 0.6 ~ 0.8 斤饲料长一斤肉？营养平衡供给的研究里面，十几种氨基酸都要考虑精准的比例问题，还要同时兼顾鱼喜欢的口味，尤其是营养的流失——它在吃的和生长的过程中营养要损失多少，又会在什么条件下吸收多少等，我们对鱼的营养学研究已到了这一步。"

这形成了通威一系列的核心技术，它成了刘汉元打入市场的"神秘武器"。受美国可口可乐生产模式的影响，刘汉元决定采用类似的策略——通威饲料所有型号的产品可在其他分、子公司进行分装，但核心原料为一种名叫"预混料"的产品，类似可口可乐的浓缩液，只能在眉山公司生产，然后调配给其他分公司，其生产配方严格保密。

而其他畜禽饲料没法做到这样，是因为核心技术早就公开了，只有通威的水产饲料仍然保留着核心技术秘密。"其他公司的饲料饵料系数达到 1.8 或 1.6、1.5 就已经非常不错了，通威的一般都能达到 1.2，理论上我们可以达到 0.6；用我们的饲料养鱼鱼体健康，酷暑天运输不死鱼；鱼体形体色好，跟湖鱼差不多；内脏比例低，可食性高。这就是核心技术的差异，使通威形成了核心竞争力。"

据说，用这种秘密配方生产出来的预混料利润空间大，对眉山公司而言制成混合饲料卖到养殖户手里，所有中间环节的利润都是通威自己的利润。到 2004 年时，在通威股份 30 多家分、子公司中，眉山公司下辖区域再次缩小，但销售量和利润率都是最高。这一年 1—6 月，销量比 2003 年同期上升了 25％，销售收入上升了 35％，利润上升了 20％，资金周转率达到 200％，是眉山地区唯一一家享受银行贷款基准利率的公司。此时通威在全国水产饲料行业中市场占有率为 10％，但眉山公司在其管辖区域内市场占有率竟不可思议地达到 50％以上！

眉山由此成了整个通威稳固的"大后方"、"根据地"。

而且运用各种精耕细作的手法，扩大销量到一定程度之后，市场会自然快速增长。为什么？因为中国农村市场，还存在一种"示范效应"，当某个农资品牌在农村的使用效果比其他品牌好的时候，其他人就会跟风使用这个品牌，使用的人会越来越多，因为他们懂得一个基本道理："用的人越多证明东西就越好。"如果不用通威饲料，反而会被左邻右舍嘲笑……

因此，当一个农资品牌在市场占据了主流地位，"马太效应"①会让它越来越强。

通威饲料成品库房

---

①马太效应指强者愈强、弱者愈弱的现象。——编者注

　　同时由于眉山公司利润率高，它可以让出足够的利润给养殖户。凡此种种，都是眉山公司市场占有率达到 50％ 以上的原因。

　　"0.9 的 10 次方是多少？"在刘汉元看来，营销的过程也是科学研究的过程，是一个理性的"利用优势扩大优势，利用差别扩大差别"的过程。正是这样一种思维缜密、操作精细，又讲究科学方法的做事态度，使通威一步步走向了强大。因此通威才能在 2001 年将销售额做到 30 亿元人民币，继续占据中国水产饲料产销量第一的龙头地位。

　　通威这家完全诞生自中国本土的水产饲料"元企业"，以其开创性的、原生的、领导性的行业地位，已在市场上牢牢扎稳了脚跟。

第五章
通威的智慧是怎样炼成的

竞争永远是社会进化的第一动力。

——刘汉元

这时我们有充分的理由相信，为什么通威多年低调，因为它一直在"偷着乐"。它的低调并非不精彩，而是更加精彩，比众生的喧嚣来得更划算、更持久、更深刻，也更有魅力，不声不响地就赢得了竞争。

- 沧桑历练，生命不语。
- 无故事恰恰是企业的高明之处，经营多年却没有故事的企业，一定是十分健康的企业。
- 采取一种狂飙突进的方式影响市场争取生存空间，远不如默然承受这个狂飙突进的市场和时代对企业的考验。
- "理性使人自由。"哲学家斯宾诺莎如是说。这是一种符合规律的自由境界，它不与规律冲突而是在规律中游刃有余。
- 经济人具有两个特点：一是自私，二是理性。他们会本能地站在让自己持续获利的出发点上，制定让大家都获利的游戏规则，同时利益各方能相互制约并遵守游戏规则。
- 超出行业平均利润水平以上的附加价值当中的一部分，才是企业有价值的利润。

　　至此，读者面前呈现出来的这个人，已经大致可以看得很清楚。他与人们喜闻乐见的那种指挥千军万马驰骋沙场、登高一呼力挽狂澜的风云人物太不一样，除了创业阶段，他少有令人激动之举。他太理性，太低调，做事太讲规律和逻辑，从而与这个大开大阖、崇尚大英雄大偶像的时代太不合拍，因而他就显得更低调了，长期潜在水下而不为人知。

　　但他又是如此成功，他使中国人好好地吃上了鱼，他的通威集团成为全国最大的水产饲料产销企业已经多年，在同行中占有最大的市场份额而且还在高速成长，正在问鼎全球最大。

　　刘汉元和他的通威为什么会是这样一种生存姿态呢？是时候总结一下了。

　　一句话：最平常是最神奇。

　　刘汉元无故事，通威就是一个没有故事的企业，却值得冷静审视和理解。它在平平常常的发展中获得了绝大多数企业难以企及的成就。通威无故事，这恰恰是刘汉元的高明之处，因为，经营多年却没有故事的企业，一定是十分健康的企业。

企业发展的核心前提是战略。当通威选择了一个最符合中国农村需求的产业，它就只需要坚持一种最能持续满足这种需求的战略姿态，那就是低调，像农民或像农村市场本身一样坚定、平静又广阔，不必去哗众取宠，不必去为生存的技巧殚精竭虑。正因为它采取这样的生存姿态，所以它是平常的，所以它总是可以在自己的空间里游刃有余地达成自己的意志，可以思考怎样用一种哲学的高度，去理解自己的这种生存姿态，所以，它又是神奇的。因为平常而神奇。

除了创造财富，一个企业最大的价值是什么？是为别的企业提供学习的参照样本和方法论。同时，"无故事"其实是每一个企业梦寐以求的状态，所以通威是个值得尊重的企业，所以理解通威、研究通威，就有了它最现实的意义。

为什么刘汉元和他的通威会采取这样一种生存姿态？"采取一种狂飙突进的方式影响市场争取生存空间，远不如默然承受这个狂飙突进的市场对你的考验。"刘汉元说，在这个足够狂飙的时代坚持下来就能获得最大的成功，"沧桑历练，生命不语"。

非常值得玩味的是，刘汉元并不走极端。他并不像任正非①那样坚决拒绝媒体的采访报道，他并不排斥媒体。他喜欢辩证地看待事物，正如他在管理中重视制度的刚性和文化的柔性相结合，刚柔相济。看待低调与张扬的关系也是如此，他顺其自然，不刻意张扬，也不刻意低调。

这时你会发现，刘汉元并不只代表一种人生。

---

①任正非，华为技术有限公司总裁及创办者，在《财富》中文版第 7 次发布中，位居"中国最具影响力的商业领袖"榜单之首。——编者注

改制与上市

总有一种方式会让多年蛰伏的刘汉元和通威浮出水面。那就是改制与上市。

企业改制，建立现代企业制度和法人治理结构，是企业为了适应新形势下日趋激热的市场竞争、加快发展速度的需要，也是规范公司的组织和行为，保护公司、股东及其他利益集团合法权益的需要，是现代企业发展的必然。同时，公司改制、股票上市，也是企业通过资本运作向社会筹集资金，加快对外扩张发展的重要途径和手段之一。

因此在1999年，多年良性运营的通威决定寻求上市。2000年年初，通威集团决定将其核心企业四川通威饲料有限公司进行整体改制包装后上市，随后开始进入改制程序。很快改制上市开始紧锣密鼓地推进起来。

从2000年8月2日，四川省工商局核准将"四川通威饲料有限公司"更名为"四川通威股份有限公司"开始，通威的改制上市便启动了。同一天，四川省经委批准成立"四川通威股份有限公司筹备委员会"。

然后加上9、10、11月，连续4个月的紧张忙碌之后，至11月底，企业改制工作全部结束。

随后，为了避免同业竞争和关联交易，公司决定将集团公司下属的所有21家饲料分、子公司和一家省级技术中心、青龙实验场收购之后纳入股份公司。至此，通威集团不再从事饲料生产经营，全部饲料生产经营管理业务由通威股份负责。

鉴于股份公司的业务已遍布全国各地，2001年9月25日临时股东大会又决定，将"四川通威股份有限公司"变更为"通威股份有限公司"。

进入2001年，刘汉元和通威渐渐为社会公众所知晓，这个神秘的隐形冠军终于浮出了水面，被跑到中国来做财富排行榜的英国人胡润给盯上了。

当这家拥有3000多名员工、在长达19年的发展中一直游离于公众视线之外的企业，因为它的老板刘汉元突然以 11 亿元身家被《福布斯》评为 2000 年中国大陆富豪第 21 名时，舆论突然为之侧目、为之惊诧——"原来四川还有这样一家公司，这样一位年轻的富豪！"

社会舆论的一致赞誉，对上市明显起到了造势推进的效果。

2001 年 12 月，在华夏证券公司的辅导下，通威股份开始作上市申报。这是一项耗时长、工作量大、任务艰巨、涉及面广、综合性要求很强的系统工程。大量的申报材料和证明材料浩若烟海，但也必须一点一点整理完成。

这一年几乎同一时间，刘汉元再次强力浮出水面。传闻他在上海与胡润"邂逅并共进午餐"之后，其《福布斯》排名猛然蹿升 10 位，以 27 亿元的身家排名大陆富豪第 11 位。多少有些戏剧性的变化更是让媒体为之惊诧，"财富黑马"之声不绝于耳……

2004 年 3 月，通威股份上市

从此，刘汉元和通威开始引起越来越多的媒体关注。笔者 2002 年第一次接触刘汉元之后，发现通威竟然无故事，发现通威之所以默默无闻"一夜暴富"，是因为它一直用一种十分低调的姿态匍匐在农村大地上，支撑着中国农民最质朴的致富愿望。这是一种对理想的坚持，也是一种生存的哲学。

通威低调而强大，与刘汉元个人偶尔的高调，形成了一种巧妙的互补。

申报材料经证券监督管理委员会数次审核和通威多次修改补充之后，2003 年 1 月 23 日，通威终于通过了中国证监会复审，上市准备工作顺利完成。

万事俱备。

从采购鱼粉看通威商业智慧

在刘汉元看来，使通威成功的核心竞争力还有其他四个方面。一是达到世界先进水平的研发能力，二是相当规范有序的管理，三是对"诚信正一"经营哲学的坚守，四是对产业链上下游的整合。几个方面，形成了通威独特的核心竞争能力。

但是，通威绝不是仅仅依靠这几大能力就能获得成功，它还需要更完善的市场运作。只有更完善更智慧的市场运作，通威才能真正胜出。

由于整个饲料产业链微利，上下游环节的"奶酪"不能动也动不了，那么，通威每多赚一分钱都得自己想办法。因此，刘汉元在商业运作的智慧上下了大量的工夫。

笔者在 2002 年第一次接触通威时，发现了一个刚发生不久的精彩案例——

鱼粉，是水产动物蛋白质饲料的主要成分，而中国的鱼粉产量很低，每年只有几十万吨,这使中国不得不至少"吃"进全世界 50% 的鱼粉产量,导致其主要产地秘鲁、智利等国家鱼粉价格上涨趋势明显。2001 年初,由于国内经济不振,饲料微利,在下一波生产旺季到来之际,要求国家减免鱼粉等原料进口税的行业呼声也日益高涨。

面对这一潜在的新形势,刘汉元和他的经营团队将怎样进行市场洞察?

"先开会,讨论!"鱼粉主要用于眉山厂生产预混料,然后再将预混料发往全国各分、子公司生产直接喂鱼的配合饲料。眉山厂有三大例会。一是每星期两次的生产经营例会,及时协调解决各车间在生产过程中出现的种种问题;二是每星期一次的原料分析例会,分析原料合同执行情况,制订下一步原料采购计划;三是每月一次的经济分析例会,对当月销售量、成本、国家经济走势和市场状况作综合分析,然后根据原料例会的分析作出最后的采购计划。

这一次,刘汉元把公司高管们都安排到了眉山来开经济分析例会。

会上,大家各抒己见,讨论热烈。最后刘汉元分析道:"从国内经济态势、企业实际情况以及政府扶持农业企业的态度来看,减免原料进口增值税的政策肯定会出台,鱼粉将在其中。那么,这意味着什么呢?第一,保持优质不变的情况下,通威成本会在短时间内大幅降低;第二,一旦政策出台,国际鱼粉价格很快就会上涨,因为秘鲁人会借机吞噬掉减免额度中的一大部分,他们会算账,会算我们省下了多少,然后他们会通过涨价从中瓜分掉一部分。这种情况一定会出现。"与会者都点头表示赞同。

另外,有一个很重要的国际市场信号是,世界最大的鱼粉出口国南美秘鲁,其渔业协会和政府很大程度上把鱼粉出口作为支柱产业。2000 年刘汉元前去考察之时,秘鲁所有鱼粉加工企业都一蹶不振,很多工厂濒临倒闭。但当时秘鲁人已形成一个共识,那就是要"调控生产配额,控制贸易节奏,提高市场价格,增强全球垄断"。所以刘汉元回国之后,一直和他的经济师团队跟踪着秘鲁的行业态势。一旦这个国家一段时间内海洋渔业捕捞量大幅减少,就意味着他们可能动手操纵国际市场,要哄抬鱼粉价格了。

刘汉元进一步说道："所以，最近两个月我们得到消息，说秘鲁已进入新一轮海洋渔业的禁渔期，捕捞量正在大幅减少，数月之内大量渔船停止出海捕鱼。这说明什么？说明全球货源很快就会吃紧。接下来，可能会出现两种情况：一是国际市场价格只是自然波动，无人为因素；二是人为操纵哄抬，拉高价格。"

下面的人七嘴八舌说："而且国内沿海也将进入新一轮禁渔期，国内本就极少的鱼粉产量又会骤减。"

综合判断，国际国内的鱼粉价格将会上涨。现在最关键的是，如果是第二种情况，秘鲁人操纵价格，事情就会很可怕。刘汉元判断说："由于国内政策减免税的因素，秘鲁人肯定要从中分一杯羹，因此本轮价格波动一定会有人为炒作的因素，而且一旦如此价格就会炒得很高。"

作出如此市场洞察预判之后，刘汉元该如何决策？

他说："逢低吸纳。我们现在就趁价格未涨之时，及早下大单。"

2001年4月，就在其他中小竞争对手还在稀里糊涂睡大觉之时，刘汉元和他的经营班子果断决策，决定趁价格未涨之时，立即从秘鲁购进12000吨鱼粉，价格为平时的到岸价，480美元一吨。

风险是巨大的。一旦失误，流动资金的超额支出和沉没，将造成巨大损失；而一旦成功，通威将再次保持产品优质不变的基础上降低成本雄视市场。订单已下，决策者们只好静静等待着命运的判决。

7月份，货到上海港之际，国家为了扶持涉农企业，颁布了财税〔2001〕121号文件，规定从2001年8月1日起对饲料产品继续免征增值税，相当于饲料企业利润增加了13%。果然，秘鲁人不会让中国企业独享蛋糕，鱼粉价格开始上涨，迅速窜升至每吨550美元；接着，2001年8月14日财政部、国家税务总局又联合颁发了〔2001〕082号文件，规定从2001年1月1日起，饲料用鱼粉免征进口环节增值税13%。1月1日至颁布之日已上缴的增值税予以退还。政策一出，国际价格再次应声涨至每吨

590 美元，到 2002 年春夏，甚至疯狂地涨到了每吨 800 美元。

一年内价格上涨了接近一倍，证明了刘汉元当初的判断，也再一次把通威推上了一个成功的高峰。

一切都在预料之中！刘汉元和决策班子兴奋不已。这一笔账有得算（按当时汇率，美元折算成人民币约数）：

第一，通威本次采购鱼粉将获得 624 万元的退税 12000 吨 × 4000 元 / 吨 × 0.13，最终实际只支出了 4176 万元。第二，如果通威按 8 月政策颁布时价格购买，扣除免税（12000 吨 × 4800 元 / 吨 × 0.13），将多支付 835.2 万元。第三，如果按 2002 年差价即每吨 2600 元，扣除免税后通威将多支付 2714.4 万元！对于微利的饲料企业而言，这是一个巨大的数字，关键是"省下的都是利润"。

而绝大多数中小竞争对手不能准确预判国际市场局势，而且也无足够实力和信用进行国际贸易。再加上国际鱼粉价格的上涨周期是 60 天，也就是说，如果你没有足够的实力从国际市场一次购买囤积大量的鱼粉而只能少量多批次购买之时，你就只能接受由国际传导至国内的至少每两个月上涨一次的价格！对于中小企业，无疑雪上加霜。比如他们多数会在两个月内有购买，按 8 个月计，算下来每一吨饲料，他们的成本就比通威高出 700 元左右。换言之，通威的成本比行业平均成本低 700 元。

按刘汉元的一贯作风，他会拿出其中很大部分让利于经销商和养殖户。

当然，按照通威"质量始终如一，价格随行就市"的基本原则，鱼粉还是同样的鱼粉，质量还是同样的质量，甚至还可能将省下钱的一部分投入到质量再提高的情况下，刘汉元通过利用原料行情的涨跌变化，成功实现了成本优化。

市场竞争高下立判。事实上这批原料，足够让当时的眉山厂使用 9 个月之久。也就是说，到 2002 年时，通威每吨饲料的成本比竞争对手要低一两千元之多！也许这就是通威当时四处攻城略地、所向披靡的一个重要原因——原料采购系统和市场营销系统在这里实现了成本优势上的因果连接，整个通威运营系统的强大由此可见一斑。

以通威的实力进行大单采购，它的成本就会一直比行业平均成本低。

这样的商业智慧，仅仅来源于刘汉元和他的决策班子的一次研判，就获得了如此大的市场优势，着实令人感叹。这也说明，不同的企业有不同的做法，大量企业猛打广告带来的可能只是喧嚣，他们试图用一己之力强行改变行业格局；而另一类企业家很沉得住气，他们利用既有的价格杠杆顺势而为，四两拨千斤，思考、研究、讨论，开完会，然后就已经在市场上赢得了竞争。

由不得你不相信，刘汉元已有足够的底气按自己的逻辑做事，不用理睬其他。

——这就是通威原料采购策略中的储备策略：低价购进，高价使用。其间的价差就是同期竞争对手不可能获得的利润。于是通威的规模效应再次显现出来：强者愈强，弱者愈弱。

通威的采购策略还有一种机会成本策略：什么时候该储备多少原料？资金的积压使企业付出的机会成本有多大？当期银行利息损失是多少？是存银行更赚钱还是买原料囤积更划算……

经济师和高层管理人员不断地收集研究国家政策和行业信息，不断进行研究判断，进行市场洞察和商机洞察。就这样，刘汉元在不断变化的市场中游刃有余地施展自己的才华，无可争议地做成了中国最强大的水产饲料企业。

此时，对通威而言，信息的把握是成功的关键，而上到国家，下到厂家，各级市场的风吹草动都会成为通威宝贵的信息，甚至是周边的同行饲料厂，都主动向通威提供自己的采购计划，以期纳入通威的采购体系获得较低的成本，而不至于事后被市场打得头破血流。他们对通威说，目的是为了维护共同的原料市场，从而获得双赢。其实，背后的隐情是——他们都害怕自己成为孤独的斗士，都害怕自己成为通威强大的原料调控能力的牺牲品。

他们知道，跟紧通威，就死不了。

这时我们有充分的理由相信，为什么通威多年低调，因为它一直在"偷着乐"。它的低调并非不精彩，而是更加精彩，比众生的喧嚣来得更划算、更持久、更深刻，也更有魅力，正如"于无声处听惊雷"。

谨慎多元化：第一次接触多晶硅

诱惑太多了！中国经济在迅速转型，加入世界贸易组织已基本敲定，庞大的市场上前所未有的种种新机会总是扑面而来。在无数喧嚣和可能的反复冲击之下，从 2001 年开始，在市场上低调而又游刃有余，显示了其足够的实力和底气的刘汉元，还是没有抵挡住多元化的诱惑。当然，他已经比上一轮多元化更多了一分稳健和慎重。

他仍然对电子芯片及相关的 IT 软件领域情有独钟，借通威主业大规模扩张之势接连出手，一举并购了成都新锐科技发展有限责任公司、西辰软件有限公司两家软件公司纳入集团，分别开发销售企业管理软件和政府办公软件，服务于成都和川西市场；同时，与英国 E.L.I. 投资集团合作，成立了好主人宠物食品公司，两年内所生产的好主人宠物食品在北京、上海、广州、沈阳、深圳销量一路走高，市场占有率达到全国第二，成为了国内宠物食品市场上的第一品牌。

进入 2002 年，刘汉元第一次对多晶硅有了接触。

这一年年初，他决定和德国一家公司共同投资 25 亿元进军半导体制造业，而多晶硅则是生产半导体元件最重要的材料，与之配套四川新光硅业科技有限责任公司的年产 1260 吨多晶硅项目，就是刘汉元此次投资的核心项目。整个合作由德国公司提供技术和设备，刘汉元联合其他企业提供资金，刘汉元牵头运作，出资 13 亿～15 亿元，占股 50%。

半导体，曾经让中国人梦寐以求，是当年中央部委领导说"脱了裤

```
        硅砂（砂子）99%～99.99%
       ↙                    ↘
太阳能级多晶硅            半导体级多晶硅
（硅含量6个9）           （硅含量12个9）
        切割                    切割
        ↓                      ↓
   硅锭/硅片              单晶硅 硅晶圆
        ↓                      ↓
  太阳能电池片               晶圆代工
        ↓                      ↓
  太阳能电池组件             各种芯片
        ↓                      ↓
  太阳能发电系统          各种IC产品及应用
（含、逆变器、其他配件）
        ↓                      ↓
    消费应用               消费应用
```

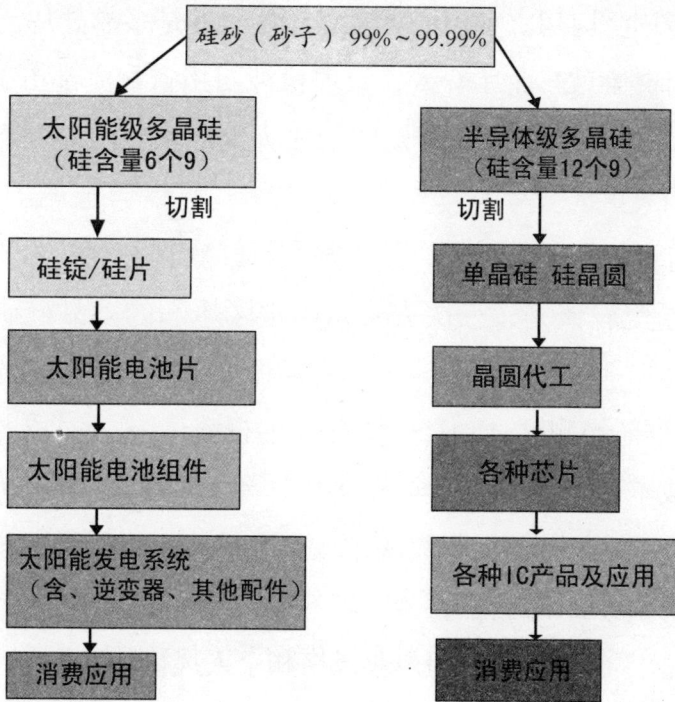

多晶硅与电子芯片关系

子也要上"的项目。之后建成的903、909工程，上海华虹（集团）有限公司、华晶科技股份有限公司等企业至今技术落后，亏损严重。这些老国企，有着其他所有国有企业一样多、一样严重的毛病。然而半导体业是一个市场竞争更加硝烟弥漫、技术更加快速更新的领域，用老机制、老观念、老水平肯定适应不了芯片业快速发展的国际现状。同时，由于这个行业资本与技术门槛很高，在过去10多年，中国民营企业几乎没有能力涉及，甚至连合资伙伴都找不到。

此时刘汉元认为自己该进入这个产业了。1995年他就差点并购了一家德国半导体企业，他持续跟踪研究这个领域已经有六七年的时间。

新的合资企业，将生产6英寸0.5微米数字模拟混合集成电路，全世界只有很少几家企业有知识产权。尽管数字化是现代电子产业的一种趋势，但是，数字产品也要靠模拟电路来支撑，其中0.5微米已经接近当前最先进技术，在手机接收和发送部分、话音处理等需要转换成模拟信号处理的领域都有广泛应用。其中最重要的元件，就是多晶硅片。

很快四川省信息产业厅介入，该项目被四川省和成都市确定为"一号工程"，媒体称，该项目有望帮助四川成为继北京、上海和深圳之后的中国芯片业第四大重地。

政府坚持让刘汉元来操盘。然而他在锦江宾馆和"一号工程"的具体实施方进行了三轮谈判，三次去了乐山地区峨眉的多晶硅研究生产机构739厂（峨眉半导体材料厂）调研，反复评估之后，还是觉得"不行，心里没底"。根据他的测算，13亿～15亿元的投资，"几乎永久性无法收回"。当时多晶硅成本高，价格低，全球光伏市场尚未启动。坚守专业化、对多元化投资极为审慎的刘汉元最终决定放弃半导体制造和新光硅业。

怎样来理解刘汉元的退出？

他解释说："低调和谨慎的企业风格和个人风格使然。第一，不能够输血太多，原有支柱产业不能够受太大影响；第二，原则上要有足够的能力和足够大的基础，来支撑对这个行业的投入，并且在投入过程和投入后一段时间不能赢利的情况下，整个公司的正常运营不受到影响；第三，这个行业，只有中国在技术、市场方面已经在全球占有某些优势的时候，我们才能够介入。"

"理性使人自由。"哲学家斯宾诺莎如是说。这种自由是一种符合规律的自由境界，它不与规律冲突而是在规律中游刃有余。

加之通威立足饲料主业，逐渐将触角伸向多元化领域的时候，刘汉元就会更加谨慎地注意控制风险。每年送到他手里来的项目有好几十个，被他否定的项目也有好几十个，他既要充分有效地利用手中的人、财、物，包括社会环境资源，又要适度地掌握扩张速度。他经常说："很多企业都有输血到其他产业里去大干一番的冲动，可一旦你将大量时间、精力、人、财、物投入进去后，你会发现一切并不是自己所想象的那么美好，更重要的是削弱了自己的主业优势。长此以往，你还能保证5年10年后你在原行业仍处于老大的位置吗？"

这确实是个重大问题，他在二者之间摇摆，这曾经让他很是煎熬。

长期身在微利行业之中，他非常清楚自己最重要的任务，就是防范决策失误。因为伤不起，宁愿慢一点也必须特别注意规避和化解风险，不能伤及主业。但是，正因为饲料业利润微薄，他又很想多元化，进入高利润行业。在遍地机会可大肆"跑马圈地"的中国，眼睁睁看着机会溜走，又很不甘心。他就这样犹豫着、矛盾着……

不过他坚持认为，在有空间的商业领域内做精、做专，然后做强，"业精于勤而专"，这是通威首选的发展战略。通威做了20年了，而很多好好的企业20年不到就没有了，多元化资源后资金一分散，还没有产生回报的时候，资金链就跟不上了，很多就死掉了。

因此刘汉元决定放弃这个项目。

箭在弦上，最终引而未发。

但从此，刘汉元与硅以及多晶硅，就结下了不解之缘。更多的与多晶硅有关的故事，即将在刘汉元身上发生。

然而人算不如天算，没有人能真正预知未来——让人大跌眼镜、扼腕惊诧的是，仅仅两年之后，2004年，光伏发电正是从德国开始，引爆了全球市场对多晶硅的疯狂需求，价格从无价无市，暴涨到300万~400万元人民币一吨！刘汉元终究错失了机会。

当刘汉元得知这一消息，内心是否生出一丝遗憾？没有人知道。其实这也很正常，任何事情都是有成本的，刘汉元如此坚持专业化，这就是他必然付出的机会成本。

当然任何事情也会有因果，这个中途踩了急刹车的项目，为他以后高速进入多晶硅，又埋下了因果伏笔……

停止这个项目后，刘汉元仍然只是在相关多元化领域内拓展。2002年7月，他围绕饲料项目，先后成立了四川省通力建设工程有限公司、四川通港房地产开发有限公司两家建筑和房地产公司，在完成每年通威股份新增分、子公司厂房建设的同时，对外进行了一系列建筑、房地产项目的运作，成为通威集团多元结构的又一个重要支撑；2002 年 9 月，国内第一个有品牌的鱼、用通威饲料养出来的绿色生态的"通威鱼"也在成都上市了，首批投放市场 10 万斤。"通威鱼"各项生化指标几乎完全达到野生鱼标准，价格比普通鱼高，一上市即受到高端人群的欢迎。

但是这些项目，对刘汉元而言，都不是他真正心仪的大项目。以他的管理能力，通威集团很早就具备多元化发展的实力了。他缺少的只是机会。

事实上，2002 年刘汉元还有一个感兴趣的项目：氯碱化工。1999 年前后，刘汉元就开始注意到四川自贡、乐山地区地下自古盛产盐水、卤水，简单加工之后就可提炼出氯碱，氯碱是非常重要的化工基础原料。当时最入刘汉元法眼的，是用电石法生产氯化氢，可形成聚氯乙烯粉，事实上就是 PVC。这是一种现代人生活中处处可见的生产材料，落水管、塑钢门窗全是 PVC 材料做的，包括一些凉鞋、工业品、杯盘、玩具、农用薄膜、塑料袋、地下管道等，应用惊人地广泛，市场巨大无比。

2002 年，当刘汉元对进入氯碱化工领域正饶有兴趣之时，同样生产饲料的四川乐山巨星企业集团有限公司（以下简称"巨星集团"），却在当年率先进入了这一领域，成立了一家叫"永祥"的氯碱化工企业。此是后话。

战略新选择：大当家要"当好五个家"

刘汉元产业板块的重中之重，还是主业饲料。他只是将工作的一部分精力放在多元化项目的寻找与论证上，每天大部分时间精力还是放在他的饲料主业上。

那么，我们还是回过头来看通威的饲料业。此时，中国饲料工业已进入白热化竞争阶段。2001 年、2002 年间，全行业纷纷收缩战线，缩减编制，撤并中小公司。在这样的形势下，以通威集团饲料板块整体改制成立的通威股份，风卷残云般地掀起全国性的"阳光计划"，抢占中、低端产品市场，全员士气如虹，形成摧枯拉朽之势。2002 年通威销量、利润同比增长又超过 40%，平均每年以新增分、子公司 6 ~ 7 家的速度快速扩张。

大规模扩张，对其他地方品牌市场的吞并，必然导致激烈的竞争。

此时，刘汉元开始面临一个非常重大的战略选择，一方面是越来越激烈的市场竞争，另一方面是越来越薄的利润；供应商和客户越来越多，行情变化也越来越快——这种与过去明显不同的市场背景之下，通威应该确定一种什么样的战略定位或战略姿态，才能在饱和竞争的水产饲料行业牢牢站稳脚跟？

对这个问题，刘汉元认为其实是怎样处理自己与产业链上下游关系的问题，即确定了与产业链上下游的关系，也就确定了自己的战略定位。前面说到的鱼粉等案例，是针对外部竞争对手和原料国际炒家采取的措施，原则是从他们身上能赚多少钱就赚多少钱；那么在自己的整个产业链体系内部，针对休戚与共的上、下游伙伴，合作关系该怎么处理，才能使通威的战略定位更明确？路走得更稳更实？

其实，刘汉元自创立通威以来就坚持着一个利润观（此观点数年后又有变化升级）——通威的利润来源于"为用户带来的新增使用价值的一部分"，非常明确地表明了只有用户（养殖户、经销商）获得更大使用价值赚到更多钱之后，通威才能获得更大的利润。按照这样的理念，他自然而然地确立了一个全新的战略定位——通威要"当好五个家"，即：

一是要当好原料供应商的家。要站在供应商的角度，思考如何给他们合理的利益。

二是要当好企业的家。考虑通威自己的利益，这很正常。

三是要当好经销商的家。你得考虑给经销商一个合理的利润空间。

四是要当好养殖户的家。得考虑养殖户用你的饲料是否能实现最大的效益。

五是要当好消费者的家。为消费者的食品安全问题负责，同时用你的饲料养出来的鱼畜禽肉得好吃，营养要够。

"只有参与各环节实现'多赢'，而不是相互倾轧、压榨，你才能在饱和竞争环境之下的某个商业生态链（产业链）中生存下去，否则这个生态链就要断裂。作为这个生态链的操控者，你的损失就会最大。如果安排好各个环节的合理利润，大家遵守游戏规则，就可以齐心把蛋糕做得更大。也就是说，通威时刻都得扮演着其他四个角色，将心比心，考虑怎样才能让他们赚得更多。只有让他们都满意了，通威自己才能持久地、长期地赚得最多。"

至此，刘汉元在产业链关系方面，确定了自己的战略思想。

其中最为重要的，是要为养殖户当好家，因为他们是最直接又最大宗的用户，更是产业链转化的关键环节。对此刘汉元有一个"饭碗理论"："谁引导农民致富，谁就和农民一起致富；谁抢农民饭碗，谁就没有饭碗。"这句话可谓饲料行业的一句名言。他确立了一套"确保用户获得最大经济效益的质量方针和质量保障体系"。

对这样的理念，刘汉元说了一番大实话："我们经常说，你在给农民碗里添油加肉，实际上不是你有多高尚，而是你本身长期生存的需要。一旦农民认为你成天在同他竞争，成天在损害他抢他该获得的那部分利益，那谁还愿意做你的用户？谁还忠实于你呢？所以在市场条件下，不是因为你高尚而高尚，而是因为你本身生存的需要迫使你要有起码的高尚，你才能够长期生存。"

这似乎印证了"经济学之父"、最伟大的英国经济学家亚当·斯密的观点："当人人都自私之时，整个社会就会变得有活力而且高尚。"因为经济人具有两个特点：一是自私，二是理性。他们会本能地站在让自己持续获利的出发点上，制定让大家都获利的游戏规则，同时利益各方能相互制约并遵守游戏规则。

因此，通威为了自己利益最大化，愿意在千千万万的养殖户身上，投入巨大的成本。

因此通威"一切为养殖户着想",进行大投入以保证做出优质的产品,加大投入使品管做得更充分更严格,"上不封顶"地投入搞技术研发拿出更新更优质的饲料,加大投入吸引技术权威来公司,加大投入做更多更深入的养殖户培训,加大投入让千万个技术人员走乡串户为养殖户做好跟踪服务……可以说通威所做的一切,都是为了拿出最具性价比的产品让养殖户获得最大的效益。

但事实上,站在整个产业链操盘者的角度来看,通威要"当好这个家"很不容易,面临着很多根本性的、不可逆转的不利因素,最主要的表现是,饲料企业的利润空间被严重挤压,毛利率的下降成为一个必然趋势:

一是原料压力。饲料行业的主要原料都是三农产品,国家为了保护农户种粮食的积极性,将收购粮食的最低价稳住并持续提高,导致粮价持续上涨,使原料价格上涨。

二是终端压力。终端产品的价格主要是猪肉价格受到控制,因为中国的 CPI 上涨猪肉的贡献率比较大。按理说养猪成本都在涨,饲料成本在涨、人工在涨,猪肉涨价很正常,但国家为了控制物价上涨过快,把猪肉价格控制在了某一个水平之内。那么上游的饲料销售价格也就不能涨得太高。

以上两个原因两头挤压,饲料企业的利润空间就变得越来越小了。同时水产饲料企业还有更多局限:

一是饮食习惯。中国人更喜欢吃猪肉、鸡鸭而相对较少吃鱼,使鱼的市场远比猪鸡鸭小得多。而通威股份 65% 以上的销售收入是鱼饲料贡献的,因此整个盘子就显得不够大。

二是生产周期。鱼是变温动物,生长周期受水温影响大,除广东、海南等南方地区外,其他地区通常一年只能养一季,而猪鸡鸭一年可养两三季甚至多季。

三是价格空间。猪肉鸡鸭近年来零售价格已高于鱼价。

四是运输半径。鱼易死而导致运输半径短,导致每一户养殖规模相对不大。

五是养殖面积。国家严控将土地挖成鱼塘，因而全国养殖面积趋于饱和，难以扩大……

当然国家对饲料行业有税收优惠补贴，但却不能改变经济大环境和行业本身的走势。

方方面面的因素，最终导致水产饲料行业利润很低。在此情况下，刘汉元还要想方设法让产业链上的每一环节特别是养殖户获得最大的利益，最终，通威留给自己的利润就非常低了，毛利率常年低于10%。2004年毛利率9.14%，2005年努力之后毛利率略上升至9.69%，除去人员工资及其他运营、管理成本等，净利润一看便知微乎其微。

那么，在此情况下，刘汉元是怎样把公司做下去而且还越做越好的？这真的是很考水平的。

事实上，除了科研，通威唯一可以持续挖掘增值潜力的，还是管理。

现在回过头来看，通威后来越做越好的管理理念和管理水平，无论放在国内哪一个行业看，都是一流的。通威正是因为管理的优秀才顺利进入了全新的PVC领域和多晶硅领域，进而进入了新能源领域。此是后话。

此时，对刘汉元而言，他在饲料领域里考虑的一切问题，都是一个问题："怎样在行业整体利润率不高的情况下，将通威做得风生水起？"

好在，水产饲料行业产销呈稳定增长之势。宏观经济再怎么震荡，也基本不会影响到人们对鱼的消费（这就是处于马斯洛需求理论最底层的好处），通威的正常生产经营周转就基本没有问题，因此刘汉元可以大胆实施他的思路。

他首先要改变过去的利润观。过去的利润观是针对用户来思考的，而新的利润观，必须面对外部市场竞争来思考和设计。

管理体系的全面进化

仔细思忖可以发现，刘汉元的新利润观，其实是通威后来一切工作的指导思想。

这是他解决问题的突破口。1993年前后他提出了第一个利润观，概念一直用到1997年、1998年。

1998—2000年期间，由于买方市场导致市场竞争激烈，刘汉元又创造性地提出了一个新利润观，即"超出行业平均利润水平以上的附加价值当中的一部分，才是通威的利润"。如果你做出的附加值只是行业平均水平，你不一定会有利润。在饱和竞争和无序竞争的市场环境里，行业的平均利润，有可能等于零，甚至为负。

这意味着什么？意味着通威的工作会产生两个明确的维度——

一是"执行能力和效率的提高及扩大产业规模"，以达到利润总额不断增加。这是一种外延式的扩张拓展。

二是挖掘潜力，在保持质量和达到毛利不变的同时，"实现各环节成本费用的降低"。这是一种内生挖潜式的增长。

最后，这两个方向的努力，都归结在"高于行业平均利润水平"的要求之上。对此，刘汉元有一段精辟的讲话：

"我们经常反思，随着企业规模不断增长，企业的程序总会增加，节奏总会变慢。所以2001年、2002年、2003年，我们强调的不是事情怎样进一步规范，而是在基本规范的同时，强调怎样效率优先。只有效率优先，你才能在市场上有竞争能力。说一千道一万，你再规范，只要低于行业平均效率你就会被淘汰出局，所以我们对每一个员工强调的是，你的效率是否高于行业的平均水平和社会的平均水平。这个问题实际上很好理解，等于平均水平，企业和你就只能吃平均伙食，那企业还有什么杰出和卓越的呢？你还有什么能力去不断扩大再生产，实现你的战略目标呢？肯定没有。员工个人的收入也上不去。因此你要优于平均水平。

"在这种情况下，每个员工就想，我不是做没做事情的问题，而是我做的事情是不是比别人更好，比行业更好，比社会平均水平更高的问题，这样我才算是人才。所以这种文化对大家的行为起到了很大的作用，调整了每个人的心态，调整了每个人比较的参考点，让每个人知道，自己在追求什么，在干什么，应该干成什么样的标准，才符合企业生存和发展的需要。

"为了提高效率，2004年我们开始了未来三年的效率分享计划，提出了一个相当高的'效率分享比例'，即每个人都参与算账分钱。你在岗位上的工作比行业平均水平提高了多少效率？你的部门比行业平均水平提高了多少效率？同样的投入你比行业平均多产出多少？算出来之后，你可以在超出部分中分享30%～50%的比例，利润你拿走，其余是企业积累的。

"这下每个员工都心气平顺，大家发自内心地投入这种效率的提高和分享的过程当中，坦然地理所当然地最终分享到他的成果。我们认为，这对企业产生了很大的作用。如果真正做到这一点，企业在行业里就会不断领先，不断地走在前沿，不断地优于平均利润水平，无论是国际还是国内，是贸易还是销售，都有你的比较优势。

"这一点，对企业非常有利。所以，执行力有没有，效率高低如何，你能不能领先，领先的水平怎么样，我们认为是企业在竞争中生存的前提和关键。"

至此，"超出行业平均利润水平"的利润观，成为通威的核心经营理念。

如果一家企业战略、策略、技术等方面在一段时间内都是相对稳定的，那么企业日常追求的应该是什么？是效率。重要的不是做大，也不是做快，而是如何高效率运营。效率才是事关企业生存和发展的关键。

这时的刘汉元虽然在多元化上相对谨慎保守，但他对提高管理效率方面却保持着相当高的敏锐，他既是技术专家，又是总揽全局的企业家，懂财务，懂如何进行成本控制，因而他也明白如何提高效率。在他的带领下，通威进一步建立了一整套以提高效率为核心的制度，在保证产品优质的基础上，所有员工力求在每一个环节降本增效。

这以后，整个企业各个环节甚至是清洁工的环节，都在想方设法力求实现"超出行业平均水平"。这将是一系列怎样的做法？

精彩还在后面。

至此，刘汉元动员整个企业的力量对通威的各个方面进行深度探索和完善，将企业系统全面同步推进，资本运作、原料采购、多元化的探索、产业链的平衡完善、成本优化等，相互之间看似割裂，但内在却相互关联支撑，一方面优化成本，另一方面平衡利益，将近期收益与远期投资相结合，形成了一个现代企业相对完备的经营系统。

通威就这样做得越来越深入、完善。

2002年，中国水产品总产量已经比20年前增长了近20倍，占全球产量的35%左右，人工养殖产量达到2800万吨，占全世界70%以上的份额，成为世界上唯一一个养殖产量超过捕捞产量的国家。2002年中国更成为全球水产品第一大出口国，出口创汇占到了农业出口创汇的1/3。

"业精于勤而专"，然后才能强和大。2003年、2004年通威产销量的市场份额分别为5.9%和7.3%，比第二名高出4个百分点；2005年通威水产饲料产销量占全国的比重为11%左右，比第二名高出5个百分点。2001年、2005年收入和利润的复合增长率分别达到59.7%、37.1%。

刘汉元因累计带领产业链上各环节近3000万农民致富增收，被各个机构评为2002年"中国十大民营企业家"、"全国优秀水产科技工作者"、"首届中国十大优秀民营企业家"、"优秀中国特色社会主义事业建设者"、"十大财经风云人物"等，各种荣誉接踵而来，证明通威和刘汉元得到了社会各界的广泛认同和赞誉。2002年，刘汉元被美国《财富》杂志评为"全球40岁以下最成功商人"称号，全亚洲仅13位；2003年9月，刘汉元再次入列《财富》杂志2003年全球40岁以下富豪榜，名列中国内地第二位。

通威还有许多帮助农户发展的生动故事。2003年曾经请温家宝总理帮忙讨工钱的重庆云阳农家妇女熊德明，一时成为街谈巷议的明星人物，但

刘汉元荣获"2004 最具世界影响力的中国企业领袖"

就在她淡出公众视野，人们快要将她遗忘之时，通威却帮助她办起了养猪场，发展初期甚至免费提供饲料。

这也可以看出刘汉元的风格。他不喜欢凑热闹，一切都平静下来之后，刘汉元才站出来做一点他觉得应该做而别人没做的事，无愧于内心就可以了。后来熊德明赚了钱，千里迢迢给刘汉元送来了自己做的香肠、腊肉以示感激之情。后来熊德明还被评为 2009 年度通威集团"十大新闻人物"。

……

即使获得了常人所不及的成功，刘汉元依然有着一颗与普通人最贴近的心，他依然认真、务实、谦恭和清醒，忙于工作和考察，每天按时上下班，热情地与最普通的养殖户、车间工人握手打招呼。

每逢春节放假，他都会和他的高管们，整齐地守候在电梯口，和下班放假的员工紧紧握手，致以新春的问候，没有一点架子。

第六章
危机显微镜下的企业之美

始终坚信我们应该也能够是最优秀和最
棒的。

——刘汉元

危机是一架显微镜，管理不善的企业在这架显
微镜下再也藏不住，而管理卓越的企业在同样的显
微镜下可以展示出人们平时难以看到的优秀与精
彩；危机也是过滤器，糟糕的被截停，而优秀的将
无法阻挡。

有时候，这样的优秀，真的会令人感动。

它是一种艺术，一种智慧之美，追求卓越至极
的同时又优雅宁静。做企业，何不如此？

- 利润率提升值＝执行能力和效率的提高 × 扩大规模 ÷ 成本费用的优化降低 ×100%。将分母持续缩小，单位产出的成本就会下降，同时将分子不断做大，就能不断做大利润率，超越行业平均利润水平。

- 全球资源好比是一桌大餐，过去一百年来围桌分食者主要是欧美日等西方发达国家，还只是刚好够吃。现在突然来了一个胃口极大的中国，再加一个印度，一桌饭菜一下子不够吃了。

- "内生式"的成长之道，只要潜心做到优秀，任何时候都会不惧风浪。

- 技术的魅力是什么？是它的发展具有无限性，换言之，人类发展的未来方向，即"用技术的无限性来替代资源的有限性"。

怎样才能让通威的赢利能力"超出行业平均水平"？

这是通威所有经营工作的终极考量标准。笔者按自己的理解为通威设计出了一个公式：利润率提升值＝执行能力和效率的提高 × 扩大规模 ÷ 成本费用的优化降低 ×100%。只要通威能将分母持续相对缩小，单位产出的成本就会下降，同时将分子不断做大，就能不断做大利润率超越行业平均利润水平。而且通威具有行业最大的规模，做大分子和做小分母，比竞争对手更容易。

回到前面提到的一个问题：刘汉元在饲料领域里考虑的一切问题，都是一个问题："怎样在行业整体利润率不高的情况下，将通威做得风生水起？"那么他要抓好的，就是这三个方面：

1. 如何提高执行水平和效率？

2. 如何扩大规模和多元化，增加新的现金产出方式？

3. 如何逐年实现每一环节的成本费用优化（降低）？

这三个方面，每一个深究下去都是一个庞杂细致的系统。刘汉元从事饲料业已经20年，至此他才发现这20年自己只是给通威搭建了一个产业框架和基础产能，之前制订并不断修改的系列《管理条例》、区域市场的精耕细作方式和鱼粉等原料采购方式，只是让企业维持了一个较高水平的运营，更多的感觉还是一种比较竞争优势，而非完全植入企业骨子里的一种可持续竞争优势的基因。这时他发现，管理的力度和密度还需要做得更大，通威要变得更有分量，更坚硬。

2004年3月，通威股份在上海证券交易所成功上市。作为一家公众公司的经营压力，也要求通威把整个经营做到更加智慧和更精益求精。

那么，在这三个方面，刘汉元将如何实现企业再造？要做的事太多太多。

刘汉元本打算先完善产品线。由于海产品饲料较淡水饲料毛利率明显要高，而且虾蟹消费在中国正大幅上升，通威上市第二年即牛刀小试，收购了业内虾料排名第三的湛江粤华水产饲料有限公司和另一家珠海经济特区大海水产饲料有限公司，实现了向高端市场延伸。但是，就在2005年年底，刘汉元正如火如荼地推进全国市场之时，国际贸易市场也在越来越明显地发生翻云覆雨的变化——秘鲁、智利的鱼粉价格，再次迅速暴涨！

国际行情：鱼粉危机卷土重来

2006年6月底的某一天，中国水产业与国际原料供应商的一场博弈正在白热化——来自全国的200多家水产企业正聚在成都通威集团总部，参加"2006通威水产动物饲料及营养科技论坛"，议题却是声讨国际鱼粉敲竹杠式地疯狂涨价，讨论如何寻找对策。刘汉元当时刚被评为年度"四川十大财经风云人物"，此次他扮演了行业盟主的角色，在会上大声疾呼"外国人别想欺负咱们"！

原来，2005年底以来，智利、秘鲁这两个垄断了全球90%以上鱼粉产量的国家，他们所主导的世界鱼粉行业组织，认为中国对鱼粉的需求量逐年上升，应该通过政府控制生产配额，使鱼粉流通量低于中国需求，以此来迫使中国企业接受他们操纵的价格。

继 2001 年下半年涨价，仅仅 4 年之后，鱼粉再次疯狂涨价，而且，这次来得更加猛烈。

水产饲料所需的动物性蛋白源主要来自鱼粉，中国自产鱼粉不足，90% 的鱼粉需求要靠进口解决。当时全球鱼粉年产量用于国际贸易的在 300 万～400 万吨之间，其中，中国市场进口 145 万吨左右，占全球市场近 50% 的份额，其中的 70% 又是从秘鲁进口。

"在中国大量进口的情况下，秘鲁鱼粉生产商和中间商借机炒作价格，接连暴涨，居高不下。鱼粉历史最低价格是每吨 400 美元，而自 2005 年年底开始从每吨 600 多美元，一路攀升到了 2006 年 6 月不可思议的每吨 1300 多美元。而中国企业想要签一年期的进口协议还不行，最长只能签 60 天，也就是 60 天之后你必须接受他们规定的新价格！若继续按每年涨 600 多美元的速度，以中国年进口 145 万吨计，每年光进口鱼粉就要多花 10 亿美元！"刘汉元显得很气愤又很无奈。这就是被国际国内资源性垄断行业排斥在外的民营企业的无助和悲哀。

2002-2006年秘鲁FAQ鱼粉FOB价格走势图

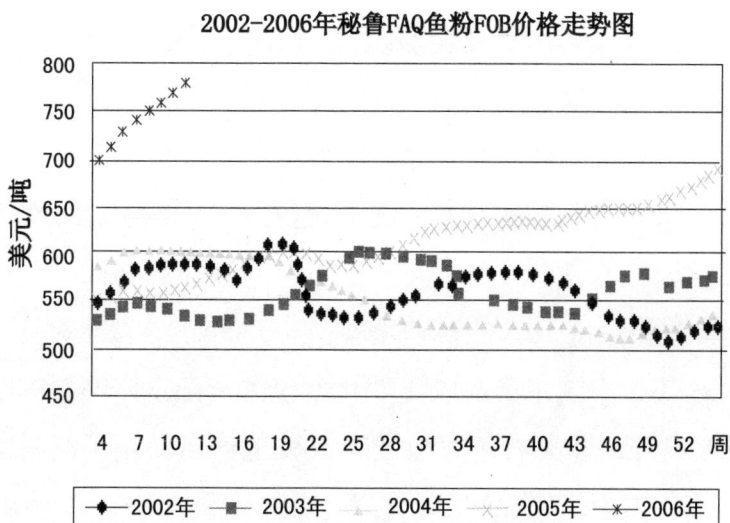

2002—2006 年秘鲁鱼粉价格走势

这样一来，中国饲料企业最紧迫的工作，就是设法消化掉鱼粉上涨带来的成本增加而且不降低质量和竞争力。这考验着每一家鱼饲料企业。再加上 2006 年主产地在北美地区的玉米价格也大幅上涨，对饲料行业的经营实在是雪上加霜。

这一系列危机，也严峻地考验着通威。

那么，我们回过头来看看，为什么国际鱼粉会在这个时候涨价？

其实，全球各个原材料行业都在涨价——由于 2001 年中国加入 WTO 之后经济高速增长，东部和南部沿海地区形成的"世界工厂"对国际原材料的需求呈暴增之势，到 2004 年、2005 年间，全球各种主要原材料及矿产资源新增产量绝大部分销往了中国，而且还呈现继续上升的态势。供需失衡，使国际原材料价格纷纷暴涨，铁矿石、铜、煤矿、原油、木材、天然气、玉米、鱼粉，凡销往中国的种种原材料，无不涨价。

对此，有人打了一个形象的比方。全球资源好比是一桌大餐，过去 100 年来围桌分食者主要是欧美日等西方发达国家，还只是刚好够吃。现在突然来了一个胃口极大的中国，再加一个印度，一桌饭菜一下子不够吃了，只好涨价……

具体到行业，即中国水产饲料行业的确呈现一种高速发展态势——

2005 年，中国水产饲料产量首次突破 1000 万吨（通威产量超 100 万吨），连续 10 年保持快速增长，占全国饲料总产量的 10% 以上。无论是绝对值还是相对比例，水产饲料都呈现稳步上升之势。而且 1991 年以来，水产饲料产量年均增长速度为 21.52%，远远高于饲料的总体平均增长速度 7.51%，也远高于同期 GDP 的增长速度。专家预测 2005 年之后 5 年内，中国水产饲料业将保持 16% 的高速增长。

然而 2005 年，中国水产品的工业化率仅占全部水产产量的 25%，其他产量皆为农家自养，即只有还算很低的 25% 的产量使用了饲料即使用了鱼粉；到 2010 年，中国水产品工业化率达到 35%，第一，说明中国水产饲料业还有很大的发展空间，第二，意味着未来 5 年中国水产饲料业对国际鱼粉的需求量将增加40%，因此鱼粉涨价是必然趋势。

这些现状，刘汉元看在眼里，秘鲁商人和国际炒家们也看在眼里。刘汉元要抓住机会高速发展，这些供应商们也要抓住机会趁火打劫。

现在，他们动手了。

往年中国从秘鲁进口鱼粉的价格一般每吨都在5000元人民币以内，2005年下半年以来一路上涨，最高涨幅超过100%，2006年五六月份曾突破1万元人民币一吨，最高达到14000元一吨！

上涨这么快，刘汉元率领的中国水产行业，该怎么应对？会上大家一致认为，一是要进行全行业联合，以并购、整合的方式做大企业规模，如果前几家企业能掌握中国水产饲料50%～60%的产量，那么就可以调控中国市场的进口鱼粉需求，在国际市场掌握话语权。事实上这一点基本不可能做到。二是寻找、开发鱼粉的替代品。后一点切实可行。

我们来看看刘汉元的饲料成本情况。通威鱼饲料的原料主要为鱼粉、玉米和粕类（豆粕、菜籽粕和棉籽粕等），原料成本共占通威经营总成本的87.5%左右，其余12.5%为折旧、损耗、人工、制造费用、燃料动力等；再从通威水产料的成本结构来看，粕类原料用量相对较多，通常占比在40%～50%左右，鱼粉占到了20%～30%左右。

这种情况下，刘汉元带领通威，自己采取了4项应对措施，我们随后将具体阐述：

1. 通过配方调整进行原料替代；
2. 进行快速而有序的规模扩张，以降低每吨成本；
3. 通过提价转嫁部分成本；
4. 通过成本指标的层层分解来降低成本增加效益。

其实，除了第三项，其他三项措施，早已是通威经营管理的常态了，这一次刘汉元需要的是，在大风大浪中强化它们、检验它们。

需要补充说明一点，此时的通威，已是业内最好最知名的水产饲料企业，它已是中国饲料行业中同时拥有"中国名牌产品"、"中国驰名商标"

和"国家免检产品"三项最高殊荣的企业。这为通威的逆势上扬，增添了保险系数。

内生式增长：致广大而尽精微

危机是一架显微镜，管理不善的企业在这架显微镜下再也藏不住，而管理卓越的企业在同样的显微镜下却可以展示出人们平时难以看到的优秀与精彩；危机也是过滤器，糟糕的被截停下了，而优秀的将无法阻挡。

考验通威的时候到了，它将被放到这架显微镜之下。

中国有一句老话"打铁还需身板硬"，好在通威多年来一直在不停地锤炼"硬身板"，在饲料业界早就以管理能力强、规范而著称，以至国金证券公开表示"对通威的管理能力深具信心"。换言之，刘汉元几年以前就开始追求的"超出行业平均利润水平"的一系列做法，在此关键时刻发挥了关键作用。

今日回头来看，刘汉元仿佛有先见之明？是，其实也不是。是，是因为他多年前提出的利润观仿佛完全就是为此次应对国际原材料价格暴涨而准备的；不是，是因为他的理念和系列管理措施，其实是为打造最优秀企业的成长之道而准备的。这种"内生式"的成长之道，只要潜心做到优秀，任何时候都会不惧风浪。

刘汉元化解原料上涨、降低成本的具体举措如下。

第一，通过配方调整进行原料替代。

大量研究资料表明，用低廉而丰富的动植物蛋白源及单细胞蛋白源部分或完全代替鱼粉是可行的，具体来说是用价格便宜的豆粕、棉籽粕、菜籽粕，以及微生物藻类等来替代鱼粉。美国已通过合成蛋白质来替代鱼粉。

配方调整的原则是：保证蛋白质含量不低于先前水平，即在质量不变的前提下，实现最优性价比。

其实，通威早在几年前就开始进行配方调整的重点专项研究，一直在历年积累的数据、技术参数的基础上进行实验。新的配方，必须经过多轮严格的技术测试，通过养殖结果充分证明确实可行，方才批准正式进入市场。然后，通威组织专业机构对使用新配方的养殖户进行高标准、高频率、高密度的抽查，随时跟踪新配方使用过程中的实际效果，收集相关数据。

成本结构显示，原料替代成效显著。由于 2006 年鱼粉和玉米价格大幅上涨，而豆粕价格较 2005 年有较大下跌，公司减少了对鱼粉和玉米的用量，而相应增加了豆粕的用料比重。玉米占成本比重降至 6%，鱼粉占成本比重降至 3% ~ 10%，而之前鱼粉的成本比重是 20% ~ 30%！豆粕用量升至 11%，而豆粕的价格是多少呢？由于中国大豆产量一直较大，2006 年国内豆粕价格一路走低，成交价格基本徘徊在每吨 2100 ~ 2400 元，2007 年年均价格维持在每吨 2300 ~ 2400 元。相对于每吨 7000 元、8000 元的鱼粉，这成本降幅不可谓不大。但是单这一方面还不够，还需要各种方法来协同运用，降低成本。

建立科技领先的强大研发平台，一直是刘汉元孜孜不倦的追求，同时也是通威进行配方调整和原料替代的根本前提。经过多年的沉淀，通威鱼饲料生产技术已公认处于世界领先水平。

第二，进行快速而有序的规模扩张，降低每吨成本。

刘汉元的想法是：一箭双雕。

借助快速有序的规模扩张，实现单吨饲料成本降低的同时，同步实现全国市场的深度布局。因为这次危机会击垮很多同行，让出市场；如果没有这次危机，他就很难顺利地大规模实现这一轮全国布局。正所谓"祸福相依"，危机来临，通威的日子不好过，竞争对手的日子更难过。"'不好过'与'更难过'之间的不同，就是通威的机会！"

随着行业竞争逐步升级，通威新的竞争战略思路也日渐清晰，即"质量始终如一的前提下追求规模化基础上的成本领先战略",并因此获得超额利润。我们以 2006 年 3 月份正式投产的分公司蓉崃通威（成都蓉崃通威饲料有限公司）为例，来说明规模扩张可直接降低通威的单吨成本。

蓉崃通威的设计产能 20 万吨，主要生产猪禽饲料。投产后月度产量与日俱增，由 2006 年上半年的每月 5000 吨升至年底的每月 7000 吨，2006 年总产量达 7 万吨，2007 年总产量达到了 10 万吨。

蓉崃通威生产成本主要由固定成本和可变成本构成。其中固定成本包括折旧、摊销等，约占总成本的 40% ~ 50%，可变成本主要包括人工、燃料、电力等，约占总成本的 50% ~ 60%。

当蓉崃通威年度产量为 7 万吨时，我们可以先假定公司的固定、可变成本分别为 300 万元和 360 万元，总成本 660 万元，即每吨成本为 94.3 元。

如果产量上升至 10 万吨，在经营管理正常的情况下，我们可以假定可变成本同比例上涨至 514 万元（360 万元 ×10 万吨 /7 万吨 =514 万元），而固定成本是维持在 300 万元不变的，则总成本变为 814 万元，可知单吨成本为 81.4 元，比原来下降近 13.7%。

这就是劳动效率提高带来的结果。那么劳动效率的提高与发展规模相乘，结果就是惊人的。这也就是各行各业每一家企业为什么要拼命扩张的原因。因此出于规模经济的考虑，到目前为止通威产能的扩张，一直在以平均每年 6 ~ 7 家分、子公司的速度有序推进。

通威由此继续执行"吃一个，挟一个，看一个"的分、子公司扩张战略，匀速跑马圈地。2006 年通威在茂名、合肥、邛崃、沙市、扬州、吴江、成都双流及河北廊坊等地建立了共 8 个分、子公司，新增产能共计 146 万吨。

2007 年一二月，惠州通威（通威股份有限公司惠州分公司）投产，主要生产水产料，设计产能 20 万吨；2007 年 7 月，通威在湖北黄冈新建 15 万 ~ 20 万吨产能的综合饲料生产线。此外，在河南、山东等地也有新建或租赁。不难发现，通威新增产能基本上集中在水域资源条件好、养殖业发达的广东、两湖、江浙等地区。主要原因在于，公司在布点时主要根据当地潜在需求来决定产能大小，这些地区的饲料需求比较旺盛，新设公司都能够很快赢利。而且就地生产就地销售，既节约了运输、采购、销售和技术服务成本，又有利于发挥科学管理、经营和技术领先的优势，提高收益水平。

通威一般投资 5000 万元左右就可新建一家分、子公司。如果市场需求旺盛，还可以随时扩充产能，2 ~ 3 个月即可完成从设备订购、安装、试生产等过程，整个建设周期可缩短至半年。投产后经过一年的磨合，往往第二年即可赢利，如淮安、武汉、天津等地公司均是如此。通威在 2007 年新增产能 20 万 ~ 30 万吨，老线扩产增加产能 30 万 ~ 50 万吨，还有收购和兼并，产能扩张近 100 万吨。相对新建产能，老生产线的扩产幅度将会更大，老线扩产每年在 50 万吨以上。此外，通威在 2005 年还收购了两家海水料公司，对产品品类进行了有效补充。总体来看，公司产能规模扩张快速而有序，有效保障了未来业绩的增长。

按照蓉崃通威情况简单推算，通威股份如果每年保持产销规模增长 20% 以上的话，则单吨成本可下降 8.33% 左右。

可以比较一下，2004 年、2005 年、2006 年三年，通威单吨成本分别为 1998.47 元、1894.06 元、2001.10 元。前两年呈下降趋势，2006 年呈上升趋势，原因是鱼粉、玉米价格大幅上涨。但是 2006 年第三季度的单吨成本仅比 2005 年高 5.65%，在主要原料涨幅均超过两位数的背景下，能取得如此成绩实属不易。

在如此显微镜之下，可见通威成本管理之卓越。

第三，通过提价转嫁部分成本。

通威还具备一定的成本转嫁能力。由于成本上涨，为盯住毛利率，2006 年通威对饲料产品进行了多次小幅度的提价，但总体涨幅仍然不大。2006 年饲料产品累计涨价近 4.3%。

　　通威 2006 年水产饲料一次性涨幅区域范围最大的为每吨 50 元，部分地区每吨涨 70 ~ 80 元，极少数每吨涨 100 元。相对于水产料每吨 2500 元的销售价格，50 元的涨价幅度仅相当于提价 2%；禽料价格由每吨 1575 元上涨至每吨 1625 元，涨幅 3.2%；猪料价格总体平稳，价格变化不大。

　　众所周知，通威以"当好五个家"为自己的生存理念，一向以考虑合作伙伴和养殖户利益最大化为社会所赞誉。所以人们普遍认为，2006 年饲料行业形势总体下滑、公司与养殖户和谐发展的关系，是通威饲料价格上涨幅度不大的主要原因。

　　不过这次最终价格还是每吨上涨了 100 ~ 200 元不等，符合通威产品的市场高端定位，高价，高回报。有意思的是，养殖户用涨价之后的通威饲料养出的成鱼，每一斤的成本仍然比竞争对手少 5 分钱。原因一说就明白：技术先进。通威饲料产品平均饵料系数约为 1.2，行业平均饵料系数约为 1.5 ~ 1.6。这账可以算得很清楚，同样是一吨饲料，通威饲料可以养出 1666 斤优质的鱼，而其他饲料只能养出 1250 ~ 1333 斤鱼，而且用通威饲料每吨还可少花 83 元钱，"通威鱼"的优质可卖出更好的价钱。就算通威饲料涨点价，养殖户岂有放弃的道理？

　　我们可以换位思考，通威提价转嫁成本之后，养殖户还可获得这么大的优惠，可见上涨之前一直是让利给了养殖户。这正是刘汉元让"养殖户利益最大化"以及"饭碗理论"理念的真实体现。

　　用实际行动让农民赚更多的钱，还有什么更高尚的道德、更伟大的社会责任感，比这更实用、更有益于最广大的人群呢？不过刘汉元也很坦诚，他曾说这样做不是为了高尚而高尚，是为了让自己的企业活得更好。

　　第四，成本指标层层分解，"人人肩上有指标，目标任务人人挑"，形成"节约有奖、超标要罚"的降本增效管理氛围。

　　除了绝对降低成本的举措外，通威还十分重视相对降低成本的举措。

　　如通过成本指标的层层分解，形成"人人肩上有指标、目标任务人人挑"的局面，以形成"节约有奖、超标要罚"的良性氛围，促进整个公司的降本增效。以原料部为例，通威对原料部的考核指标为正收益。具体做法是，原料部利用数学模型进行计算，计算出资金闲置产生的财务成本和原料价格上涨带来的成本上升，二者"两害相权取其轻"，来判断、决定是购进原料，还是持币待购。即更大的负数减去更小的负数，结果为正。

然后采购价格与原料行情的相对收益要为正。即行情上涨时，原料采购价格的涨幅要小于实际行情的涨幅。也就是说上涨行情时要尽早在低价时采购；原料价格下跌时，原料采购价格的下降要大于行情同比下降的幅度，也就是说此时越在价格底部采购越好。但是，此时又得保障生产的需要，因此又必须保证原料采购渠道的畅通。

在这种严格的考核体系下，原料部必须事先预判出各种主要原料的价格走势，然后选择最有利于降低公司成本的时机进行采购。

通威生产的精益管理能力，在此得到充分体现。

譬如，2001年4月份对12000吨鱼粉的低价时采购高价时使用，加上资金积淀的利息成本和机会成本，最终的使用成本仍然是行业最低；譬如，2006年初本轮鱼粉暴涨，原料部作出预判之后，选择在一季度集中采购了大批鱼粉，待到鱼粉冲高至8000元/吨之后，开始减少采购，到1万元1吨时停止采购，库存也较为充分。最后，原料部2006年鱼粉平均采购价格为每吨7000元，远低于市场每吨8000元以上的采购均价，起到了良好的降本增效成果。

然后，按"质量始终如一，价格随行就市"的原则，产出的饲料价格保持和同行基本相同的涨幅，通威就能做到始终保持比同行更高的利润率。而不是以简单地牺牲部分利润的方式打价格战，去抢占同行的市场。

在刘汉元看来，企业发展以陆续在各地新建分、子公司，产出的饲料保持质量优质稳定，价格涨跌随行就市为最佳策略，这样可以风平浪静地实现扩张。如果为抢市场人为地去打价格战，让竞争对手无法喘息，整个市场秩序就会被打乱，大家都活不下去。这符合管理哲学中的"不要在玻璃房子里扔石头"的原理。

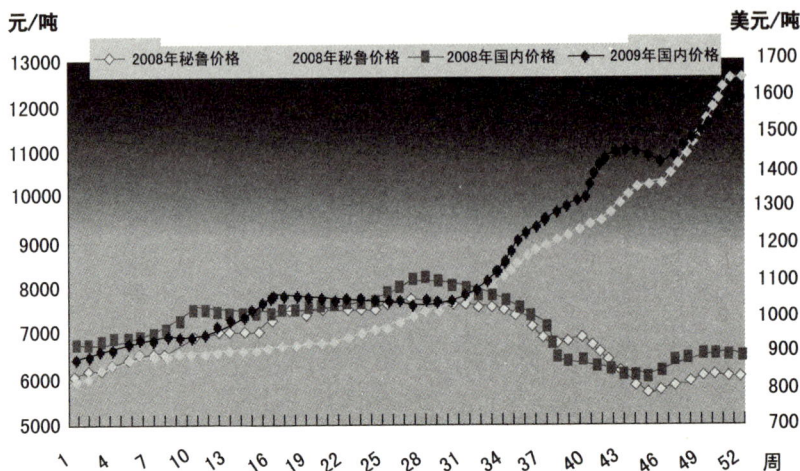

2008-2009 年国内及秘鲁鱼粉价格对比走势

写到这里，刘汉元一再向笔者强调，通威并非可以无限度地降低成本，所有生产环节和原料构成的刚性成本是不能去动的——它们是保证质量不变的红线，不能碰。可以变动的是用不同的方法替代或削减掉"价格溢出"部分，使产品的终端价格更接近于生产成本而已。在生产环节保证质量，甚至用省下的一部分钱强化质量，这是通威成本优化策略的前提。

总之以上几个方面，非常清晰地表明了通威"超出行业平均利润水平"的具体实现方法。

但这些方法，也只是通威无数种方法的一小部分。当通威足够大时，以上4点的规模效用才会显现，而中小企业则无法以同样的手段与之竞争。这也说明，企业之间的竞争最终表现为综合实力特别是规模经济的竞争，因此大量中小规模企业因综合实力不济而只能力保生存，甚至被淘汰，市场份额将进一步向优势企业倾斜。强者恒强，因此通威鱼饲料市场占有率近两年上升到25%接近了垄断，也就显得不足为奇。

事实上，企业在具体运营中采取的这一系列方法、策略，并非文字陈述的这样分割独立，这在前面已经阐述过。笔者一再强调这一点，那是因为，企业的实际运营，远非我们说出来、写出来的那么简单，而是一种以提高效率和收益为目的的关联关系和协同运作。

这些关系之间是一种复合叠加或者说是一种乘数关系，对于全国这么大的市场，通威的实际状况则应该是：原料替代省下的单位成本 × 规模扩张的数量 × 成本转嫁降低的数额 × 各种成本指标降低值（部分是加总关系）。这样算下来的数字，才是通威实际降下来的总成本。

这样做下来，2005 年通威集团销售收入 85 亿元，一年的高速发展之后到 2006 年年底，集团销售收入增长到了 118 亿元，增长率达到 38.8%，在鱼粉、玉米等主要原料价格疯狂暴涨一半多甚至一倍的情况下，通威还能达到如此高的增长率，可见其一系列成本优化策略之厉害，让人惊叹！

有时候，这样的努力和这样的优秀，会令人心生感动。

它是一种艺术，一种智慧之美，追求卓越至极，同时又优雅宁静。做企业何不如此？

我们从上市公司通威股份的报表也可以看到这种美妙。2007 年上半年，在主要原料涨价近一倍的情况下，配合饲料毛利率仅下降 0.3 个百分点，综合毛利率仅下降 0.1 个百分点，运营策略的精妙在此得以体现。年底通威股份实现营业收入 67.49 亿元，同比增长 37.81%。

通威的利润率"超出行业平均水平"，是毋庸置疑的。这样企业更赚钱了，员工按"效率分享比例"也增加了收入，企业就更具有活力了。

成本优化有道理

那么，在非危机状态下，通威的成本优化又是怎么做的？

这时的方法手段，当然不如危机时刻那么精彩。它只是保持了通威一贯的低调、审慎、不急不躁的作用，这是通威的一种常态。但就是这样安静，它也可以玩得很漂亮。

先得说"当家"。除了当好自己的家，通威还要当好上下游环节的家。

供应商都是国际大佬或国有粮油企业、提供维生素的药厂等，安排好各自利益自不必说；当好消费者的家，则是饲料里面不能添加任何违禁药物，要能养出高品质无公害的鱼和畜禽，如"通威鱼"。

通威特别要当好的，是经销商和养殖户的家。对于这三者的毛利，都不能太高，也不能太低。刘汉元在财务上的安排是，通威毛利 10% 左右，养殖户 14% ~ 15%，经销商 5% ~ 6%。其中经销商风险最小，货物的周转量大，快速，一年赚个三五次，投资回报率也能达到 20% ~ 30%。而养殖户规模小，承担的市场风险和养殖风险大，周期长，回报则高一些。

那么，分配好利益，皆大欢喜之后，通威该如何当好自己的家？怎样在自己有限的毛利空间里进行成本优化，提高效率？因为这时降下来的成本，就都是通威自己的利润（当然，如果愿意也可以全部或部分转移给其他环节）。早在 2002 年、2003 年之时，刘汉元每个周末从成都飞北京大学读 EMBA（高层管理人员工商管理硕士）之时，就已经想得很明白："成本优化必须是一件多年常抓不懈的事。这是一个财务概念，得由财务部门牵头来做。"

而且在刘汉元看来，财务部门本身就要率先做到提高效率和降低成本。怎么做？

首先，全面推行 ERP（企业资源计划），各分、子公司实施总部高度集权管理。

通威股份上市之前，便采用自己开发的财务信息化管理软件，实现了总部对各地分、子公司的财务监控。2004 年 3 月上市之后，通过 ERP 将整个办公系统和业务系统集成，到 2007 年完全实现了对所有各地分、子公司的实时信息化管理。

2009 年，通威集团第 5 次入选"中国企业信息化 500 强"，可见其信息化管理的触角和实施一直相当敏锐。它 2005 年第一次入围该评选时，整个饲料行业还仅此一家。

实施信息化管理之后，总部随时可以在电脑上清楚地看见各地分、子公司的财务往来状况，通过一两个人就可操作干预，分、子公司财务也只需一两个人。而且资金想收时随时约定几点钟上收就可以自动上收，需要下拨资金马上就可以拨下去，分秒之间搞定。过去包括结算时间、转账时间限制，靠大量的人工干预，复杂、缓慢而且手写容易出错等人工状况，现在都没有了。现在将银行网络和通威对接，成功实施了对全国各地公司账户的监管。

这样做的好处，一是确保了公司内部对资金的可控，二是降低了财务系统的人力成本，三是简化了流程，方便了客户。因为经销商和养殖户购买饲料，大部分刷卡，于是通威借助银行系统实现了代扣，就像交水电气费一样不用出门，客户可以在最近的信用社、邮政储蓄所开个户，不用到公司现场。刷卡购了多少饲料，总部通过财务系统立即看到，可以立即就给当地公司下单。客户回头就可以去公司把货拉走。

通威同银行在全国范围内合作，既方便了客户，又使客户刷卡交易成本大幅度下降，从过去的10元一笔下降到2元一笔。这样体现了通威"为经销商当好家"、"为养殖户当好家"的经营理念，也体现了"诚"，对客户真诚，处处为客户着想。

对通威而言，最大的利益是资金在第一时间到公司账上，而且财务职能的控制范围扩大到了用户源头。过去只是在公司内部做账，现在延伸到了市场终端，既提高了效率，资金又更加安全，利人又利己。

其次，实施费用控制计划。

要做好优化成本，一是抓配方等技术研发，这方面是重中之重。笔者将另辟章节阐述。

二是抓内部管控。多年来，通威股份围绕发展战略对每一个环节都进行成本管控，自小亲手做财务的刘汉元知道，再小的环节都可以在财务上反映出来。因此通威每一年对生产环节的6项费用直接人工、燃料动力、制造费用、管理费用、财务费用和营业费用，都持之以恒地不断降本增效。

　　具体由财务部门组织相关的业务部门，根据宏观经济的变化和公司年度经营目标，参照上一年任务完成情况，制订一个与绩效考核挂钩的费用控制计划，即优化目标，也就是刚性的费用控制指标，然后用"鱼骨法"细分，即"每一个部门→每一个分子公司→每个团队→每一个人"，形成了成本指标的层层分解，人人肩上有指标、目标任务人人挑，和节约有奖、超标要罚的局面。

　　最重要的是，因为与绩效考核挂钩，通威人就会形成一种意识，在保持效率的同时随时保持高度的警惕。

　　"他们还会想，'做这件事我如何降低成本？'"财务总监出身的集团常务副总裁禚玉娇如是说，"不但在内部挖掘潜力，而且研究和学习对手，与对手对比，去找到每一项生产和经营细节的'那个唯一的最优方法'，进而复合叠加实现全局成本效率最优。"

　　"这就是'0.9的10次方是多少'理论的倒推，精益求精结果才会最优。"禚玉娇说。

　　有一次，通威股份副总裁刘志全参观广西北海一家水产加工厂，发现该厂的两项可变成本：人工成本和水电费，加起来只占整个生产成本的7%，一比对发现比通威还低。刘志全就立即想办法把方法学到手，回到公司研讨之后立即推广，第二年就把这两项成本降了下来。

　　怎么降的？举一个最简单的例子，在同样需要一定体力的工作平台上，通威和那家企业用的人，可能是一样多，但年龄结构可能不同。20多岁的人动作是不是会快一点？30多岁的人动作是不是会慢一点？历史久一点的企业可能考虑到人性化、熟练程度等，是不是用老员工会用得多一些？这样是不是效率就下降了？而年轻员工只要够熟练，用更少的人就可达到同样的工作量，而同样的人数，工作量可做得更大。

　　"这样效率是不是就提升了？"刘志全呵呵一笑。

　　又比如通威把过去靠人工上下货的许多环节，都进行了机械化操作，用技术提升效率，达到成本的一致和可控，同时也把劳动力短缺问题解决了，降低了大量的人工成本。

又比如原料散装、随意码放会导致生产效率降低无法盘点，就必须严格用袋装整齐划一地码放；原料在粉碎过程中水损严重，就要减少过度粉碎、过度冷却和重复加工，同时根据空气相对湿度和颗粒产品调整风量与冷却时间，改善粉碎环境，减少物料在粉碎机内停留的时间，还要找准不同原料的水分控制点。

又比如控制非生产用电，不做无效工作、不做无效劳动、不重复简单的劳动，因为这都是浪费。凡此种种，仅生产过程就有两三百个可以降低成本增加效率的点，都需要去把那个最佳的点找出来，确定为标准。

又比如，兼任办公室主任的通威集团副总裁黄其刚告诉笔者，2007 年通威年度工作计划会没有选择租用大宾馆的会议厅，而是在总部多功能厅举行，虽然空间稍小，但节约会议经费却高达 70% 以上；春节前的总部团拜会按惯例一定是在附近酒楼进行，但 2007 年却在总部大厅举办，同样新老通威人互致新年，频频举杯，气氛热烈，暖意融融；还有总部每层楼的卫生间，原先擦手一直用较贵的吸水纸，从 2006 年开始统一换成了干净毛巾，上下午各换一次，由此每年节约费用近 20 万元……

凡此种种，不一而足。整个集团公司从生产的每一个动作细节到管理的每一个点滴变化，深挖下来，降本增效的点可以找到上千万个。而节约下来的，全都是利润！

至于刘汉元本人，他也在以身作则，厉行节约——曾经，上海卫视财经节目主持人叶蓉问刘汉元："你最奢侈的一次消费是什么？"

刘汉元略作沉吟，回答道："纯粹去奢侈，或者为了奢侈而奢侈，我们很难接受。像我们这种搞实业的人，一手一脚做出来的，永远很难去奢侈。"坦率而坚定的回答让叶蓉竖起了大拇指。

在 2007 年年初通威的年度工作计划会上，刘汉元也谈及一件小事，让在座几百位管理人员颇为惊讶。他说："前几天出去参观时穿的那套西服，还是我 1996 年买的。"以他数十亿的身家，穿 11 年前的衣服，实在罕见。

再次，财务本身也可以经营。

由于近年通货膨胀明显，通威也做一部分无风险的保本型的银行理财产品。通威上市之后，多年来就只融了一次资，更多的流动资金依靠贷款，同时常年也有大量销售回款。如果这两部分资金仅仅只放在账上，就难以抵消通胀带来的购买力缩水。

因此，通威将账上闲余的资金用来投资7天、15天或更短的银行理财产品，利息2%、5%等皆可做，只要将理财产品的兑现周期严格控制在还贷周期之内，有机会立即就可以操作。

所以财务本身也是可以经营的。通常所说的投资，一是实业投资，二是金融投资，后者包括财务投资。实业投资投资周期长，而财务投资追求短期效应，两种投资方式完全不一样。实业投资的回款如果存在银行吃利息，也许就要亏本。因此通威利用银行的理财产品，将资金的利用长短结合，给经营减轻了压力，也为公司创造了价值。

这就是通威在努力当好自己的家。

……

如此种种，通威将财务及管理高度信息化、配方替代研究、服务到源头的手段、全公司每一层级实施费用控制计划、合理理财等财务手段反复叠加运用，产生复合效应，最终让通威用尽量少的钱实现了预期增长目标。

对2008年"5·12"大地震和国际金融危机，通威财务人员更是深有感受。比如豆粕，地震后从2000多元每吨暴涨至4000多元，金融危机一来又猛跌到每吨3000多元；一种叫二氢钙的原料，地震后每吨从2000多元涨到7000多元，最后金融危机一来又跌到每吨2000多元。暴涨紧接着暴跌，完全是上天入地，疯狂至极。但是一系列的"费用控制计划"，让通威有了足够大的弹性和腾挪的空间来应对震荡。

"所以真正的好企业，应该具有很大的弹性。"笔者对通威股份财务总监袁仕华说。

然后直接问："通威的现金周转状况究竟如何？"

袁仕华回答："我们前段时间作了一个分析，发现在行业之中，通威资金的产出率和周转率始终都是第一位的。比如同行需要花 10 亿元才能运作起来的事，通威大概用不到一半的钱就可以办到！"

笔者吃惊不已："这都源于成本优化？"

"是的。"

随着财务系列降本增效方法的挖掘，通威在 2011 年上半年比上年同期直接降低财务费用就达 1000 多万元。

这让人不得不感叹。

"用技术的无限性替代资源的有限性"

通威的一切运转都以财务为核心，刘汉元只做能把账算清楚的事。

总的来看，通威科研走的是一条"用技术替代资源"的人类文明进步的必由之路。

技术的魅力是什么？是它的发展具有无限性。换言之，人类发展的未来方向，即"用技术的无限性来替代资源的有限性"，那么这里就有一个经济学的解释。其实，技术也应该是一个经济学名词，因为任何事物都会边际效益递减，但是只有技术的边际效益递减周期最长，甚至是漫长。因为技术可以申请专利，或者用秘密的方式只让少数人掌握，这样就可以让技术尽量晚出现甚至不出现边际效益的递减，正如眉山公司的预混料配方采用可口可乐配方的运作方式。而且一旦新技术开始推广应用，它往往还能获得最丰厚的撇脂利润，让企业赚得盆满钵满。

因此搞科研也就是做财务。

其实对一家企业而言，搞科研就是为了用更好更新的产品来获得差异化的撇脂利润或降低成本，同时瞄准未来储备技术。

通威大量的研发成果已不必再说，只举一个简单实用的例子。四川人和重庆人最喜欢吃的大口鲶，目前的研究成果是，生长旺季此种鱼吃 0.48 公斤通威饲料就可以长 1 公斤肉。这一技术听起来不可思议，怎么可能？原来，大口鲶长到二两重即 100 克时干物质约占 15% 为 15 克，长到一公斤即 1000 克时实际上仍然只有 15% 的干物质为 150 克，其他 85% 都是水，即 480 克饲料的 1/3 转化成了 150 克肉，这就是合理的。而事实上养殖户是以整条鱼而不是以干物质论价，因而成本极低，收益极高。

"这就是基础科研。"刘汉元说，"我们的科研也包括研究各种鱼的生

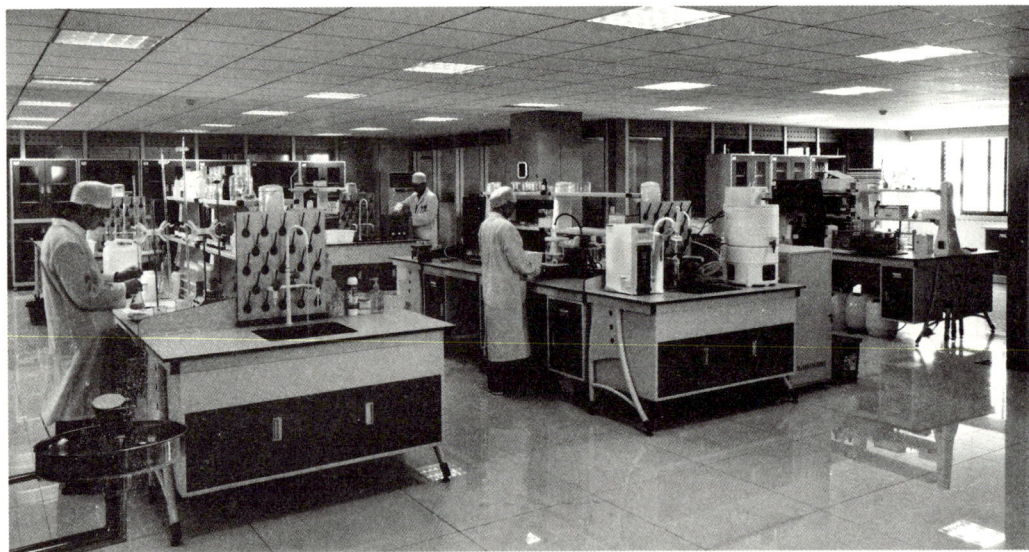

通威股份国家级检测中心

长规律。而这些只是我们科研项目中最微小最基础的部分……"

1998 年，成都通威水产科技有限公司成立之后，通威集团技术中心被评为省级企业技术中心，2001 年占地 1000 多亩有数十个科研项目的通威水产科技园开始规划建立。

2005 年通威开始养三文鱼，同年通威承担国家"草鱼基因组计划"项目并实施。

2007 年，通威技术中心被评定为国家级企业技术中心。其他研究机

构还有水产研究所、水产科技园、虾特料研究中心、畜料研究中心、禽料研究中心、动物保健研究中心、检测中心、藻类实验室等数十个。通威组建这些单位是因为考虑到，今日之社会的竞争将越来越是技术先进性的竞争。

2011年，拥有国内大量顶级水产专家的通威，内部新申报的科研项目达50多项，通威下拨科研经费达5000多万元。这一年，刘汉元亲自披挂上阵，搞了一个不用抗生素的"绿色无抗生猪养殖技术"项目，经费自掏。他解释说，一般情况下人们考虑的只是把猪养大，符合常规要求就行，"但是单纯的才智不能替代道德的正直"。他的想法不一样，他想做完全不用抗生素的畜禽鱼类产品，改变中国食品安全的现状。

那用什么来给猪防疫治病？"用生物疫苗。"通威股份的技术总监王尚文说。"过去天花、鼠疫这些病害泛滥成灾，后来研制出了疫苗制剂，现在这些病基本上没有了。一样的道理，我们计划在猪的身上试验。"刘汉元说，"别人不愿做的事，通威来做。"

刘汉元有一句名言："你把猪当人看，猪才会把你当人看。"乍一看像是玩笑话，仔细体会，原来道理简单又深刻——你用绿色安全的方式把猪禽鱼类养大，让它们少受毒害，你吃的肉才是绿色安全的……

写到这里，本章将要结束。此时，我们越来越愿意认为，刘汉元正在成为一个企业发展战略的总设计师，通威的发展战略、技术研发方向与社会责任的结合、"超出行业平均利润水平"的利润观、效率优先及效率分享计划、费用控制计划等，一系列的企业重要理念和策略，都由他提出、制定，并指导所有通威人执行。

他看上去仍然只是一个普通人，与常人无异，但他的所思所想，他的境界，已经完全与众不同。

第七章

通威加减法："他们在，所以我在"

用认真概括自己。

——刘汉元

事实上大家都乐意看到通威"一箭双雕"的策略，是因为它实现了"多赢"：通威掌控和培训终端使养殖户做得更大更好，经销商就可以向养殖户卖出更多的饲料，通威就可获利更大。

- "人人都是张艺谋。"
- 多赢模式就是，比如通威掌控终端可帮助养殖户做得更大更好，经销商就可以向养殖户卖出更多的饲料，通威就可获利更大，供应商也就能从通威处赚到更多的钱。
- 绩效考核要的是某个目标最终达到与否，这有意无意地传递了一种"结果导向"的追求。事实上企业更需要管理过程，而不是只知伸手要结果。管好了过程自然会有好结果，否则"结果已经这样，管理还有何用"？
- 做市场需要"相濡以沫，以情动人"，而不是赚了钱就走人。
- 消费心理就是当某人成为少数人的时候，"羊群心理"①会促使他老是怀疑自己的选择是否正确，最后他只有重新选择了多数人的选择，心里才会踏实。
- 好企业不光生产产品，它还建成一种与社会发展深度相关的企业组织，这种组织用利益关联与社会肌体融为一体，成为社会生命体的组成部分。

---

① "羊群心理"指追随大众的想法及行为，缺乏自己的个性和主见的投资状态。——编者注

了解刘汉元的人都对他"百计千心成通威"感同身受。的确如此，这位"中国水产第一人"甚至"全球水产第一人"对整个运营的要求真是想方设法、精益求精，读者可以在本章看到他对细节是如何要求的。

"业精于勤而专。"刘汉元曾如是说。所有运营环节的逻辑递进，刘汉元及其高管一直在不断架构、完善，形成一个缜密的运营系统。然后依照构思来实施，在实施中改进。

我们从销售模式来切入这个话题。看上去，通威销售模式其实是十分激进的。一方面，绝大多数产品都对经销商现款销售，不允许赊销。这样，通威的回款风险完全由经销商承担，账上不会形成赊欠款；另一方面，业务人员又直接对养殖户进行养殖技术、品种、饲料选用和防病治病的指导，通威又直接了解终端客户的需求并掌握了第一手客户资料和市场信息，从而降低对经销商（渠道）的依赖。

通威牢牢掌控着整个市场，而经销商又帮它做了它一时半会儿做不了的事。就像通威帮养殖户做了他们做不了的饲料生产一样。产业链就这样形成一个相互嵌入支撑的牢固整体。

——同时通威的销售模式也是一种"一箭双雕"的策略。很霸道，很智慧，又很低调。

事实上大家都乐意让通威这样做，是因为它实现了多赢：通威掌控终端可帮助养殖户做得更大更好，经销商就可以向养殖户卖出更多的饲料，通威就可获利更大，供应商也就能从通威处赚到更多的钱。

因此可以看到，通威全力以赴地在向针对养殖户开展服务转型。

牢牢锁定经销商和养殖户的是什么？如果说，通威的核心经营理念——"超越行业平均利润水平"是通威在企业内部用一系列策略在做一种降低成本的"减法"，那么，在外部销售市场，针对养殖户进行细致深入又全面的技术服务，则是一种"加法"，促进养殖户对通威的情感依赖、技术依赖、品种依赖和获利依赖。每增加一次现场体验，每增加一次口碑传播，每增加一个客户，每增加一次进货，在质量不变又成本优化的销出产品中就增加了一份超越行业平均水平的赢利。

通威加减法，一加一减，利润空间就变大了。

减法我们已经说过了，那么这种加法究竟是怎么做的？应该这样来理解，与刘汉元所有宏观战略体系相对应的，是上千位营销人员在市场终端，在中国广袤的乡村一家一户地服务、一点一滴地微观执行，每个营销人员点点滴滴、日积月累的挖掘、积累，最终成就了通威的业绩。

还是那句话："什么叫成功？成功就是无数平凡琐碎积累起来的那一点与众不同的价值。"那是在市场最终端、社会最底层展现出来的另一个层面的通威。

"比竞争对手多那么一点附加值"

"企业的成功最终体现为一种组织的劳动。"这句话在通威终端体现得至为深刻。

首先是营销转型，由原来的简单提供产品，主要跟经销商打交道逐步转变成对养殖全过程的服务。过去所做的大量培训服务主要针对经销商，现在全面转型为分、子公司及下属团队为一家一户的养殖户直接提供发展方案，包括种苗、鱼药、养殖技术和饲料、市场信息，甚至包括回收产品等。衡量标准则是，通威能不能够比同行给养殖户提供"更多的附加值"。

这是建立在养殖户技术水平的不对称之上，进行的一种服务营销和技术营销的结合。

所谓的技术营销，是指公司营销人员通过技术服务和知识的传授，使客户短期内对新技术产品得以认识、了解，并采购。通常技术营销更多地被运用于 IT 行业或其他高科技产业。但是，通威在传统饲料领域也建立起了一个实力雄厚的技术营销团队，将技术营销与服务营销结合为养殖户提供培训和问题解决方案，建立起了牢固的客户关系。

"每年生产季节来临的时候，我们每个分、子公司市场部的业务人员会组织起来专门进行市场信息分析，我们叫采行情，走行情。对全国各地的市场信息进行收集和分析、整理，我们的市场信息资源在同行中最为全面快捷，预测往往很准确。"曾经负责饲料销售的通威股份副总裁刘志全说。

"我们会告诉养殖户，今年整个市场的养殖格局是怎样的，养殖环境、需求环境、价格走势、产品需求变化是怎样的，比如去年可能养鲤鱼很赚钱，今年养鲤鱼的比较多，可能就不赚钱了，怎么办呢？分、子公司就给你一个新方案，比如是不是可以考虑养鲫鱼或者草鱼。"这属于信息技术，通过市场分析调整养殖户的养殖结构。

信息一年提供两次，第一次是年初，3月份养殖季节开始的时候；第二次是每年成鱼上市前，5月份到10月份是生长高峰期，这期间进行市场需求和价格的预判，并把信息提供给养殖户。也可以考虑在夏天成鱼供应紧张之时，告诉养殖户提前上市，卖个好价钱。

2002 年刘汉元在广东通威冒雨看望养殖户

　　平日里更多的是提供服务。一个养殖户今年开始养鱼了，不停地走访在最基层乡村里的销售人员要帮助他一起记录什么时候放的鱼种，放了多少尾，哪几个品种，从哪一天开始投喂饲料，每一天喂多少，10~15 天要检测鱼生长的状况。从 3 月份开始，东西南北各地不一样，每一个季节什么时间该进行鱼病的预防，预防的时候用什么药物，哪些药物是不能用的都进行专门的服务指导。这一是便于养殖户掌握基本养殖技能，二是便于通威从一家一户开始掌握全国养殖户的信息，以利于数据分析，同时便于把握养殖产品的质量。

　　再一点就是水质改良。一个特殊的问题："天气闷热，会怎样？"

　　刘志全说："我们会告诉他们怎样改善水环境，调节水质。水环境好了，鱼自然就可以长好，同时还可以少生病，少用药物，对环保也是一种贡献。"

　　调水防病治病等服务，是养殖户最渴望掌握的养殖技术，是降低养殖成本增加养殖效益最直接的方法。销售人员无论何时何事，每到养殖户家，第一件事，就是检测池塘水中的氨氮、亚硝酸盐、pH 值（氢离子浓度指数）等，因为这几个指标会直接影响鱼的生长。检测以后，根据指标状况提出调节方案，用微生态的制剂调节。然后把鱼打样起来，看它的生长情况，解剖，看它的肠道状态，根据它的状态给养殖户提出喂养管理的改进意见。

比如 2011 年广西南宁地区干旱，缺少雨水，南宁公司就让每一名销售人员都配备测水仪，每人每月要到渔塘边至少拜访 50 户养殖户，用以测量氨氮等水质指标，全程跟踪养殖水体的变化，当水体有害指标超标时，就地指导客户进行水质的调节，使养殖水体始终有利于鱼的生长。

南宁公司销售人员还手把手教养殖户培养光合菌及后者的正确使用方法，把一整套流程做到位，早发现，早预防，为养殖户最大可能地降低了养殖风险，帮助他们把鱼养好。当地蒲庙镇一位养殖户说："养了这么多年罗非鱼，今年技术员全程跟踪服务，教我们培养'通威光合菌'来调水，一直到卖鱼都没有发过病，卖鱼时想找一条小鱼都难，最小的都有1.8 斤。"

由于天旱少雨，水源缺乏，南宁很多鱼塘不能换水，在养殖过程中水质恶化严重。很多养殖户在鱼价高的时候却不得不减少养殖密度，在养殖高峰期不敢大量投料，还时常暴发各种鱼病。但养殖户经过南宁公司推广和培训后使用"饲料伴侣"、光合菌调水，不仅改善了水质，利于增加投喂量，还预防了疾病的发生。路东村养叉尾鮰的一家养殖户说："如果没有通威的调节水质产品，在今年缺水少雨的情况下，我们是根本没办法养鱼的。"还有的鱼塘已污染到氨氮含量超出试剂可测量的范围，销售人员持续调水之后，一池塘本会全死光的鱼，最终却实现了增产。

这些，只是通威服务模式之中关于调水的一类例子。凡此种种做法，给养殖户带来了实实在在的效益，在一个个典型例子的影响下，养殖户口口相传纷纷转用通威饲料，不断为通威做加法，实现了饲料销量的持续突破增长。

可以这样理解，通威在乡村针对养殖户所做的这一系列服务，也都是为经销商扩大销量而做的。

"这饲料，猪不吃，我就吃！"

说得简单一点，这其实就是产品的售前、售中和售后服务。

通威要求销售人员下到养殖户的鱼塘边，实实在在亲自动手为他们进行水的检测、鱼的检测，为每一个养殖户做好他们做不了或做不好的事，发现问题，然后就地解决问题。而不是待在镇里乡里接电话打电话，或是下到村里和养殖户抽烟喝酒说说了事。

但是，对销售人员在乡村一线工作的实际执行情况，怎么进行监督检查？

刘汉元很清楚不能仅以"结果导向"论，尤其是对养殖行业，一季鱼养完，"结果已经这样，损失已经造成，你再来追究管理还有何用？"重要的是管理过程，管理好过程自然会有好结果。但是怎样管理好数千名散布在中国乡村里的销售人员的执行情况？这是个不小的难题。

仔细研究之后，通威采取的方法是，对销售人员进行 KPI（关键绩效指标）考核。"设计好完成各个程序最关键的几个环节，也就是说把你必须做的事情写下来，按照你写的关键事情去检查你是否做到了。就这么简单。"刘汉元说，"KPI 考核就像 ISO9000 一样，是一种体系和方法。"只要做了这些关键动作，服务就能实现，考核就能到位。

通威按行业特点，找到了一些很土但又很实用的方法。比如，第一，通威会要求销售人员把自己亲自动手为养殖户服务的现场，用手机、相机拍摄下来，保存在电脑里，公司会每月检查，看销售人员是否都实实在在做了。这就是一个 KPI 考核项目。它可以迫使销售人员或技术人员实实在在为养殖户做事。比如四川通威要求每人每月要下到鱼塘边亲自动手帮6家养殖户调水，播撒光合菌。你说你做了？那么拿现场照片来核对，照片上人事物都有，做了的假不了，没做的真不了。这就是过程管理的一种，这一环节直接和绩效挂钩，占了业务员奖金的一部分权重。

第二，通威上千名销售人员人手一台笔记本电脑。公司要求下到村里首先做三个动作，问好、握手、开电脑，以防止抽烟聊天。过去开电脑看文字，现在开电脑看什么？看照片，看养殖户身边的其他人养出的鱼是多么好，你的鱼差在哪儿，照片对比一清二楚，比读文字强百倍。所以通威说"人人都是张艺谋"，每个人都是自己片区图片演示效果的导演，自编自导自拍自演。这也是KPI考核项目，要直接和绩效挂钩占奖金权重的。

每个销售人员巡回走乡串户，日复一日把这些关键事情做到位，就提高了服务水平和服务效果。

再比如说猪饲料。通威股份营销总监王尚文有一个习惯，走到哪里都要尝一尝通威的猪饲料，亲口尝，每年大概会嚼上两三百克，大概有几十克会咽下去。他说，口感、味觉是设备试不出来的，最后还是得自己来尝。他笑着说"算是我个人的一个偏好吧"，因为他发现动物的味觉很神奇。人一个舌头可以尝出几十种味道的差别，他相信鱼、猪同人一样有味觉，而且猪的嗅觉味觉还比人类高级得多。

——这已经很能说明通威人的务实和敬业。

王尚文养成吃饲料的习惯，来自一个小故事。2004—2005年间，王尚文在重庆通威饲料有限公司当总经理。有一天销售人员突然反映说："我们的饲料，猪不吃，销量肯定不行了。"但猪却吃别的竞争对手公司的饲料。王尚文正在成都开会，得到消息心里一惊！赶回重庆后未到公司就直接去了现场一看，果真如此。技术人员却找不到原因，一切指标检测都正常，完全无法着手解决。

王尚文急了，关键是这个问题不解决，所有事都做不了。会上他说："把我去看的那天的饲料，不是留有样吗？马上拿来，我每天吃20克，这饲料猪不吃，我就吃！直到我们的猪吃为止。"王尚文当场就把饲料放嘴里嚼了咽了下去，现场的人都看呆了！

他是想逼迫整个营销及技术系统抓紧时间解决问题。猪一天不吃就掉肉，时间等不起。技术人员解决不了，他就吃饲料，而且就吃当天存样的那些。

这一下，大家紧张得通宵达旦地想办法查找问题。

一天后，又发现不仅仅是通威，正大、希望的饲料猪也不吃。原来当天比较时用的是其他公司之前生产的饲料。这下，王尚文一下明白了，问题不在通威，在原料供应环节。

通威立即对当批次原料进行深入检测。种种可能都测试之后，终于发现玉米里含有磁霉硒铜和呕吐毒素，这两种物质对禽类没有影响，猪却反应明显，一闻到就不吃。过去几十年全行业都不检测的这两个指标，通威率先发现了它的危害，并率先解决了问题。当然，科技是一天天发展起来之后才能发现问题并解决问题的。从此全行业开始检测这两项指标。

这一问题，当年几乎是全国性的。当年整个春夏季节，河南、山东一带阴雨绵绵，气温又上升了，玉米在庄稼地里抽穗时就产生了毒素。这一事件，也充分证明了饲料厂就是鱼畜禽的营养厨师、调味师。"简单地说我们就是一个厨师，只是炒出来的菜是给鱼猪禽吃的，如此而已。"王尚文如是说。

换个角度看，这些方方面面点点滴滴的事，通威都是在做"超出行业平均利润水平"的那一点点工作——努力比别人做得更精更细更有效，同时努力去发现别人没发现的价值点，然后跟进服务。通威人说，现在归纳起来是这样，但是当时根本没这样想，当时只想把事做好。

现在，通威每年要在全国召开1000场以上的直接针对养殖户（当然绝不排斥经销商）的养殖技术培训会。培训季节主要集中在春节以后到5月之间的3、4、5月，6、7、8、9月主要在养殖现场进行指导，跟踪产品质量和养殖效果，听取客户对产品的意见建议。做培训时，会同时请上一年的示范用户到现场现身说法。培训全免费，用投影仪、图片说事，室内培训完之后一定要去现场，不断地与养殖户交流应用技术，然后中午还要请来参加培训的人吃顿饭，这是中国的礼仪和习俗。

通威人都觉得技术培训是一件让人兴奋的事。第一，"传道授业解惑"本身就让人快乐；第二，养殖户用通威的技术，就会和通威人走得更近，大家关系更融洽，养殖效益也更好了，很显然这会使大家都更赚钱，双方的合作关系就更加牢不可破。

王尚文一直记得一个有趣的小故事。2009年7月22日，那天全国可看见罕见的日全食。当天他在江苏某地做培训讲技术，刚一讲完，坐在中间的一个养殖户转身就往外跑了。王尚文很纳闷，心想别的养殖户有问不完的问题，这人却溜得比兔子还快，肯定是看日全食去了。

过了几分钟，那人回来了，说："我刚才是被尿胀得受不了了，你讲完了我就跑出去解决。"王尚文一听乐了，说："中途你可以出去啊。""我舍不得中途出去，你讲的东西太重要了，而且出去了回来就没有座位了。"因为后面还有许多人没有座位，都站着在听。

不得不说的竞争对手

事实上，通威一直在市场终端面对狼烟四起的竞争。它如何突出重围？作为全球最大的水产饲料生产企业和中国主要的畜禽饲料生产企业，通威如何在市场终端的具体案例中，体现出它突破瓶颈领跑行业的能力？我们来看一下通威的区域市场，南宁通威2011年展开的"四大战役"。

战役1：撕开南宁市场突破口。当年南宁干旱，销售人员的调水防病服务"精诚所至，金石为开"，感动了当地第一大客户李天高，他把一个村一个村的养殖户组织到公司参观。销售员借势在每个村培养通威示范户，坚持测水调水服务，使李老板看到了通威服务的优势，毅然丢掉原来使用的品牌鱼饲料，改成专销通威鱼料。然后整村整村的都转用了通威鱼料。

战役2：在防城市、贺州市围剿某品牌。2010年在广西，防城和贺州是某品牌鱼饲料销量唯一超过通威的两个市场。2011年年初南宁公司安排从该品牌转投通威的人专门负责开拓防城市场，一举拿下该品牌两个直销大户和一个二级经销商，挖取其用户达30个以上。2011年防城通威的销量达1500吨，该品牌降至800吨。贺州采用"一业务员＋一技术专员"联合行动，让养鱼户感受到通威的服务和人际关系都超过该品牌，大量用户转向通威，最后通威销量1000吨，该品牌仅500吨。

战役3：通过技术服务抢滩崇左驮卢市场。2011年4月份小瓜虫病感染崇左的驮卢地区，南宁公司安排技术组迅速到养殖户一家一家治疗，通威用户的鱼病很快控制下来了；而另一品牌鱼料用户的鱼死的死卖的卖，很无助。南宁公司见此情况立即对该品牌用户施以援手，这些用户很受感动，纷纷转向通威。以前崇左是南宁通威销量最小的片区之一，后来崇左成为南宁通威的前三大销售片区之一。

战役4：危难之处见真情，通威上林抗洪抢险，感动了用户。2011年5月11日，上林瓦窑村水域受上游酒厂污染，死鱼严重，南宁公司第一时间派了5个技术专员前往救灾，买增氧粉送给用户、帮用户卖鱼、抽水增氧、水质监测、协助养殖户找酒厂理赔。瓦窑村村长专程到公司感谢，说："我代表村民来感谢通威，我们村的养鱼户都说'卖饲料的时候各个饲料厂都来了，当我们养鱼户有困难的时候却只有通威来帮我们！'"

这些小故事，很让人感慨。做市场真的需要"相濡以沫，以情动人"，而不是赚了养殖户的钱就走人。可以看出，整个通威集团的战略、大事，由刘汉元和高管们去考虑，但通威要在市场终端每一个细枝末节之处实现最终的成功，却需要千百个营销人员大量点点滴滴的付出。这种遍布全国的点滴积累，织成通威覆盖全国农村市场的一张大网，每一个经销商、每一个养殖户都是网上的一个结点，都像南宁公司一样不停地辛劳、付出、收获，在与竞争对手捉对厮杀……

可见通威在市场终端与对手的竞争，也很激烈。

刘汉元认为："只有你在某个局部市场占有率很高了，你的客户很密集了，竞争对手才很难进来。这和打仗一样，你有足够密集的防守，他怎么摧毁你？他要全部投入和你竞争的话，毕其功于一役，反而将自己置于危险之地，因此更加不可能。"因此通威的竞争策略是，在各个区域市场内率先集中优势兵力密集抢占市场。

而竞争对手通常针对养殖户的做法是，先把质量做好，同时把销售价格降下来，亏着本争夺养殖户。通威的应对方式，一句老话"质量始终如一，价格随行就市"，你降价，我也降价，但我的质量绝对永远不变。谁也不能违背市场规律，竞争对手不会永久亏着本降价，那么对通威而言，这种价格战的威胁其实并不存在。

为什么呢？这里有一个不太容易被注意到的内在关系。

饲料行业毛利率是出了名的低，越是利润低越是考验企业的经营水平。因此，如果竞争对手只做300吨、200吨饲料之时，用一吨少赚100、200元的方法来抢市场，只损失几万元，他还可以承受。但是如果对手做3000吨、5000吨饲料呢？那就是几十万100多万元的代价。毛利率水平已经非常低的情况下，这是谁也无法持续承受的。所以，小厂来抢市场不可怕，成不了气候，三五天内他自己就会退出；而稍大一点的厂来抢市场，到一定时候质量一定会作假，但是养殖户短期内不会知道，还以为仍然是优质低价占了便宜。

饲料厂的成本和质量都控制在他自己手里，7、8、9月是用料高峰期，前期的优质低价吸引了大量用户来用，但这种厂一定会在高峰期的某一天悄悄地降低质量，把钱狠狠赚够，年底前拍屁股溜了。此时养殖户一看，鱼长得不行，那时哭都来不及。因此这种降价竞争，一年内肯定见分晓。

而通威用"诚信正一"永远不变的经营理念做市场，虽然通威也"随行就市"亏一点，降一点价，但声明"质量始终如一"，并且"同等价格比质量，同等质量比价格"，给顾客最优的性价比。"诚"字当头，今天看到的产品质量是这个效果，将来永远也是领先水平，年底能产出多少斤鱼养殖户年初就心里有数，平时就尽管放心用。这种诚信带来的优势，没有哪一个竞争对手能撼动。

对经销商的争夺："无为而治"

除了对养殖户的争夺，竞争对手对经销商的争夺也很激烈。

用经济手段进行利诱的方式抢经销商，是竞争对手通用的做法。比如通威一吨饲料给经销商多少利润，他就多给一些利润，但是如果这个竞争对手没有够强的市场营销能力，这个经销商必然受损害。为什么？

在某个区域市场内，当通威有足够大的市场占有率之时，通威每一吨饲料给当地经销商的利润可能会稍微低一点，因为总量大。现在如果某个饲料厂来找该经销商，给的利润高一点，经销商十有八九会心动，会想"我同时也卖他的料吧"。

但是通威防患于未然，事先就有明确规定，要求经销商专销通威。不听？好，三下五除二，把你给取缔了，通威饲料你就别卖了，去卖竞争对手的料吧。由于竞争对手在这个市场里没有口碑，客户很少，虽然单位利润高一点，但是总体利润很低。经销商肯定只能放弃对方以保住通威的经销商身份。

类似竞争通威必然会遇到。多年以前刘汉元就设想好了每一步，每做一个市场就像当年开发眉山地区市场和邛崃市场一样深度密集开发，在一个局部市场内形成足够大的占有率，达到30%，甚至50%的养殖户都用通威，形成一种"全民用通威"的稳定态势。这样竞争对手要想攻破，几乎没有可能。

在前面章节，笔者陈述过类似道理。从消费者心理角度分析，一个局部市场，比如在一个村子里有 40%、50% 甚至更多的人都选择使用某个品牌，其他 50%、60% 的人用的品牌必然相对分散，那么用其他品牌的都是少数人群。你会发现这时会出现一种购买心理，当某养殖户成为少数人群之一的时候，"羊群心理"会促使他老是怀疑自己的选择是否正确。这会使他认为这个选择至少是"不保险"的，最后他只有选择使用通威，心里才会踏实。所以，当你的市场占有率足够大的时候，你会形成一种压倒性的市场优势，你无需担心竞争对手给养殖户提供低价产品，也无需担心他用给经销商提供高额回报的方式来挖你的人，他永远站不住脚。

这就有了一点"无为而治"的意思。

因此 2003 年通威提出了"根据地市场调查"，了解自己产品的市场占有情况，把越来越多的市场做成自己的根据地。现在通威市场占有率在 50% 以上甚至达到 70% 的县都有，最好的是北京一个郊县能够卖到一年 9 万吨，而且没有刻意去促销，完全是靠"羊群效应"自然形成的。通威的市场占有率达 30% 以上的在全国有 100 个县左右，形成了对当地市场的绝对垄断，在国内市场占有率是无可争辩的第一。

当然，按"效率优先"和"超越行业平均利润水平"的原则，通威每一个业务人员平时最注重的都是可以量化的业绩。他们会这样考虑问题：

第一，这一年我的销量能做多少？我的业绩和这个行业，或者和通威的其他公司相比或者和通威股份的平均水平相比，我是第几名？

第二，我花了多少单位费用？每年都有单位销售成本通报，今年每一吨饲料花了 10 元还是 20 元的营销费用？人均每吨花了多少钱？这一年我在每吨饲料上花了多少促销费用？比如今年卖了 50 吨或者 500 吨饲料，公司发了 1 万块钱或者 2 万块钱给我，单吨成本是多少？如何降低、节约成本……

所以这叫全民动员，与通威各层级人员一样，"人人肩上有指标，目标任务人人挑"。质量公司掌控，具体营销环节节约做得好，你收入就高。

万户共同成长计划

市场就这样风生水起地做了起来，而且越做越深入，越做越细致，整个通威股份的市场占有率越做越高。但是销售模式永远只有这一种方式不变了吗？作为一家完全在中国乡村土生土长起来的"元企业"，它的销售模式又如何根据中国乡村市场的发展变化而变化？

刘汉元一直在思考，难道永远和全国数十万小散养殖户打交道吗？怎样才能事半功倍，用最少的人力财力做出最好的市场效果？是否需要把其中大一些的客户区分出来单独培育，让他们做得更大形成更稳固的合作联盟？总之怎样才能做得更深入，让市场和通威更加协同甚至实现一体化？

营销模式的变化是必需的，通威和市场的深度融合是必然的方向。因此，2005 年完全酝酿成熟之后，2006 年初刘汉元在集团工作计划会上宣布实施"全国万家重点用户共同成长计划"，重点培育那占 20% 却可实现 80% 贡献率的大客户，这个计划率先在根据地四川拉开帷幕。2007 年，刘汉元再次加强了此项工作，并将其列为全年工作重点之一。

"坦率讲，当初我是仔细思考了又思考。" 2008 年年初的年度工作计划会议上，刘汉元对与会干部们袒露决策时的心路历程（此时万户共同成长计划已获得相当大的成功）。

"当时我想为什么要做？怎么做？ 1 万户够不够，10 万户呢，是不是又多了？我们未来究竟要和多少大客户共同成长才是合适的？ 10 年之后的工业、农业、经济发展水平，我们又该如何去理解和展望？因为今天就有许多事是 10 年前我们没想到的。面对不可预知的未来，是激进一点更好还是稳健一点更好？我认为心还是不要太高，脚踏实地，提 1 万户也许更合适。"

依然是当年的稳健风范。

那么，什么是万户共同成长计划？简单说，即在共生、共存、共赢理念之下，建立通威与重点大型养殖户共同成长的新型战略合作伙伴关系，辅之以一系列具体实施办法，以直销方式，实现了更大的双赢。

该计划首批实现 1000 户重点客户与通威共同成长，2011 年达到 3000 户。实施步骤为：

第一，在广大农村深入开展区域市场养殖大户调查，筛选出一批养殖技术相对较强、具有一定的经济实力和市场影响力、养殖环境相对较好、认同通威的产品和企业文化、具有一定养殖规模（包括鱼、畜、禽、特种养殖）的终端用户，作为与通威共同成长的重点用户。挑选出这样的重点用户之后，每个都单独建档，所有的资料都要汇总到总部，由总部专门管理。

第二，通威对确定参与共同成长计划的重点用户，将从资金、销售、市场、技术、培训等各个方面进行扶持，开展从苗种供应、养殖技术培训、饲料饲喂、终端产品的销售等全过程跟踪和服务。公司组织专业技术人员，定期开展先进的养殖模式和产品使用模式等新技术的宣传培训，市场服务人员搜集终端产品的市场价格信息和市场供求信息。

通过信息的汇总分析，给重点用户提出一套最优的生产经营方案，为重点用户减少销售环节，降低渠道成本，完善终端产品的销售网络，增强其养殖的获利能力，保证这些重点用户无论在哪种市场环境条件下，都有足够的生存和发展空间。

第三，通威将加强与所在地政府的协调，在解决和改善养殖户的资金、信贷、技术、重点养殖户的优惠配套政策等方面，加强与政府的合作，以争取更大的政策扶持力度。

第四，参加共同成长计划的重点用户，将成为通威在该市场建立的榜样客户，通威将保证他们所选用产品性价比在相同情况下，养殖效益在该区域的用户中间是最好的用户之一。

第五，参与共同成长计划的重点用户，公司在销售政策上将纳入公司的直销大户进行管理，所购买的饲料产品的价格，比公司产品价格扣除经销环节的成本后还要低。

　　如此具体的优惠政策推出，做得好的养殖户们岂有不心动的？重点扶持和奖励，按"马太效应"的提法，即"凡有的，还要加给他叫他多余"，让"强者恒强，弱者恒弱"，有优势的取得更大的成功，因为他们的成功才是通威的成功。

　　刘汉元一直强调："谁和农民抢饭碗，谁就没饭碗；谁给农民饭碗里添油加肉，谁就有饭碗。"因此，万户共同成长计划的基本理念是，当地养殖户能够直接做的，原则上通威不做；养殖户做不好的，无论是技术、资金、配套服务、品牌打造等，都由通威来做。用这种原则去服务于广大养殖户，不仅农民增收致富，通威自己也明确什么该做，什么不该做。不与养殖户争利，各得其所。

　　举一例。邛崃宝林镇百胜村的王福军是远近闻名的养猪大户，他家院子大门上方，"通威全国万户重点用户"的牌匾在阳光下显得格外耀眼。王福军前些年开过酒厂，做过小老板，后来因为偶然因素养起了猪。如果说这些年用通威饲料养猪让王福军尝到了甜头，那么通威万户共同成长计划的出台，则让他尝了个大甜头，并进一步坚定了他与通威合作、扩大规模提高效益、走专业化养殖的道路。

　　成为重点用户以后，在饲料价格上享受直销户待遇，经销商环节的相关费用全部省去，按一个养猪大户目前的养殖规模一年用料300吨来计算，仅此一项每年便可节约成本2万多元。同时，重点用户在资金困难的时候可以获得通威旗下担保公司的支持，这在一定程度上也消除了用户的后顾之忧，让用户可以放手去干。另外，公司对重点用户的关注度更高，养殖过程中公司业务人员和技术人员的日常服务和指导也大大增强。"几乎每两三天公司人员就会到我这里来一次，平时每天也都有电话联系。我猪场里的情况公司人员随时都掌握得很清楚。市场有什么情况他们也会第一时间告诉我。"

　　2006年成为重点用户后，在看清政策、摸准行情的情况下，王福军果断地租用了两个猪场，使存栏量由原来的300头增加到了800头左右，规模增加了近三倍。2006 年年底流行的猪高热病疫情让很多养殖户遭受了巨大损失，让他损失了 6 万多元，"但全年总的算下来仍然赢利 10 多万元。如果没有成为公司的'万户重点用户'，我很可能因破产而不再养猪了。"

万户共同成长计划与养殖户共生、共存、共赢，养殖户获得了利益，反过来势必会给公司带来持续的利益。现已担任重庆片区总经理的蓉崃通威原总经理万学刚对此有深刻的认识，一方面，由于公司的扶持，重点用户获得了更大的经济效益，2007 年春节前，蓉崃通威辖区内"万户重点用户"中有 30 户扩大了猪场，有 22 户转变成公司的配送中心。同时，鉴于每一位重点用户在当地都是规模较大、影响力很强的养殖户，通过他们现身说法，会有一大批养殖户都以他们的养殖方式为榜样和标杆，开始使用通威饲料。由于终端用户群体的增加，以及养殖户的相互宣传，公司的新客户开发变得更加顺利，市场得以稳步向前发展。

另一方面，养殖户的养殖积极性得以明显提高，养殖规模普遍扩大。这也很大程度促进了公司销量的稳步提升。在万户共同成长计划实施前，蓉崃公司 63 户重点用户的生猪养殖存栏总数为 9879 头，平均存栏为 156 头，每月使用饲料 651 吨。实施后，到 2007 年生猪养殖存栏总数为 14136 头，增加 4257 头，平均存栏为 224 头，增幅 43.6%；每月使用饲料 878 吨，年用料 10536 吨，增幅 34.8%。万户共同成长计划直接大幅刺激了通威的销量。

"他们在，所以我在"

刘汉元坚信"万户重点用户"将成长为通威的嫡系主力部队，不单单是保证基本的销量，还会成为通威下一步发展的中坚力量。一方面猪肉市场价格上涨迅速，另一方面通威又给予优惠政策刺激扩大养猪规模，以"马太效应"进行正向激励，最后按照"二八原理"，未来这部分重点用户

通威股份鱼类深加工产品

销量增长 5 倍、10 倍甚至 20 倍，也是有可能的。

培养他们，也就是培养通威的未来。

这是刘汉元的一种"大构想"，实现用户与通威企业的一体化。尽量弱化和消除中间环节，将市场做深做透，两端单位收益做大的同时把规模做大，用这种方式来对抗这个微利时代里更加微利的行业。这也是通威市场规模稳定增长和长治久安的发展战略，一种"共生共存理论"。他最终决定这样做了。

既然这样做，就必须做扎实。比如其中有黄金客户、白金客户、钻石客户，通威帮助他们成长，三年以后进一级，每年通威给每位客户花几千元钱作为参观经费、学习经费、交流经费，包括在省内参观、片区内参观、国内参观、国外参观，有时候通威讲得不够，就带他们去参观做得更好的大型养殖户，看看别人是怎么做的。这些人关着门在自己村里是最好的，走出去才知"山外有山"。这叫学习经验，开阔眼界，鼓动梦想。

如果缺资金，通威的金融担保公司便专门给予担保服务。因为养殖业资金需求有时候有缺口，有时候有空闲，许多大养殖户产品卖掉，资金在账上就闲着了，通威就做主相互拆借用来相互间调剂支持，帮扶重点用户成长。

大体上，对重点用户通威主要从两个方面进行考核。一是时间杠杆。基本上跟随通威三年以后可以升一级，即成为重点用户三年之后，就可首先纳入往上长一级的体系。比如三年黄金用户以后，常态下符合标准的可以升到白金用户。第二是增长杠杆。通威会要求重点用户每年养殖量有所增加，效益有所增加。成长是必需的，否则就失去了纳入重点用户予以扶持的意义。效益标准是什么呢？要求其在所在当地养殖增长量和效益增长水平上再高出 5%，不能在当地的增长水平上徘徊，如果只实现了平均水平，就背离了通威"超越行业平均水平"的核心理念，就会被降级。

通威就这样，一点一点改变固有的发展理念，往深处做，日益与市场融为一体。同时，将点点滴滴看似琐碎的技术服务营销做深做实，为养殖户"贴身服务",最终实现不管重点用户还是小散养殖户,"都与通威一体化",关联越来越紧密,不离不弃。

——这就是通威越做越强的另一种原因:用技术服务,甚至是用亲情式服务的方法,在社会最底层、最广袤的乡村里为通威的形象一点一点地做着"加法",数千人日复一日,经年累月,坚持不懈,不声不响地积累出一个人们和社会都不太留意的企业来。

"跑马圈地"抢占市场的时代过去之后,竞争对手之间,比的就是做深度,做服务,做人心。这时的优秀企业,就是人心向背的集合体。

深入思考我们还可以发现,通威不光是生产饲料产品,它其实还建成了一种与社会发展深度相关的企业组织,这种组织用利益关联与社会肌体融为一体,换言之,企业的边界(管理)从销售终端延伸到了养殖户的养殖过程和销售过程。很明显通威成为了这个社会生命体的一部分。显然这是"高瞻远瞩公司"才具有的眼光。

在下一章节,我们将发现,通威企业组织与社会肌体更加深入地融为了一体。

国内著名的企业文化与战略管理专家陈春花教授,曾经给通威人讲过一个小故事。大概 5 年前,她到美国去拜访一家饲料企业,这家美国企业做了 20 多年了,一直都不错,当然扩张得很慢,是一家很良性、很斯文的企业。

陈春花问美国老板:"你的企业也没怎么扩张,为什么活了 20 多年还活得这么好?"美国老板回答说:"我也不知道。我的用户跟着我 20 多年了,他们在,所以我在。"陈春花对刘汉元说,美国老板的话,令她大为触动。

陈春花告诉刘汉元时,刘汉元也内心一震,脑袋里"嗡——"的一声响,"他们在,所以我在"……

这是很简单的一个道理,但是又是一个根本性的问题。用户在,他就在。因为他和用户是一体的,二者因彼此的存在而存在。

对于通威而言又何尝不是这样呢？30多年来，用户在，通威就在。只是还没有真正找到完全一体化的支撑点。

现在，重点用户们都越做越大了，通威在农村市场也日益巩固。许多养殖户过去是"以销带养"，最初的身份是经销商，顺便养点鱼养点猪。后来随着终端价格特别是猪肉价格上涨，以及通威万户共同成长计划等种种优惠政策的诱惑，越来越多的经销商开始转变为"以养带销"，转变成了养殖大户，自己养殖为主，外带销售饲料。这样整个规模利润就更大了，过去经销商的利润和养殖户的利润，现在全是他自己的。而经销商的这种转变，正是刘汉元希望看到的。

通威的渠道变得越来越扁平，直销量越来越大。整个通威开始在这里悄然转型。

通威的万户共同成长计划仍然在推进中，对中国新农村建设也有明显意义。它培养农民，鼓励农民，给农民希望，给农民一条不用离土离乡就可以谋求幸福生活的长久之计，让他们在当地扬眉吐气、有脸面有地位很体面地生活，成为真正的"乡绅"。有一个重点养殖户到通威来，说："要说变化，一是我可以穿着西装养猪了；二是2011年利润我有两三百万元。"他觉得和通威一起成长，很光荣。

"社会就是这样进步的。"说到这里，刘汉元自己都非常感动，很动情，眼眶发红。

他觉得自己也很光荣。

第八章

商业社会学:一体化的魅力

财富更多的是一种责任。

——刘汉元

"商业社会学"背后的逻辑是什么? 其实很简单, 企业主要追求效益, 社会主要追求公平, 公平与效益最大可能地融合, 企业赢利模式和社会发展模式就合二为一。因此, 杯土村、龙庵村的社会经济发展, 已经从根本上离不开通威的蓉崃模式。某种程度上, 这些成都西北部行政村已经成为通威产业链的一部分。

将企业经营之道与社会发展之道合二为一, 才是真正的"大道"。

- 做企业就是做未来。

- 食品安全问题产生的原因，是企业没有将全产业链打通，总有某一些环节的供应商只顾自己利益最大化，肆意添加违禁品而不管最终产品的质量。而下游环节为了利益最大化也不得不买这种往往更便宜的原料，同时也因为无害原料已难找到。这种互相脱节没有全程监管的生产机制，正是产生食品安全问题的温床。如果整个产业链从第一个源头到零售终端完全由一个企业来做，只要严密监控监管，整个产业链里就能做到无违禁品。同时采用二维码等信息技术，可让消费者清晰地看到整个生产环节如何做到环保无公害。

- 企业的运营越符合"商业社会学"，企业与整个社会肌体的结合就越紧密，与政府的所思所想就越合拍，就越会得到政府和政策的支持，就可以获得更大的利益，做得更长久。

占人口总数仅 0.5% 的农业人口养活了全国 3 亿的总人口，这个国家是美国。美国不仅是最大的工业国家也是世界上最大的农产品出口国。而 20 年前中国用了占人口总数 85% 的农民才养活了所有的中国人。目前中国仍然有 50% 以上的农业人口。如果中国城镇化速度能更快，大量农民洗脚上田农转非，那么二三十年后中国也许只剩下 10% 左右的农业人口。这意味着，农业的集约化生产将大行其道，涉农产品的品牌集中度也会大大提高。

"那么就意味着水产业的小散户将越来越少，大型的养殖户将越来越多。"刘汉元说。对通威而言，这就是必须看到二三十年后的"市场洞察"，并以此来确定现在的发展战略。这就叫做"做企业就是做未来"。

目前，中国饲料业有超过 1.3 万家企业，提供了 1.8 亿吨（2011 年）的实际产量；而美国仅 1000 多家饲料企业，却提供了 1.65 亿吨的产量。中国的饲料单厂产能相比全球化的大饲料公司还有较大差距，单厂集约化程度或者说产业链深度开发能力还相对较低。那么，这就是通威未来要走的道路之一。

可喜的是，通威与国际接轨的步子明显加快。

过去通威的销售思想是："由于我国畜牧养殖业规模化程度低，最终用户是十分分散的养殖户，所以产品的销售以当地经销商为主。在销售回款上，经销商对厂家的回款比对分散的养殖户更容易。虽然针对养殖大户的直销成本低，但是在农村分散的养殖模式没有产生根本变化之前，依靠经销商的销售模式依然会占主要地位。"这是2006年年初，通威股份一高管的解释。这样的销售策略之下，通威采取了"二八原理"，80%的销量走经销商，20%在分、子公司周边养殖大户中进行直销，实现了多年的持续快速发展。

而现在的销售思想是："近几年，中国的养殖格局发生了根本性的变化，由原来的散养到逐步规模化养殖，这对我们服务的内容、内涵和要求也提出了新的要求。随着养殖格局发生了根本改变，原来散养状态下只需要经销商就可以了，但现在主要销售对象转变成了一些相对专业化、规模化的养殖者。"这是2011年年初通威股份另一高管的解释。

仅仅5年，市场就发生了如此根本性的改变？初期看重经销商，现在看重养殖大户，并进一步重视与社会的融合。这种变化趋势，充分显示出刘汉元对全球饲料产业发展趋势的深度把握。这是一个必然的趋势。

"既然是全球饲料业的必然趋势，你能不抓住它吗？"刘汉元说。

通威由此在不同的发展阶段，实施了不同的发展战略。之前基于水产饲料方面的机遇和优势，实施了在两湖、长三角、珠三角以及环渤海地区的"跑马圈地式"战略布局；近几年，通威在企业合作、购并等方面作了一定的探索之后，根据新的产业发展趋势，及时打造了万户共同成长计划、"蓉崃模式"，延伸了"通威鱼"、"金卡猪"等产业链，将整个产业链的集约化经营和"企业与社会肌体的融合"做得更深更透。

这时他发现，将来最优秀企业的经营，也许将不得不符合一种"商业社会学"的逻辑。

"通威鱼"的社会角色

早在 2002 年春，刘汉元每个周末都会飞到北京大学光华管理学院参加 EMBA 班的学习，这是专门为在职的企业家们举办的专业学习班。

学习之余，他常到北大著名的未名湖边走一走。在美丽的春水湖畔，他习惯性地蹙眉远眺，从一池湖水之中，他或许能找到一些灵感。他的事业和水，和智慧的思考总是有关。

之前，《财富》杂志刚刚将刘汉元评定为"全球 40 岁以下最成功的商人"，而全亚洲仅仅 13 人获此殊荣。于是北京电视台《财智人物》栏目借刘汉元在北大学习的机会，为他做了一个专题片《平静出奇，生命不语》，倒是很符合他低调稳健的经营风格。

刘汉元静静地站在湖边，全然不觉远处有一台摄像机正对着他一阵猛拍。镜头拉近，可以看见他久久地看着水面在沉思。他是在"运用所学知识重新回过头来整理自己过去管理上的得与失"？还是在思考着什么更深层次的问题？

无人知晓，除了他自己。

不过，可以知道的是，这一年秋天，中国第一个品牌鱼"通威鱼"上市了。

通威是整个产业链上下游的"大当家"，产业链每一个环节的利益，刘汉元都得操心，并非把饲料卖给经销商和养殖户就完事了。2000 年前后，随着通威在全国圈地扩张的成功，他发现一个具体问题越来越突出：前一个环节，养殖户在通威业务员的帮助下把鱼养好了，到后一个环节，养殖户却因为鱼太多而出现了"卖鱼难"的问题。

这是怎么回事？

由于传统的养殖方式，鱼大多集中在年底 10、11 月上市，旺季一到，市场到处充斥着卖鱼之声。而市场规律是什么？是一只无形的手制造了市场杠杆和波峰波谷，上一年好卖的产品下一年可能就会变得难卖，结果

"卖鱼难"总会成为部分养殖户头痛的问题，最后纷纷杀价，受损的还是养殖户。

这让刘汉元很伤脑筋，很是纠结——通威帮助养殖户把鱼养得越好，越有可能使养殖户的收入达不到预期——这不是完全和"让养殖户利益最大化"的初衷相悖了吗？——说去说来，这还是产业链没有梳理清楚的问题。

日积月累，到2001年，刘汉元更加强烈地感觉到自己对此负有责任。他在想，可不可以将产业链打通？可不可以将部分养殖户按通威标准养的鱼收购过来，由通威来卖？

他越想越兴奋。还可以做成一种有品牌的鱼，提高其附加值，进入零售市场。这是服务于养殖户的一种方式，实现其价值最大化，通威也能获得更大的附加值。其中，有一个增加附加值的明显优势是，因为鱼是变温动物，不需要维持体温，因此对能量的需求很低。这意味着鱼从能量到蛋白质的转换率最高，同样的资源可以得到多出30%以上的优质蛋白。

他认为，这样的天然优势，自己一定要在产业链最能体现这一价值的地方把它用足！

最后经过深入调研，决策班子论证通过。

2002年，通威正式开始了将水产产业链打通的尝试，在成都周边以"公司＋农户"的方式与指定的养殖户合作（其中不乏后来的万户成长计划的重点用户，因此此类用户获得了双重发展机会）。步骤是：

1. 为这些养殖户提供年底畅销鱼种的优质鱼苗；

2. 确保使用不含任何激素、抗生素和违禁药品等的无公害通威饲料进行养殖，同时对整个过程进行监控；

3. 鱼长成之后，通威又以每斤高出市场1～3元的价格进行回购；回购之时进行抽样检查，如果有一条鱼不能达到质量标准，整塘鱼将不予回购；

4. 由于不同的养殖户鱼塘水质略有不同，为确保鱼的质量达到统一标准，回购的鱼再放进通威自己的特殊水环境里，通过生物技术对鱼进行2～3天的净养，以达到最优品质；

5. 2～3天之后检测，所有指标达到国家无公害环保标准之后，再以"通威鱼"品牌上市。

这样，"通威鱼"当仁不让地成为市场上品质最高的人工养殖商品鱼。

2002年9月18日，中国首批有品牌的无公害鱼——"通威鱼"在成都隆重上市。"鱼也有品牌？"此举大大出乎人们意料，引起了市场轰动，首批10万公斤鱼很快销售一空。媒体认为这是引导广大市民树立"安全、健康、无公害"的鱼类消费理念、改善膳食结构、丰富市民餐桌的一件大事，更是通威做大做强水产业的重大举措。

2002年9月，"通威鱼"在成都隆重上市

"通威鱼"通过了国家农业部、省市相关部门等的权威检测认证之后，销售点开始遍布成都伊藤洋华堂、沃尔玛、欧尚等高端超市及部分家乐福

超市。由于产量低、品质高因而定位高端，价格昂贵，价格普遍比普通鱼贵 50% 左右，最贵的"通威鱼"（活鱼）高达 60 多元一斤，销路依然很好。

而提供给农贸市场和普通超市的"通威鱼"，即通威饲料养出来的鱼，除此不作更高的要求。这类"通威鱼"相对低端，但品质仍然比普通鱼好很多，并且贵 1 ~ 2 元，每月销售依旧超过 100 万公斤，并与川内各大餐饮企业实现了合作，大量进入餐馆。

这样，通威服务于社会，最终实现了产业链各环节的多赢。此举直接加速了通威股份于 2004 年在上海证券交易所的成功上市。

刘汉元坚信，水产品将是未来消费的主流食品。他不遗余力地宣传吃鱼的好处。2005 年，通威开始在四川各大媒体大力推广食鱼文化和营养，大有一改中国人饮食习惯之势。

说到鱼的营养，刘汉元总是孜孜不倦，语速加快："众所周知，水产品是最好的动物蛋白，最易吸收，最易消化。"

对比欧美及日本的饮食特点，他打着手势说："我们为什么要提倡多吃鱼呢？羊肉、牛肉、猪肉，不是吃得挺好的吗？但是，与所有这些蛋白质进行比较，鱼类的蛋白结构是最平衡、最容易消化吸收的；我们吃的牛肉、羊肉等，其脂肪 100% 是饱和脂肪，猪肉、鸡肉里 80% 是饱和脂肪，对人体危害更大；而鱼的脂肪都是不饱和及高度不饱和脂肪酸，对软化血管、降低血脂有很好的效果。日本人均寿命世界最长，而且号称全世界最聪明。凭什么？就是因为他们以水产品为主要肉食，有着全世界最高的水产品人均消费量。"

而且，鱼生活在水中，人类生活在空气中，生活环境截然不同，所以禽流感、口蹄疫、疯牛病可以感染人类，但鱼同人类交叉感染的疾病几乎为零。因此鱼是人类最好的食物。

通威一方面对此大力宣传，一方面开始在上海、北京、广州、武汉几大城市周边进行"通威鱼"养殖扩张。2007 年年初，全新的"通威鱼"在上海、苏州、无锡等地问世，而这次上市的鱼身上均有全新的"身份证"，这一创举使鱼实现了市场区隔，市场再次轰动。通过标签上的电话查询，消费者可以清楚地了解自己所购买的鱼来自哪个养殖场、吃何种饲料长大、防疫检疫情况、养殖模式等所有信息。这一标签不仅是品牌识别符号，也是对消费者的质量承诺，直接拉动了销售。

这期间，通威（海南）水产食品有限公司高附加值的罗非鱼片开始出口欧美、日本等地区。进入2011年，通威开始将二维码技术用于鱼的品牌识别和信息识别。一旦成功，"通威鱼"将带来一场史无前例的革命。

刘汉元终于将鱼的产业链打通了，实现了鱼的价值最大化。

此时的通威，不仅仅将产业链上下游各环节形成的"小社会"的利益关系照顾得很妥帖，而且更多地兼顾了整个社会食品安全的责任。在假冒伪劣横行的今天，刘汉元和通威越来越多地用最符合人心人性的商业手段，开始给这个社会带来正向的利益平衡和道德建设。

其实刘汉元的努力，一直具备一种"商业社会学"的逻辑，兼顾着更多的社会人群的利益。特别是"通威鱼"的出现，使通威直接承担了更多的社会责任。这种更深入介入社会肌体的社会角色，通威会做得更好吗？

"蓉嵊模式"是怎样产生的

《基业长青》里说，"企业是逐渐演进的物种"，这在此后的通威得到了更明显的印证。通威更大的演进是在畜禽产业链上对"商业大道"的追求，这对刘汉元而言，已不仅仅是诱惑，它也是一种责任。虽然，仍然要算经济账。

因为一条两三斤重的鱼需要1～2年时间的生长才能达到上市规格，站在养殖户投资回报角度看，这是一个十分漫长的资金周转周期；而一头两三百斤重的肥猪只需几个月就可长成，饲料用量更大，资金回报更加可观。加之中国人喜食猪肉鸡鸭而相对较少吃鱼，所以事实上从事畜禽饲料产销和养殖能更快地赚钱。

有一个让人感动的小故事，促使刘汉元决心单独设立一个公司，专门来做畜禽产业链。

2003 年，邛崃通威饲料经销商陈绍书给刘汉元写了一封信，希望通威能到邛崃来办厂，"因为通威走正道，品质好，我希望它做大做强"。包括陈绍书在内的许许多多养殖户，其他饲料都不喜欢，就喜欢通威饲料，对其感情深厚。一开始刘汉元还不以为意，不料 2005 年年初，陈绍书又给刘汉元写了一封信，言辞恳切地希望刘汉元到邛崃这个年出栏生猪 200 万头的大市场来办厂，抢占先机。刘汉元深受感动，也看见了机会。

正值春天，作为全国政协委员（刘汉元 2008 年开始成为全国政协常委）和民建中央常委，他赶在 3 月份去北京参加"两会"之前，带领公司主要领导前往邛崃调研。当地政府要求全程陪同，刘汉元婉拒之后，自己带领班子去看了市场，了解了当地原有的几个小型加工厂，看望了陈绍书和其他经销商。

然后，刘汉元一行和当地政府坐下来交流。

政府说："希望通威能到邛崃投资。"

刘汉元没有明确地表态，只说了三条："第一，现在情况下眉山公司应该怎么样匹配；第二，如果要单独做个饲料公司，就要把这些农户组织起来集约化配送；第三，如果要做，希望政府在产业链的整合方面给予一定支持，共同推进。"然后刘汉元去北京参加一年一度的"两会"去了。

"两会"结束，刘汉元回川。他一直在构想如何在邛崃打造一个全新的产业链模式，在他的设想中，这一"大构想"具有全新的价值——

首先，毫无疑问这个企业规模会很大，从产业链的最前端种猪、种苗的产出，到后端生猪屠宰加工，供应成都市场及周边大众消费市场、超市，好多环节至少是过去工厂的三五倍甚至 10 倍的规模。规模效应大，产出和利润率都更大。

其次，非常重要的是食品安全问题。苏丹红、三聚氰胺、瘦肉精等食品安全问题肆虐全国。问题产生的原因，就是因为没有一个企业来将全产业链打通，总有某一个环节的供应商只顾他那个环节的利益最大化，肆意添加违禁品而不管最终产品的质量。而下游环节为了利益最大化也不得不买这种往往更便宜的原料，同时也因为真正无害原料已很难找到，导致整个产业链不是这里就是那里出现违禁品。显然，这种互相脱节没有全程监管的生产机制，正是产生食品安全问题的温床。

刘汉元设想用新的商业模式来打破这一状况，整个猪鸭产业从养殖到屠宰加工全程由自己打通来做，只要自己决定不让任何一点违禁品进入，整个产业链里就能做到无违禁品。而且通威可以实现对每一个环节的严密监控，用二维码技术实现全程可追溯，即可让消费者清晰地看到整个生产环节如何安全环保。这是刘汉元的理想，力所能及实实在在地解决食品安全问题，还社会良知和公道。

再次，可以使通威品牌更具穿透力，除了"通威鱼"，让通威在畜禽领域也辐射到大众消费市场。

最后，可以"让养殖户获得最大的利益"。除了养殖环节，其他每个环节通威都自己做，没有了经销商，大规模地实现扁平化，就可以向养

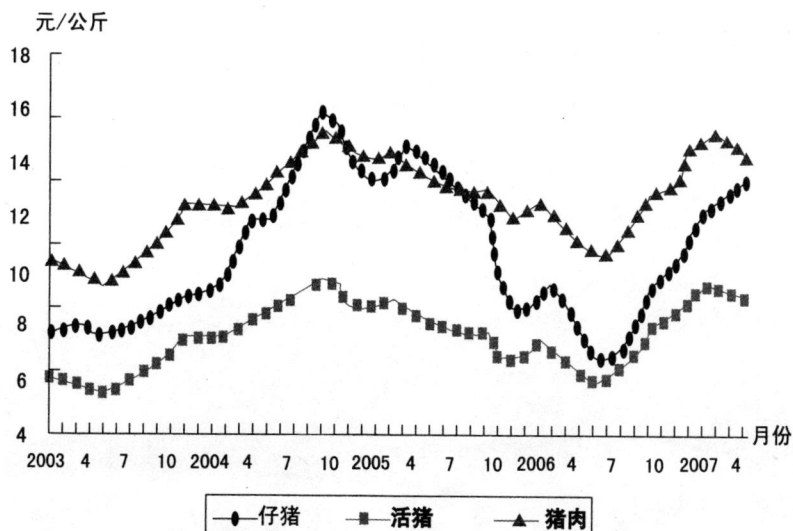

2003—2007 年仔猪、活猪、猪肉价格曲线

殖户大量让利，符合国家惠农政策，使农民增收致富，并成为通威的忠实用户。

这样，通威、消费者、养殖户、市场、政府、社会，各方实现多赢，一个全新的商业模式完全成立。

刘汉元想透彻之后，就下定了决心。

2005年4月，通威与邛崃市政府签署了一揽子合作协议，成立了成都蓉崃通威饲料有限公司，隶属于上市公司通威股份。

我们可以清楚地看到为什么刘汉元会在2005年上半年决定建立专做以猪禽产业链为主的"蓉崃模式"，因为不管是仔猪、生猪还是猪肉价格都在上扬，而且长期来看整个利润空间是很大的；也可以清楚地看到他为什么要繁育仔猪卖给养殖户和收购生猪屠宰销售，此二者利润空间明显大于活猪销售。

经过一年的经营，成效初显。到2006年8月，由于市场波动，全国猪价又一轮跌到谷底，只不过跌幅比往年更大更猛，许多养殖户亏本。为了提振养殖户的市场信心，通威在邛崃紧急召开现场会议，将整个产业链的价值展示给了养殖户，并演算了每一个环节如何让利于养殖户，现场群情振奋。会后，面对《成都商报》的采访，刘汉元总结说："这就

通威百余家分子公司之一：现代化的蓉崃通威饲料

是通威的'蓉崃模式'！'"蓉崃模式"由此正式提出。

但事实上，并非所有人对刘汉元的这一举措都深信不疑。

蓉崃通威的原总经理万学刚最初就持怀疑态度。从立项到建设到投产，他一直心存疑虑，总在心里追问："布局这样一个公司能否成功？能否见效？"他认为蓉崃通威面对的是一个十分狭小的区域市场和已经饱和的竞争环境，总觉得先天无优势，发展不可行。但是最终，尽管 2006 年多次经历畜禽病肆虐，但仍然在第一年就实现了异军突起，达到邛崃地区近 5 万吨的饲料销售规模。事实让万学刚心服口服，甚至当地党政部门领导、养殖户和竞争对手都瞠目结舌，感叹不已，承认刘汉元确实身手不凡。

2005 年，刘汉元荣获"亚太最具创造力之华商领袖"称号。可以交代的是，2010 年，整个蓉崃模式年销售收入已近 15 亿元。

蓉崃模式之"公司 + 合作组织 + 农户"

通威股份的"蓉崃模式"在邛崃、大邑、蒲江三县范围内实施，在全国所有饲料企业中第一个实施类似的商业模式（后来被其他企业模仿），而且这种模式里的通威"金卡猪"被国家发改委批准并授予国家信息化试点工程，成为全国第一个也是唯一一个利用国家金卡工程进行现代养殖的生猪产业管理信息化项目，形成了巨大的公信力和品牌带动效应。

那么，"蓉崃模式"究竟是怎样做的？

简单说，就是用"公司 + 合作组织 + 农户"的方式将农村无组织、无管理、分散的小型养殖户集中起来，按现代企业的经营模式，进行大规模、集约化、高效率的统一养殖管理，使每一个环节都分享到高效率和规模产出的超额利润。

蓉崃模式具体是怎样为养殖户省钱的？其商业逻辑的合理性如何体现？

　　通威选择少数行政村进行试点。通威首先与村委会（合作组织之一）签订协议，要求该村一年内使用无公害通威系列猪场专用饲料的农户占全村养猪户的比例达到80％以上，全年全村生猪出栏达到1万头以上，全村全年使用通威饲料达到1000吨以上，养殖10头以上商品猪的养殖户80％使用通威饲料，80％与通威关联食品加工企业签订收购合同，其中还要求培育重点用户10户以上（即万户共同成长计划重点用户），诚信履行合同，并达到规定的科学管理水平。

　　如果以上都达到，验收合格，通威将奖励村委会3万元的通威村建设经费，继续加大通威村建设力度，并在本村设立"通威无公害养殖示范村"标牌。后来政府也参与进行了奖励。

　　这样，通威就充分利用了村委会的行政和组织力量（第三方）来达到发展目标。

　　具体的商业模式，则建立在"五个统一"之上：苗种统一、饲料统一、防疫统一、回收统一、管理统一。这五个统一顾名思义，毋庸赘述。

　　然后，具体执行再分为五个环节——

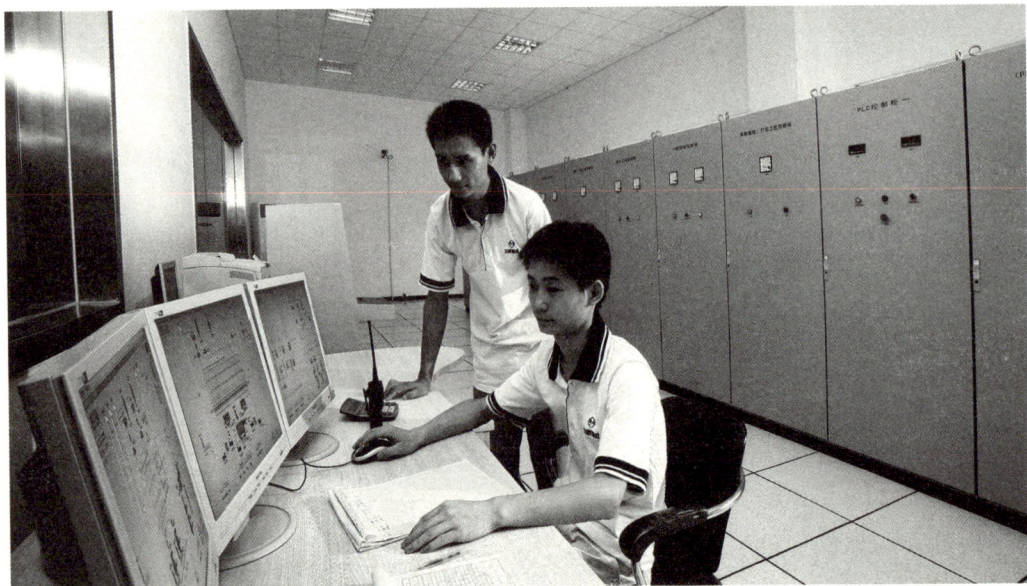

通威饲料生产总控室

第一个环节，前端的种苗。在通威技术中心提供技术支持的情况下，由春源生态养殖有限公司即种猪场，筛选出一个适合邛崃自然生态环境的优良品种，作为产业链的前端种苗，提供给养殖户，价格比市场价相对低至少 5%~10%。

第二个环节，饲料由蓉崃通威就地生产就地销售，中间没有经销商，而是直接配套给养殖户，实现了运输半径最短，渠道完全扁平化。按既往惯例经销商每吨加价大概 100 元钱，那么蓉崃公司饲料直配给养殖户则按低于 100 元的直销价格给养殖户，比如经销商的销售价格是每吨 2600 元，蓉崃就按每吨 2500 元给养殖户。

这时，会出现不少养殖户资金不足的情况。银行不愿直接贷款给养殖户，2007 年刘汉元干脆自己成立了国内饲料行业第一家担保公司通威邛崃担保有限公司，不久又成立了通威农业投资担保有限公司，在全国范围内为养殖户做担保从银行获得贷款。

贷款利息由养殖户向银行照实支付，通威担保公司只收取 2% 的担保手续费。

为了控制风险，养殖户贷款额基本在 10 万元左右，数年来放贷额已累计超出 1 亿元，平均每年贷出两三千万元，重点用户从没有一家出现违约。而且通威还规定，通威村、重点用户在符合以下条件的情况下，给予优惠：

1. 按时还本付息，没有出现一次逾期现象；
2. 全程全场使用通威无公害投入品即通威饲料等，没有违约情况出现；
3. 签订全年销、用量协议，并完成协议销、用量吨位。

符合以上三点的，通威给予担保手续费 50% 的返还优惠，通威村中每年的"十八大签约用户"（前 18 位）符合以上条件者，给予担保手续费 100% 的返还优惠。

这样实施之后，"蓉崃模式"三县通威用户的数量迅速扩大了。

如果没有通威的担保，原来处于社会最底层、实力弱小的养殖户们，不可能从银行贷出款来；即使养殖户们有资产，能贷款，手续也很复杂，还得付出回扣等一些灰色成本，他们也不太愿意。现在通威担保公司出现了，加之市场猪肉价格一路上扬，毫无疑问大家会踊跃贷款，规模迅速扩大了，原来养50头的，现在养100、200头。再有一个，这一举措也培养和造就了一大批有事业心的养殖业主，推动了养殖的集约化和规模化，甚至低于100头他们都不愿意养。担保公司的设立，成功促使了"蓉崃模式"和当地社会经济的迅速发展。

第三个环节，养殖户在自己的场地按通威的要求进行养殖。此时通威提供大量的支持和服务，蓉崃通威有一个专门的10人服务团队，帮助解决养殖户的任何问题。一是提供规范的养殖技术和管理方法；二是提供技术手段，有专门的生物试验室，在出现疫情时进行抗原抗体检测，这是整合了邛崃市农村发展局的资源，利用其设备为养殖户服务；三是培训，定期、不定期地培训提高养殖户的技术水平；四是及时通过现代通信手段，如用手机短信、互联网发送预防知识、天气变化等；五是通威服务团队承诺，如有需要2个小时内到现场。

对于养殖过程，通威服务人员、业务人员按规定对养殖情况经常巡查，随时随地掌控所有养殖户情况，进行人工追溯。

第四个环节，养殖户规模扩大了，通威饲料销量大增，不仅如此，最后养殖户还产出大量的生猪卖给通威。通威春源食品有限公司对生猪进行

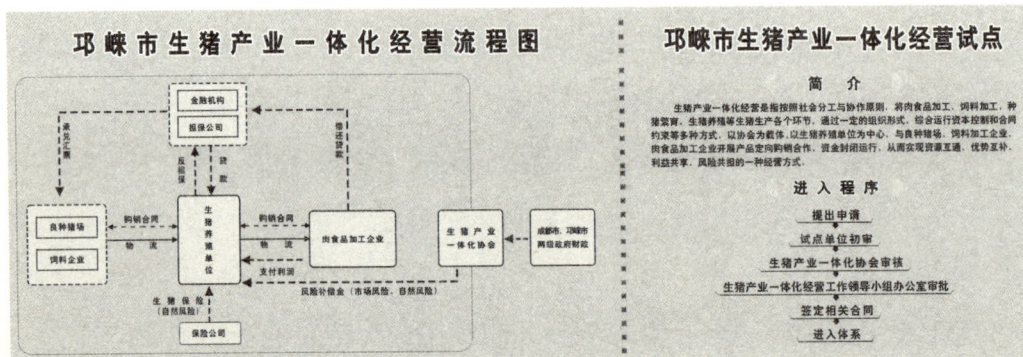

生猪产业经营流程图

收购，收购价格规定比市场行情每斤高 0.1 ~ 0.2 元。按通威"质量始终如一，价格随行就市"的原则，如果行情跌了，就在跌下来的行情上涨0.1 ~ 0.2 元进行收购，如果行情涨了就在涨上来的行情上再加这个数进行收购。同时，每头猪养殖户还能获得 5 元运费补贴。

而且，养殖户还有分红奖励：春源公司对养殖户按全年实际履行合同售出达到 500 头的，每头猪分红 5 元，500 ~ 1000 头之间每头分红 5.5元，1000 头以上部分每头分红 6 元。除此之外，政府还给予养殖户每头猪30 ~ 50 元的补贴。

这些都大大刺激了养殖户的热情。

第五个环节，通威春源食品有限公司收购生猪之后，进行深加工，再销往成都及周边地区，通威由此获得高额的批发及零售附加值。

整个商业模式在此形成一次循环。

养殖过程中，通威根据国家有关规定成立了成都地区仅有的两个专业合作组织"春源合作社"和"猪业合作社"，职能是宣传政策法规、培训、研究市场、各方面组织协调等，国家给予了大力的扶持。

整个产业链，通过这五个环节衔接起来。目前，通威村在蓉崃区域内选择了黑石村、杯土村、龙庵村等 15 个行政村试点，都取得了成功，每个村每年都能因为使用通威饲料而多获得 100 多万元的经济效益。以下是2009 年龙庵村的实施情况。

"龙庵通威无公害养殖示范村"项目效益分析

"龙庵通威无公害养殖示范村"项目实施过程中，以收集的实际效果进行测算、分析，以每头猪全程平均使用 200 公斤（5 件）无公害通威饲料计算；粉料与颗粒料比较，减少浪费 1%；料肉比颗粒料比粉料节约0.1，直销节约成本每件 7 元，食品公司回收每公斤高 0.2 元，每头年返 5

元。建成验收合格后，全年出栏无公害生猪达 1 万头以上。全程使用无公害通威系列猪场专用料，每头猪：

1. 减少浪费饲料 2 公斤，以每公斤 2.6 元计，节约 5.2 元。

2. 全程节约饲料 6 公斤，以每公斤 2.6 元计，节约 15.6 元。

3. 饲料直销减少中间环节每件料少 7 元，每头猪 5 件料，节约 35 元。

4. 加入合作社与相关屠宰企业签订合同，标准猪（135 斤净片子）每斤白条肉高 0.1 元，年终分红每头 5 元，小计每头猪节约 18.5 元。

5. 加入一体化，成都市政府补贴风险金每头 20 元，邛崃市政府以奖代补每头有 10～20 元，小计每头节约 30 元左右。

以上合计每头猪能多赢利 5.2+15.6+35+18.5+30=104.3 元，以全年 1 万头肥猪计，整个龙庵村可增加经济效益 104.3 万元以上。

100 多万元，对于一个只有三四百户人的行政村，是一笔巨大的收入。而且是超过正常收入的新增收入，这无疑是一个巨大的诱惑。显然这就是通威"超越行业平均利润"的经营思想在"蓉崃模式"中的具体体现，而且对各村而言，这就是选择与通威合作的原因，这就是通威独特的魅力。这时我们发现，如果能把超越行业平均利润那部分计算出来，它就会成为一个企业最具诱惑的竞争力，而且是如此具体、明显，可以直接算给每一个养殖户听。

于是通威年复一年地吸引了更多的行政村加入，甚至形成了更大的"通威镇"。在合作过程中，蓉崃通威与养殖户形成了紧密的合作机制，实现资金和物流的封闭运行，利润在内部产生并且被内部赚取（利润最终集中来源于终端的零售输入），不但提高了资源的利用率，而且节省了人力物力，提高了效益，通威也得到了快速的发展。

我们再看看蓉崃通威的超额利润情况。通过直销，蓉崃公司将饲料配送给养殖户、养殖企业、专业合组织，剔除了中间经销商，每年可减少400 万～500 万元的经营成本；旗下成都通威三新药业有限公司有效利用人力物力，通过免疫诊疗、配送药品等上门服务，扩大业务范围，每年可减少经营成本 100 万元以上；春源食品公司通过"订单签约"的形式，可保障生猪的收购量，降低单只屠宰费用，每年减少成本 500 万元以上；邛崃担保公司通过整体授信贷款，在控制好风险的前提下不断扩大业务范围，获取部分手续费，同时节省了人力成本。

目前，通威已在山东淄博、海南、重庆长寿区三个地方进行"蓉崃模式"的复制。

刘汉元认为，这才是中国农村养殖经济的正确发展道路。他很庆幸自己找到了这条整合了资源和人心的道路。他也很乐意看到，大量的同行正在学习自己。

其实，这就是商业对社会直接进行管理、推动的一种方式。通威直接介入地方社会的建设，用利益链将一些本该由政府来管理推动的事做了起来，这就符合了"商业社会学"的理念。

当企业的运营越是符合"商业社会学"，企业与整个社会肌体的结合就越是紧密，与政府的所思所想就越合拍，企业就越会得到政府和政策的支持，从而可以获得越大的利益，做得越长久。

这背后的逻辑是什么？其实道理很简单，企业主要追求效益，社会主要追求公平，用这种方式，公平与效益最大可能地融合起来了，企业商业模式和社会发展模式就合二为一。

可以想象，"蓉崃模式"之下的杯土村、龙庵村、黑石村等的社会经济发展，已经从根本上离不开"蓉崃模式"。再换个角度看，这些成都西南部的行政村已经成为通威某种产业链的一部分。无疑，通威是非常高明的，这种"商业社会学"逻辑下的企业运营，将获得持久的延续。而参与村镇，将由此实现新农村建设和现代农业的快速建设。

将企业经营之道与社会发展之道合二为一，这才是真正的"商道"。

2007 年底，通威股份一举揽获 2007 中国饲料"十大公益企业"和"最佳人本管理企业"两个奖项。

"蓉崃模式"之春源生态养殖

在浩繁复杂的访谈过程中，笔者得到了一份通威春源生态养殖有限公司的集约化养殖资料。看上去这是一份汇报材料的讲话稿，毫无疑问，这完全可以代表刘汉元的思想——用现代化、规模化、标准化、专业化的生产方式，将生猪养殖产业推向应用技术可以达到的最高水平。

这是从生产技术上，对通威进行效益最大化的优化探索和管理。如果前面说的是一种"道"的寻找，下面要说的，就是一种"术"的探索。

在当下，应该说这是最科学、高效、人性的养殖方式了。

其实，这也是一种高瞻远瞩的思想在技术上的微观体现。以下为讲话摘录：

"据农业部统计，2007年，全国出栏50头以上生猪的规模养殖比重，占全国出栏总量的48.4%，2008年这一比重超过55%，其中年出栏达50万头的企业增加19家。我国生猪规模化养殖，首次超过散养比重，意味着我国农牧龙头企业正投入更多的资源，加速农业产业链建设和打造，并由此推动农村社会经济转型。我国农牧业生产，正加速从庭院经济、散养经济、小农经济，向现代化、规模化、标准化、专业化生产方式转型。

"尽管如此，我们的猪场生产、管理水平仍然低于世界平均水平，尤其是长期以来以散养为主的传统养殖模式，已制约了整个产业的进一步发展。当下的养殖趋势是，猪场猪的数量在增加、猪场规模在扩大，但你却会发现：猪场规模增加了10倍，你的成本增加了12倍，产能却只增加了8倍。管理水平制约了发展，这该怎么办？

"猪场必须以高效的生产来应对日益增长的饲料价格、生产成本和波动的销售价格。那么又怎么提高生产能力？通威股份一直积极探索现代农业的发展方向和发展模式，充分整合包括技术、管理、资金、品牌、市场等各方资源，积极打造水产和畜禽产业链，推动行业健康、良性发展。

"在成都邛崃市，通威股份首创了国内畜禽产业集群发展模式——'蓉峡模式'，实现了养殖户的养殖过程，逐步由传统型、分散型的个体小农养殖模式，向集约化、规模化、标准化、产业化的现代农业经营模式转变。在此基础上，通威进一步考察、引进了国外先进的养殖模式，并结合国内的养殖特点开发出了一整套智能化猪场饲喂管理系统，并已申请了多项专利。这是中国农业产业化所需要的。

"在'蓉峡模式'旗下的春源生态养殖有限公司，大量生猪在一个很大的圈内散养。这与传统的定位式饲养模式有重大区别，传统方式饲养的猪毫无自由，缺乏锻炼，危害心肺、泌尿、生殖系统的健康，同时增加猪的心理负担，对猪的生产造成很严重的影响；但通威的大圈散养，为猪提供了群居环境，让它们随心组建和谐的小群体，猪之间有了行为、社交与心理的交流，避免了刻板行为、神经官能症，健全了猪的行为，增强了学习与社交的能力，从而在心理上健全了体质，猪可以随意走动，不仅增加运动量保证身体质量，同时可以放松心情，实现快乐养猪、养快乐的猪。

"正如我们很早以前说过的一句话把'猪当人看'。通威每一头猪都有一个'身份证'，即耳标，就是应用二维码技术的 RFID（射频识别）识别系统，通过耳标，人们可以控制猪的饲喂情况，同时记录猪的进食情况、身体状况等数据，做到实时更新，让养殖户轻松掌握每头猪的情况。

"通过饲喂器，保证体重 150 公斤的猪所采食的饲料量与体重 250 公斤的肥猪不一样。在每个饲喂站提供两种饲料，使处于不同阶段的猪得到每天所需的饲料类型和饲喂量。保证每头猪独立进食，使其在无抢食、斗架、无应激的情况下进食。进食的过程中给予一定比例的水，使饲料保持一定的湿度，更利于猪的采食。

"猪从饲喂站进食完后，经过分离器，通过电子耳标对每头猪进行识别，对临产母猪、发情母猪、需要防疫的、采食不正常的、未佩戴耳标或耳标损坏的猪及其他需要隔离处理的猪自动进行分离，大大减少了饲养员的工作量。并为每头被分离的猪喷以不同的颜色，便于饲养员识别。通过放在公猪舍旁的发情鉴定器来自动记录母猪访问公猪的频次及每次停留的时间，来确定猪是否进入发情期，提高母猪的受孕率，代替传统的人工判断，更及时更节约成本。

"通过猪饲喂站实现猪喂养过程的高度自动化，使生产效率显著提高，管理成本大大降低，更节省了饲料；群养方式增强了猪体质，降低了防疫风险，猪有更高产出率；生产数据管理高度智能化；实现了动物福利，更加人道。

"肥猪饲喂器采用多工位设计，节省设备成本，肥猪自由采食减少人员管理，节约人力成本，精确下料保证猪只采食干净无残留，节约饲料，几乎没浪费。肥猪想吃就吃，没有空腹期，促进肥猪的生长，缩短出栏时间。通过肥猪饲喂器让喂养过程高度自动化、改变以往的定时人工饲喂方式，采用猪自由采食方式；生产效率显著提高，管理成本大大降低，更节省了饲料；设备简单，易维护。而且是按照软件设计出来的程序、方法给猪投喂饲料，因此营养指标、生长状况都一样。

"我们整套系统的饲料都是通过外部的饲料塔经由饲料输送绞龙运送到各个饲喂站，减少人工搬运、人工投料。使用料塔存储饲料，饲料可以散装进塔，不必再使用包装袋，对上游饲料厂家来说既节约了饲料包装费用，又减少了人员打包、码垛、上车的过程。我们以每吨饲料包装费25元来计，以蓉峓通威年产10万吨饲料来计，每年包装费用的节约就达250万元。

"现在我们来算一算一个500头猪的猪场，到底要多久可以回本？前期投资一个500头猪舍，自动饲喂系统投资需75万元。采用通威自动化饲喂系统一头猪平均一年多贡献2头小猪，以每头猪利润200元计，500头猪一年产能的提高带来的收益为20万元；同时减少饲料的浪费，提高料肉比，此部分可以节约费用每年约5万元；减少人工支出，一个500头的猪场只需一个人就可轻松打理，此部分每年可节约约5万元。

"这两项一加一减，可以实现一年30万元的效益。在保证目前同样生猪出栏率的同时，猪的数量可以减少 20% 左右，一方面节约了对饲料的使用，另一方面减少了污染物的排放。"

笔者估算了一下，这套自动饲喂系统的投资仅依靠节约和增加值，两年即可收回投资。如果按整体实际产出计算，一年收回投资绰绰有余。

用这种方式养出来的猪，就是通威最重要的猪肉品牌"金卡猪"。"金卡猪"必须是没有生过病、没有打过针吃过药的，哪怕喂药治好了都不作为"金卡猪"销售。猪到春源食品有限公司进行屠宰之时，先通过"耳标"对几个关键数据进行采集，第一个就是生猪车间，猪走过一个通道时，电脑就显示出了该头猪的生长信息。屠宰的时候也有一个信息转换，挂钩上面也有一个信息转换，分割下来以后再一一对应。

最后消费者将某一块肉的"身份证"号码输入电脑一查询，就可知道这肉是从哪儿来的、养殖时间有多长、吃的是什么饲料、是否用过药、哪个地方生产的、生产人员是谁……对这一块肉的质量就一清二楚，这样的肉，自然可以卖个好价钱。

在环保方面，我们在春源公司实地获知，规模化和集约化养殖最大的问题是排泄物的处理，春源公司完全实现了循环处理，用发酵产生的沼气燃烧发电。除去损耗，一天能够发 600 度电，如果按现在 0.8 元一度的电价算，就是 480 元钱。猪的养殖要保温，这些电就把整个生产用电支撑起来了。沼气发酵之后余下的物质，再处理成有机肥，用于周边农作物基地，形成循环经济的一体化建设。这样的规模化养殖，安全、环保，保证了人类健康和可持续的和谐发展。

至此，可以知道，刘汉元从发明流水网箱养鱼开始就崭露出来的科学精神，没有任何消减。这种异常清晰的科学思维，在他同时代的企业家里，可与之相提并论的，屈指可数。

至此，整个通威水产畜禽产业链，不光是打通了，而且打通得让人惊叹。

刘汉元的确创造了一种全新的"商业社会生态"，以一种新的企业组织"蓉嵊模式"对企业的业态进行了新的探索和延伸，这种杰出的组织本身与社会的利益关联融为一体。他们务实地追求利润，但又追求和谐的商业生态。他们坚持宏伟的目标，也是稳定的保守主义，但又不断地追求创新、演变，甚至冒险……

因此笔者认为，通威真是一家"高瞻远瞩公司"，按《基业长青》的理论，它在一定程度上已经具备了一种"伟大公司"的潜质。

四个话题 一个公式

本章需要补充如下内容，对通威的努力和观点作进一步说明。

话题一：黑石村，一个仍然需要说一下的案例。

2005年以前，距邛崃市15公里的固驿镇黑石村387户农民基本上靠养猪糊口，然而传统散养规模小，如果遇到重大疫情和市场行情低迷，养猪户只能认亏。2005年，蓉崃通威落户邛崃，这种模式的集合效应当年就得到体现：2005年市场行情低迷，猪高热病暴发，通威旗下公司启动合同保底价，在市场价格跌至每斤1.8元的时候，仍然以饲养成本即每斤3元的价格收购生猪，并且收购时，宰割猪肉每斤比市场价高0.1元；年底又按照养殖数量每头猪补贴5元；与此同时，还有死亡补贴，在猪病高发的时候，一旦猪只死亡，按照成品猪价值的30%给予补贴——这一系列政策的兑现，让一向靠天吃饭的黑石村村民不亏反赚。

这一下刺激了黑石村养猪户的积极性。当相邻其他村镇养殖存栏量同期下降30%的时候，黑石村养猪户反而开始扩大养殖规模。此时通威农业担保公司提供的低息启动资金，又给养猪户提供了便利和效率。

到2005年12月25日，黑石村全年使用无公害通威饲料的养猪户达290户，占全村实际养猪户357户的81.2%，基本达标，通过项目验收。因规模养殖、集约养殖和提高效率，每头肥猪增加经济效益53.70元，与项目实施前比较，每年黑石村仅使用通威饲料一项即至少增加收入107.4

万元。

话题二：人们认为饲料养出来的猪，始终不如用粮食、打猪草养出来的猪好。

大家认为粮食喂的猪好，饲料喂的猪不好，事实上恰恰相反。为什么？农村的粮食，最好的大米、小麦、玉米往往人自己吃，差一点的拿去卖，最差的喂猪，而差的玉米、小麦已经有很重的霉素毒素了。所以农村养猪，对猪并不一定人道。而包括通威在内的一些大型饲料企业，对原料的要求都很高，要经过多道检测，用最好的玉米等原料养猪，这是二者最大的区别。

之所以饲料猪长得快，那是科学地利用了猪最佳的生长时间，给它最丰富、均衡、充足的营养，从而实现了最快的生长。而农村用粮食和猪草养出来的猪，第一养殖方式不科学，第二营养跟不上，必须长一年两年才长得大。但那并不代表它比饲料猪好。现在的配合饲料里什么营养都有，而且是科学的，也是安全的。行业里面个别小饲料企业或散户可能添加违禁成分，但通威饲料及一些大企业从来不添加违禁成分。

话题三："蓉崃模式"的未来和产业链的无公害监管。

通过6年时间的发展，"蓉崃模式"形成了包括品种（苗）、养殖、饲料、兽药、投资担保、屠宰加工等畜禽产业集群，总投资约5亿元，年销售收入近15亿元，链接10多家专合组织，包括养殖公司（场）3家、屠宰加工厂2家，以及饲料企业、药业公司、担保公司、控股公司共8家企业。该模式年屠宰加工规模共160万头猪、饲料加工能力30万吨，带动上万户农户参与畜禽养殖和致富增收。

未来3~5年，"蓉崃模式"将发展成为年销售收入30亿元以上、年宰杀加工肉鸭5000万只、年宰杀生猪300万头、养殖种鸭30万只、存栏种猪3万头的大型畜禽养殖、加工、销售一体化经济体，成为成都市、四川省乃至全国的安全食品供应基地。

对于食品安全，刘汉元说："三聚氰胺等进入食品，就是因为产业链的各个环节是由不同的企业和人在做，他们只求自己的利润最大化而不对最终产品负责，而通威做全产业链，就可以对每一个环节进行严格监管，就可以实现产品的无公害。"诚哉斯言。

但愿国内更多有志养猪的企业家们，都如刘汉元这般思考问题。

至此，刘汉元已尽其所能，将鱼畜禽的饲料生产、养殖以及整个产业链，做到了极致。"一个人真正的价值首先取决于他在什么程度上和在什么意义上从自我中解放出来"，至此可以看到，其实刘汉元真是一个保守的人吗？不是，他一直在不断地从自我中解放自己、超越自己，把自己能做的事做到更好。

而今，大型涉农企业已进入全产业链竞争时代，"农业产业链打造和延伸的经营格局，正从局部探索，转入全面深入发展阶段"。饲料行业，特别是畜禽饲料的竞争已白热化，处于低毛利率状态。"能在这个行业生存下来，就能在任何一个行业生存下来。"唯有通过不断整合，运用通威擅长的"超越行业平均利润水平"的成本优化方法，才能降低链条上每个环节的消耗成本，获得总体竞争力的提升。

可以说，刘汉元在饲料行业，已经将他"超越行业平均利润水平"的理念做到了极致，甚至已将村镇行政组织动员了起来。这一方面来自他作为企业家追求经济利益的本能，另一方面，也完全符合他作为全国政协常委所承担的社会责任对他的要求。

也许，他的探索，正在成为全国城乡统筹发展、新农村建设和现代农业建设的标杆与典范。按刘汉元的低调风格，姑且再加一个"之一"吧。

一个公式：利润率提升值 = 执行能力和效率的提高 × 扩大规模 ÷ 成本费用的优化降低 × 100%。

最后我们再回头来看看前面第六章开头曾列出的这个公式。

稍稍学过数学的人都应该知道，这个公式中，分母越小，分子越大，最后的利润率提升值就越大。刘汉元"超越行业平均利润水平"的所有方法，都囊括在这个公式里。

第七章和第八章里描述的通威所有工作，都是在努力做大分子，比如全国各地业务员从简单的重点向经销商卖饲料转向重点为养殖户提供系统的、贴身的技术服务，提供实实在在的养殖指导与帮助，同时培育"通威村"扩大养殖规模，提高效率，打通产业链等；而之前的第六章，则描述通威如何优化降低各个环节的成本，做小公式的分母。

最后，分子分母相除，利润率自然会变大，"超越行业平均利润水平"自然就能达到。

这种做大规模、优化成本以提高利润率的思想，贯穿在了刘汉元未来的所有多元化发展之中，最终让他有惊无险地渡过了难关。

话题四：面向未来的趋势的集约化生产方式。

最后需要说明的是，通威以此种方式，不仅短期内实现了多赢，更重要的是从长远看，这种大规模的集约化生产方式符合未来的大农业发展趋势。刘汉元和他的高管团队显然对此看得很清楚——从全球发达国家现状和中国发展趋势来看，农业的未来是越来越少的农业人口养活越来越多的城镇人口，从目前50%～60%的农业人口养活全中国人，必然降至未来10%的农业人口养活全中国人，此时养殖业唯一正确的发展方向就是规模化、集约化，降低单位成本，大投入、大产出。

而总是着眼未来的通威，正率先以其独创的"蓉峰模式"在尝试。做企业就是做未来，刘汉元相信这条路一定不会错。

另外"蓉峰模式"除了适应了集约化发展趋势，还具有以下几点意义：按照通威的标准和流程进行养殖，并进行监管控制，因此食品安全得到最大的保障，而这一条至关重要；另外调动了农民参与产业发展的积极性，实现了公司与农户的优势互补、互惠发展，促进农民增收致富；同时，改善了农村养殖环境，促进了村容整洁，提升了农村畜禽业竞争力；实现了农业产业升级等。总之过去穷得不得了的村子，现在发生了翻天覆地的变化，不管中央还是省里来的领导，对此都有很高的评价。

第九章

多元化：从氯碱化工布局多晶硅

做企业就是做未来。

——刘汉元

"用技术的无限性来替代资源的有限性"，这是人类未来的出路。

- "知其雄，守其雌；知其阳，守其阴"，万物在这两种状态之间交融、转换、轮回，形成宇宙世界的基本形态，并得到快慢相生的速度。

- 这几十年，德国人做了一件坏事、一件好事。坏事是发动了第二次世界大战，好事是推动了全球新能源的发展。

- 在要害处布一颗棋子，不管外界发生什么样的变化，都会更加游刃有余。这颗棋子布在哪儿？

据说有一年，在上海 APEC（亚太经合组织）工商峰会上，刘汉元同搜狐网络的张朝阳聊天，说："我们在传统行业里，辛辛苦苦干了 10 年、20 年，你不过就干了三四年就超越了我们。"

张朝阳谦虚说："你别笑话我了。"

刘汉元说："真不是笑话。"

刘汉元后来坦承，自己和通威人在传统行业干得这么艰苦、这么累，面对一夜成功的新经济领袖们，有时候内心真有一种不平衡的、复杂又微妙的心态。

一个企业管理非常完善，又对所从事的微利行业有那么一点点心理不平衡的老板，他内心里埋得最深的欲望是什么？是多元化。

但要让这个极为稳健且谨慎的人对多元化动心，又非常难。

他并非不愿多元化，而是没有遇到合适的项目，何况他又是一个**事事追求完美**的人。

尽管如此，他仍在寻找，在研究。

"迄今为止,人一直在对抗自然,从今以后他就将对抗自己的本性了。"诺贝尔奖获得者、英国物理学家加博在 20 世纪中叶作出预言。直到今天,人们仍然没有完全获得这样的理性,而是以一种对抗的方式,从自然界掠夺资源来获得发展,直到付出环境代价。

思维总是与众不同的刘汉元渐渐发现,英国工业革命之后人类文明的高速发展,采取的主要是一种一元模式——建立在大量燃烧煤、石油、天然气等化石能源基础上所形成的社会经济发展模式。它的出现取代了人类依赖了数千年却十分低效的生物质能源,使人类文明获得前所未有的飞速发展。工业革命之后,人类的冲突和战争也从争夺土地以获得其附属的生物质能源,转变为直接争夺石油、煤炭等化石能源。

渐渐地,刘汉元开始研究,有没有某种与化石能源相匹敌的对人类具有重要作用的新能源作为替代或补充?有没有一种新能源,能与化石能源以二元方式共存……

如果加以辩证、二元的方法来看待问题,也许事情会变得更加明朗。

这时笔者仔细审视之后发现,中国传统的"二元哲学",是刘汉元潜意识里比较习惯的思维方式。人要靠两条腿走路,八卦图是一黑一白、一阴一阳,轻与重、缓与急、天与地、生与死,老庄哲学所称"知其雄,守其雌;知其阳,守其阴",万物在两种状态之间交融、转换、轮回,形成宇宙世界的基本形态,并得到快慢相生的速度。

当然,没有大是与大非的绝对,只有相对两方交错交融形成的中庸、平衡与和谐。这是万物内部力量博弈形成的一种存在方式,但它是动态的,其本身就是一个不断转换的过程。只不过很多情况下人们看到事物的状态,是相对静止的。

不管怎样,通威需要达成一种平衡,因为现在通威的产业板块是相对不平衡的。

作为一家集团公司,通威的一个重要收入来源是上市公司通威股份,刘汉元在上海卫视的访谈中也说过:"上市虽然融得了资金让通威股份发展更快速稳健，但因为各事项必须披露，让我们做很多事都受到了约束。"现实中，当刘汉元把水产畜禽（主要为鱼、猪、鸭三种）饲料领域的三条产业链全都打通之后，除了水平复制和在科研上取得突破，通威在饲料产销领域，显然已经到了一个平台期，纵深发展的空间已经变小了。

因此刘汉元很想再做一些"不受约束"的事作为集团能跑起来的第二条腿，以便在饲料行业遇到风吹浪打之时能有回旋的产业空间，正如俗语所说的"不要把鸡蛋放在同一个篮子里"。同时，因为饲料行业的微利，他希望能做一个赢利能力强的项目。所以他一直在寻找新的项目，当然，前提是不损害饲料主业。

"十来年都在想这个问题，虽然内心里对多元化并不感兴趣。"多种力量在他内心博弈，让事情变得有点复杂。不过，有一点他非常清楚，要真正多元化就必须学通用电气公司的杰克·韦尔奇，并看到他所揭示的本质：不管进入哪一个行业，只有做到前三名，你才有成功的机会。而事实上全球很难有人能同时驾驭好三个以上处于全球行业前三的企业。通用20多年的发展史就是一个买进卖出的历史，最后也只是在少数行业领先，才保持了企业的正常发展。

刘汉元说："如果纯粹因为有一个行业、有一个产品有利润机会，我们就头脑发热去投资，这样的机会太多了，但我们基本不可能去做。有没有足够的市场空间，能不能够长期稳定地发展，这个行业的大趋势是否关系到国家社会未来的重大发展，得出肯定回答的同时我们自己在这方面又比较有优势，这时我们才可能下手。"

所以刘汉元每年都会看数十个项目，每年又会放弃数十个项目。

进入 PVC，进入氯碱化工

通威的历史终于翻开了新的一页。

2007 年 12 月 1 日，一大早，四川乐山市五通桥区竹根镇。四川永祥多晶硅有限公司（以下简称"永祥多晶硅"）的工地上，人声鼎沸，早晨的雾气和众人忙碌得热腾腾的汗气交融在一起。在这里，通威集团旗下的四川永祥股份有限公司（以下简称"永祥股份"）投资 8000 万元，年产 200 吨的多晶硅项目开始装机。这个项目的设计者，是一位来自北京的 70 岁的多晶硅专家戴自忠教授。江湖人称"戴骗子"。

这一天，经受着种种"骗子"非议的戴自忠戴着安全帽，抑制不住兴奋，在不太平整的工地上跑来跑去地指挥装机。这条生产线，是他为自己正名并实现梦想的最后机会。

这边戴自忠一直忙上忙下地指挥，不远处的另一边，通威投资 5.5 亿元年产 800 吨多晶硅的生产线也正在紧锣密鼓地建设。这个项目的技术核心，则是以易正义为代表的四五名来自著名的 739 厂的专家，他们是刘汉元在 2007 年 1 月请到的另外一批人才，采用的技术正是与前者截然不同的改良西门子法。

而这群专家与戴自忠却相互轻视，互不服气；夹在两者之间的刘汉元左右为难，时间却不等人，刘汉元着急得不得了。

这一切，都是怎么回事？

上马多晶硅是怎么回事？戴自忠是谁？易正义又是谁？

这一切，都需要从头说起……

四川自贡一带自古以来就以生产井盐著称，这在刘汉元儿时的记忆中就是大人们常常说到的一件事。井盐产地一直延伸到四川的乐山五通桥等地。这一地区地下盐矿储量丰富，将水注入地下的岩层，然后成百上千光着上身、肌肉强健的男人们在井下一起劳作，将水抽上来，已经融解了多种无机盐的水呈现出一种黑色。这就是人们常说的卤水，一种天然的生产食盐的化工原料。这成就了自贡"盐都"的美誉。

将这种卤水稍加处理就可产生氯和碱，进而成为一种氯碱化工原料。氯碱化工是与石油化工、煤炭化工等并列的化工领域几大板块之一，可以延伸出很多化工产业链，而盐仅仅是这种化工原料一系列延伸产品中的一种。

比如用卤水很容易就可以生产出氯化钠（盐），也可以电解分离出氯气和氢气，剩下的就是氢氧化钠，浓缩到 90% 蒸发掉水分就成为固体烧碱；分离出来的氯气和氢气跑掉了很可惜，有的还污染环境，收集起来就可以生产盐酸；可以生产一种除草剂草甘磷，也可以用电石法与氯化氢气体发生反应，生产乙炔；再往后可产生出氯乙烯单体，形成聚氯乙烯粉，事实上就是 PVC，一种用途广泛的化工材料；氯碱和硅发生反应可以产生三氯氢硅，然后可以生产出硅橡胶、树脂、二氧化硅等重要化工产品；还可以生产水泥……

整个氯碱化工系列产业链非常庞大，而且都是社会生产中应用广泛、需求量大的原材料。

比如其中的 PVC 是人们生活中处处可见的化工原料，建筑用的落水管、塑钢门窗、家用水管全是 PVC 材料做的，还包括工业品、杯盘、玩具、凉鞋、农用薄膜、塑料袋、地下管道等数十上百种生产生活用品，应用惊人的广泛，市场价值巨大无比。

2002 年前后，刘汉元就饶有兴趣地对家乡的氯碱化工开始关注和研究。

他越研究越有兴趣，慢慢地他发现可以通过布局做出多种产业链。而且他还惊奇地发现，在自贡、乐山一带发展氯碱化工，还有一个天然的竞争优势：

这东西很特别，生产过程中产生的氯气有毒，不适合长距离运输，生产出来的三氯氢硅是一种无色透明液体，也有毒，二者运输都非常严格，只能用专门的罐车，每一车都要到公安部门审批，很危险。因此这种原料不能天南海北地采购，危险性和运输成本都大，所以其他地方要发展氯碱化工还不行，只有因地制宜，就地取材，就近发展。因而形成了自贡、乐山地区的氯碱化工的产业集群，形成了全国最有利的竞争优势。

刘汉元一看，乐了。"这不就是可以就近转移到企业上来的、行业内数一数二的优势吗？"

但是受他内心专业化的理念和谨慎稳健作风的影响，他没有立即大举进入，毕竟隔行如隔山。与其自己投资建厂，一步一个脚印地像做水产饲料那样艰难地往前走，远不如看准机会并购上马来得简便。而该行业已上马且经营不善的企业不少，他决定等待机会。

机会果真就来了！

2004 年 9 月，通威股份在上海证券交易所上市半年之后，同样生产饲料的巨星集团董事长唐光跃找上门来，希望刘汉元投资他在乐山五通桥做了一半的一个氯碱化工项目。

原来，刘汉元研究这一领域的同时，2002 年在乐山做饲料的唐光跃上马了一个 10 万吨产能的聚氯乙烯（PVC）项目永祥树脂有限公司，分两期实施，第一期项目是在他收购的一个 1 万吨国有烧碱厂基础上，建设一个 4 万吨 PVC 的项目，但是 2004 年工程建到 60% 多的时候，唐光跃的资金跟不上了。在需要快速上马的紧要关头，他决定寻求合作伙伴，同时与国内六七家上市公司洽谈投融资合作，也包括刚上市半年的通威。

刘汉元一看机会来了，立即组织团队，收集所有市场信息研究。

他发现，随着中国房地产行业的高速发展，生产塑钢门窗、落水管、室内水管等建材及其他装饰材料的最佳材料 PVC，价格已涨到了每吨 9000 ~ 10000 元的高位，而且还在快速上涨，市场行情已十分火暴。而且这时候全国只有 200 万 ~ 300 万吨的产能，市场缺口明显很大。对比国外，在 2000 年前后，美国和欧洲对 PVC 的消费量分别是 2000 万吨和 3000 万吨，以中国 12 亿人口的消费量，在 2000 年前后只有美国的 1/10！可以想象这个行业的增长空间有多么巨大，何况中国房地产行业又是以如此惊人的速度在发展。（到 2011 年，全国产能已从两三百万吨提升到了约 1700 万吨。）

同时 PVC 作为一种合成高分子材料，对人体很安全，资源又很丰富，在四川又有非常好的基础条件。刘汉元一看非常动心，产业价值巨大，成为房地产行业的上游，完全可作为自己梦想中的让通威跑起来的另一条腿。

好项目终于找到了！

唐光跃方面，一边是行业的快速发展促使他必须快速推进项目，一边又因为巨星集团是乐山本地企业，缺少大企业运营管理的基础和经验，即使不缺资金，将来经营管理也会有困难。因此唐光跃也很看好通威出色的管理体系、管理理念，加上他和通威在经营思路方面的共识，一直心仪于通威。加之唐光跃对刘汉元个人的认同，于是他最终在数家上市公司中，选择了通威。两人一拍即合，以50%对50%的股权进行了合作。（后来刘汉元实现了控股。）

进入永祥化工项目的第一天，通威便开始全面介入，以自己的理念和管理方式对永祥进行梳理和再造，并实施日常管理。唐光跃只作为股东参与。

这是刘汉元自1995年从多元化热情转为冷静的专业化之后，近10年都没有跨出去的情况下，真正迈出的多元化的第一步。但这一步快得让人吃惊，完全不是刘汉元的风格！而且他只到五通桥永祥实地去看了一次，前后20来天就定了下来，不到40天就签订了合作协议。这与他坚持了10多年的谨慎稳健形成了惊人的对比。

从此，通威发生了彻底的改变。

此通威再也不是彼通威。

这一变化让许多同事有些转不过弯来。这是否有头脑发热之嫌？表面上看，是PVC巨大的市场前景的原因使然，但事实上，事情远非这么简单，刘汉元有他自己的构想。

这一无人知晓的构想，看似与PVC无关，却与多晶硅有关。

全球多晶硅光伏市场启动

20世纪六七十年代，中国出于国家安全的战略考虑，曾经大搞三线建设，在川西乐山地区峨眉有一个集半导体、多晶硅研究和生产于一体的科研机构739厂，是当时中国研究生产多晶硅的权威机构。当时这样的机构有两个，739厂是其中之一，另一个是洛阳中硅高科技有限公司。后来739厂成了中国多晶硅技术人员最著名的输出地。

前面已经说过，由于氯碱化工的下游产品氯气和三氯氢硅都是有毒物质，不便于长途运输，因此相关产业多在卤水产出地比如乐山等地就地取材，就近发展。而三氯氢硅，正是生产多晶硅的原材料，因此739厂就设在了乐山地区的峨眉。

讲到这里，读者也应该明白了，之前提到过的2002年刘汉元差点进入的四川"一号工程"、年产1260吨多晶硅的新光硅业，也应该在乐山地区。的确如此。这一来，后来刘汉元围绕多晶硅发生的许多故事，都发生在乐山。

而多晶硅又是什么？

硅，其实就是砂子，多晶硅即高纯度无序排列的硅晶体。多晶硅除了作为半导体在电子产品上的应用，还因具有弱导电性，可切割成薄片之后接上导线，经太阳光直接照射产生电流。因为多晶硅原子里的电子活性很强，电子吸收了太阳光热能之后，电子就会快速运动脱离原子核的束缚，形成电子的流动即产生电流，即可发电。

早在四五十年前，这项技术工艺在全球已经很成熟，人造卫星展开的两翼就是多晶硅光伏发电装置。但是，由于用传统的西门子法生产1公斤多晶硅，耗电量高达200～400度，同时会产生10公斤左右污染极其严重的四氯化硅。而且当时应用范围狭窄，主要用于电子芯片的生产，用量很小，生产成本高，世界各国历来皆无大规模发展多晶硅的计划。在中国，整个行业一年仅几十吨的市场需求，在实验室里就可以生产完成，

739厂就是这样一个研究带生产的机构。

那么，既然市场这么小只能产生几十吨的需求量，为什么2002年四川会以739厂为依托，引进德国技术，要投产当时中国最大的年产达1260吨多晶硅的四川"一号工程"新光硅业？

原来，除了电子芯片需求量在增长，四川还主要计划将多晶硅用于出口德国、美国、日本。特别是德国2000年出台了一部《可再生能源法》，鼓励本国大量铺装多晶硅装置进行光伏发电，按理说需求量会变大。但事实上，新的法规对德国市场需求的启动效果并不明显。

这一切，刘汉元都看得很清楚。所以政府力邀刘汉元投资13亿～15亿元作为业主进入之时，刘汉元左算右算，20万元人民币一吨的市场价格不一定能赚钱、市场前景极不明朗、国内没有原料工业硅、自己没有技术优势……就算下游组件企业的产品全部用于出口，但日本、美国等国家对多晶硅铺装进行光伏发电的一次性补贴政策，也没能刺激这个市场的大规模启动。

整个全球多晶硅市场，依然没有动静。

因此，一向谨慎的刘汉元算出来的结果表明，投进去的钱几乎"永久性无法收回"。他最终决定放弃合作。

但是对政府而言，立了项已经上马的项目不能不做。2002年就已经开始建设的新光硅业，最终在2004年找到了国有企业四川投资集团有限责任公司作为业主，开始在乐山全面铺开建设。

也是这一年，刘汉元进入了氯碱化工领域，冲击PVC市场。

然而，人算不如天算，巧合的是，同样也是在2004年，德国政府调整思路，重新颁布了一个真正具有划时代的意义的《新能源法》——对光伏发电进行上网电价补贴。也就是说，对多晶硅光伏所发的电，通过一定的装置输入国家电网，即家庭等其他机构将所发的电卖给国家。价格上屋顶发电是每度0.57欧元，地面光伏电站发的电为每度0.48欧元，而当时德国火力发电上网电价仅仅每度0.03欧元，居民用电电价每度0.12欧元，两相对比，光伏发电上网利润可观。

于是德国人纷纷在自家的屋顶上、空地上安装太阳能发电和上网设备。到 2004 年底，德国光伏发电市场暴增 235%，超过日本，成为全球多晶硅光伏发电第一大国。

为什么德国如此重视光伏发电？原因很简单，多晶硅光伏是唯一真正的清洁能源，没有任何污染，而且可以永续使用，维护成本几乎为零。

这一来，全球各国纷纷起而效仿，全球光伏行业立即迎来规模和效益的井喷式发展！

2005 年上升速度越来越快。美国、西班牙、意大利、日本等国纷纷进行上网电价补贴，光伏发电在全球市场大规模启动，核心材料多晶硅旋即供不应求！世界各国旋即来到成本低的中国寻求多晶硅，中国多晶硅产业立即爆炸式发展，无数企业迅速抢入，同一年，生产下游多晶硅电池板的无锡尚德太阳能电力有限公司即在美国纽交所上市。

而多晶硅产量又如此之低，于是全球多晶硅价格开始一路攀升。

这一次，德国成功地推动了全世界对太阳能的大规模利用，对人类作出了非常大的贡献，以致后来刘汉元感慨道："这几十年，德国人做了一件坏事、一件好事。坏事是发动了第二次世界大战，好事是推动了全球新能源的发展。"

刘汉元布下的一个局和打开的一扇门

2005 年年初，全球多晶硅井喷的需求开始传导到国内，大量企业开始涌入多晶硅制造业，纷纷立项投资建厂，但是无论哪一家企业离生产出多晶硅产品，都还有很远的距离。

此时刘汉元在做什么？他并没有介入多晶硅，而是正在致力于水产和畜禽饲料主业的垂直产业链整合，同时致力于在新进入的 PVC 领域大力拓展。此时，他仿佛"智者千虑，必有一失"，但仔细观察，你会发现他只是"若有所失"，他其实比所有做多晶硅的人都更聪明。

正如前面所说，此时他有他的构想。他按照这一构想，正在布另外一个局——

他进入氯碱化工领域，就是介入了一个可以多角度延伸的产业链的源头，他要在要害部位布一颗棋子，不管外界发生什么样的变化，他都要比别人更加游刃有余。

这颗棋子布在哪儿？

2006年，国内多晶硅市场机会乍然出现。别人看到的是多晶硅下游的市场，刘汉元却哂然一笑，他看到的是多晶硅的上游市场。他惊喜地看到，氯碱化工的下游产品三氯氢硅不正是多晶硅最主要的原料吗？而三氯氢硅全国最大的产地不正是乐山吗？

于是，他铺了四条线，构成了他布下的这棋局：

第一条线，是原有的PVC生产，这一市场正处于井喷状态。永祥从2004年到2006年将PVC的产能从4万吨推进到了12万吨。事实上到10万吨之后就基本上使整个氯碱化工产业链的各个环节形成了足够大的规模。

2007年11月15日，通威集团、巨星集团与中国成达工程公司签订年产9000吨多晶硅项目设计合同

第二条线，是生产三氯氢硅，扼住多晶硅的上游市场。形成产业链规模之后，2006年年初刘汉元看准时机，投资1000万元上马了当时全国最大的5000吨三氯氢硅项目，那时多晶硅生产企业全国只有739厂有一个100吨的多晶硅厂和即将建成的1260吨的生产线（新光硅业）。但原材料三氯氢硅远远不能满足市场，买都买不到，做氯碱化工的永祥正好有这样的技术条件和技术优势，于是刘汉元快速决策上马了三氯氢硅项目。

他的想法是，当年虽然没做多晶硅，但现在我可以给你配套，从你身上赚钱。

第三条线是，有了自己的三氯氢硅原料之后，在合适的时候大举进入多晶硅生产领域。这会比别人更容易。

第四条线是，进入产业链的副产品电石渣水泥的生产。

这样，刘汉元的布局进可攻（多晶硅），退可守（三氯氢硅），还可进入房地产上游环节（PVC和水泥），房地产不好时PVC还可进入其他工业领域，一切显得游刃有余……

——看上去很多事情充满巧合，2004年刘汉元进入氯碱化工，而德国正好颁布了《新能源法》；2006年中国的多晶硅企业开始大量上马，刘汉元则开始做多晶硅原料三氯氢硅；新光硅业刚好2007年2月投产，刘汉元的三氯氢硅也正好在2006年年底竣工投产，他的三氯氢硅开始供给新光硅业。

这一切难道仅仅只是巧合吗？其实不是。

当时，国内的多晶硅企业没有一家有化工背景，都不能生产前端原料三氯氢硅，都需要对外采购三氯氢硅。

刘汉元布下的局里，正好让永祥的三氯氢硅在此时建成，开始源源不断地供给这些企业。当别的企业卖多晶硅赚得盆满钵满之时，从每一家企业身上赚钱的刘汉元，也许才是真正的赢家。

局布下了，刘汉元正坐等赢利之时，市场又迅速发生了变化！

进入2006年，国内的多晶硅行情已明显呈现爆发之势，市场价格一路攀升到每吨 100 多万元。刘汉元不断接到消息，别人纷纷建议"立即进入多晶硅生产领域"。合作伙伴巨星集团唐光跃也认为这是一个难得的机会，而且布下的线上也有这么一个方向。刘汉元终于有点按捺不住了，他发现多晶硅全球年产量仅 3 万吨，而需求正在猛增。他开始考虑，是否真要进入多晶硅的生产领域？

正犹豫间，价格又迅速暴涨到每吨 160 万元！刘汉元顿感惊诧莫名，开始潜心研究：多晶硅这东西究竟要干吗？光伏发电难道还会成为未来新能源的主流？

不研究不打紧，这一深入研究，刘汉元惊讶得几乎说不出话来——

能源对人类的重要性，众所周知。但是，根据国际能源署预测，人类目前赖以生存的化石能源如石油和天然气，都将在五六十年内耗尽，煤大概还可以用 120 年。这些能源用完之后人类还能用什么能源来支撑发展？核能不安全、风能水电潮汐能等只能起到一点弥补作用。最后发现，只有利用太阳能进行多晶硅光伏发电，才是永远用之不尽，又完全清洁无污染的能源，而且又完全足够支撑人类未来的发展。

刘汉元兴奋极了。"这是 21 世纪我们所能看到的全人类最伟大的产业！"他顿了下，"不加'之一'。如果我们用一种积极心态去对待它，它将执 21 世纪经济之牛耳。"（多晶硅光伏发电的全球前景，后面将作详细阐述。）

这个多年来以冷静著称的人，完全陷入了对太阳能光伏发电的狂热之中，他笑称自己遇到了一个千载难逢的机会，终于"受不了寂寞，经不起诱惑"，对进入多晶硅已完全心动。刘汉元的低调作风，似乎再也看不见了。他甚至会用"伟大"这样的词来形容这个尚处于探索中的产业。

那么，对于进入这一行业，永祥具备什么样的条件？

第一，这个对人类前景意义重大的新兴能源领域，对全球所有企业而言，技术起跑线都是一样的，没有谁比谁更有优势。对中国企业而言，机会均等。

第二，永祥的整个资源配置在全国独一无二，因为其他多晶硅企业都没有前端资源，只有永祥有三氯氢硅，而且还是其他企业的原材料供应商。永祥生产多晶硅具有成本优势。

第三，其他企业都没有化工生产的基础，而永祥本身就是化工企业。因为整个多晶硅的生产是化工运行的过程，运行控制要求非常高，控制稍有差错的话，不但成本降不下来，而且有危险。但永祥对这一切已经驾轻就熟。

第四，最关键的是泄露和污染，但刘汉元相信以自己的管理水平，这将不是问题。

第五，唯一缺的是多晶硅领域的技术人才，要专家。

只要找到最好的专家就可以做！

与时间赛跑的两个团队

事业在继续推进。我们在此回到了本章开始时的那一情景。

2007年12月1日，一大早。乐山市五通桥区竹根镇。在该镇永祥多晶硅的工地上，人声鼎沸，老专家戴着眼镜和安全帽，精神抖擞，抑制不住兴奋地在不太平整的工地上跑来跑去来回指挥。

一年以前，刘汉元和这位清华大学毕业的老专家还素昧平生，但是两个人仿佛注定会走到一起。此时，已决定进入多晶硅领域的刘汉元不愁投资，他最担心的是不能招到有真才实学的专家。于是2006年12月18日，刘汉元趁着在北京召开民建中央全会的间隙，在唐光跃的引荐之下，见到了业内颇具争议的戴自忠。

"当时我腰受伤了，样子很难看。"回忆自己第一次和刘汉元见面，老人记忆犹新。在他的印象中，刘老板"确实很珍惜人才"，相谈甚欢却是言犹未尽。

第二天两人又约见面，"感觉越谈越投机"。戴自忠带来了一个纸张已经发黄的笔记本，里面记满了他1984年创新性研究多晶硅以来的研究和实验笔记。他翻给刘汉元看。他告诉刘汉元，他的技术是非主流技术，当前国际上生产多晶硅的主要方法是西门子法，占了全球产量的90%以上，但他的方法不同。戴自忠把笔记本一页一页翻开，给刘汉元讲解用他的方法多晶硅生成的速度是多少，耗电是多少，成本是多少。

化学底子不错的刘汉元一听："哈，还真有想法！"

戴自忠又把化学反应原理翻给刘汉元看，刘汉元判断他说的原理是存在的、可行的，并且戴还说他在1984年已经用这种工艺生产出了产品。

刘汉元一拍桌子："行！有这样一个机会，有这样一个市场空间，怎么样？咱们干吧！"刘汉元正式邀请戴自忠出山。他也最终下了决心进入多晶硅生产领域。

不久，戴自忠如约带领团队来到成都。

技术问题终于可以解决。时不我待，一周之后，2006年12月25日，刘汉元在公司宣布"全力以赴进军多晶硅产业"。

乐山市人民政府与通威集团、巨星集团签订一万吨多晶硅项目投资协议

其实，当时永祥股份计划向政府申报的多晶硅项目是国内最大的 1 万吨的产能，但为什么第一批只实验性地上马 1000 吨？这正显示了刘汉元的谨慎和聪明之处。从未涉足多晶硅的刘汉元决定先上马一小部分，用最低的成本，去冒失败之风险，试验性地发现各种问题，以便在将来大规模上马的项目中得到及时整改和完善。否则在目前技术还处于探索阶段，就上全 1 万吨，将来付出的代价可能就太大了。

但是区区 1000 吨项目，为何还要分成 200 吨和 800 吨两个？

原来，戴自忠教授那套自己独创的、尚未被正式生产印证的多晶硅生产理论，与当下全球认为最好的改良西门子法大相径庭，戴还声称不产生污染，能耗很低。"多晶硅项目出了名的高污染、高能耗，你不污染还低能耗？"没有人相信，他还被同行甚至国家管理部门斥为"骗子"。

但就是这个被行业斥为"骗子"的倔强老头子，2006 年年底一见到刘汉元就信誓旦旦地说："我的方法可以让你的多晶硅成本大大降低，不污染……"

这一提法，当然与刘的思路不谋而合——商人都明白成本越低越赚钱。在多晶硅江湖群雄并起之时，更低的成本简直太有诱惑力了，刘汉元当然愿意将他请来。

然而，戴自忠到来不久，就与接踵而至的 739 团队产生了分歧。原本刘汉元是想将两个团队捏合在一起，优势互补，相互协作，孰料他们却坚持己见，相互排斥，因为用对方的方法上马不就等于承认自己的方法不好？"你的最好？怎么可能！"739 团队的改良西门子法可以将市场平均每吨 70 万～80 万元的成本，降低一半到 35 万～40 万元，而戴自忠认为自己的方法可以降到更低。双方都认为该采用自己的方法，彼此僵持不下——甚至关系僵化到了见面都不打招呼，一方绝不去另一方实验室的程度——有一次刘汉元带着一方的人去另一方的实验室，到了门口，刘汉元进去了，其他人却不进去，他们宁愿站在门口等。

这是一笔最终将达到 65 亿元的巨大投资，只要认为自己的方法是正确的，就没有人敢草率让步，更没有人愿意以数十亿元为代价去尝试失败。

几番争执无果，到 2007 年 2 月 9 日春节后，永祥与德国、美国等 10 余家企业已正式签订了多晶硅生产核心设备还原炉的定购合同，项目全面铺开。

箭在弦上，已不得不发！而且刘汉元也拿出 1000 万元进行奖励要求永祥必须以闪电速度上马。其实，他们已经够快了，从正式看项目到组成人才团队进入工作状态，只用了三个月时间。

但刘汉元觉得，还必须再快！

到 3 月 20 日，新光硅业试产已经成功，自己的三氯氢硅原料已投产，没时间再争论了！这一天刘汉元拿出一个折中方案，他至今对自己的这一变通引以为傲。"人是万物的尺度。"他与唐光跃商量说，"不能让人才去适应条件，而应创造和改变条件来满足人才。既然他们都认为自己是正确的，而且我们目前也只是处于探索阶段，那就干脆各做一块，谁好谁差做出来看就明白了。"唐光跃点头称是。

于是两方皆大欢喜，戴自忠带领一个团队用未正式投产过的全新方法做 200 吨实验性项目，另一组易正义等四五名专家则用改良西门子法做 800 吨项目。

两条线分开之后，互相间果真都不吵了，而且互相铆着劲做事。

内部问题瞬时化解。

总之不管怎样，多晶硅这条路，刘汉元必须走，他在和时间赛跑。以他经营企业多年的经验，他非常明白多晶硅已上涨到了每吨 200 多万元近乎疯狂的价格——这绝对是非理性的。市场杠杆迟早会让价格降下来，只是什么时候降？会降多少？没有人知道。

唯一正确的做法是，既然上马了，就要用最快的速度建成，在价格处于上升通道之时投产销售，方能以最快速度收回成本。绝不能因速度慢而落到价格下降的劣势中，那意味着什么大家都清楚。

于是两个项目都在以最快的速度紧锣密鼓、夜以继日地建设。

降成本，赢未来

2007 年 6 月，当中国提出要在三年后实现单位 GDP 能耗降低 20% 左右和主要污染物排放减少 10% 的目标后，"节能减排"一时间成为中央政府和全国各城市的一大重任，众多与多晶硅沾点边的企业，无不觉得，机会来了。

刘汉元敏锐地认识到，多晶硅行业必将涌入更多企业。他义无反顾地决定加速，此时唯一可以预见的风险是，国内乃至国际多晶硅产能肯定会很快饱和，正在疯涨的价格必定提早回落，届时无数企业会死去，而永祥多晶硅能不能在那时还活着？刘汉元已经想得很清楚，除了速度更快，还取决于他的成本能否在最短时间内降到更低。

需要想尽一切办法降成本！

这是刘汉元决定是否真正上多晶硅的关键。而那个被人们称为"戴骗子"的戴自忠教授，当初第一次见面时却告诉他，可以"降低一半成本"。

——正是戴自忠的这句话，最终促使刘汉元下决心进入多晶硅行业。

后来，据称刘、戴之间还私下签了一份协议——目标是成本降低50%——一个并不确切的预期。

低成本符合刘汉元的理念，但绝不是粗暴地以降低品质为代价。一向以搞科研见长的刘汉元认为，"用技术进步的无限性来替代资源的有限性"是人类未来的出路，因为技术进步能带来所需要的低成本。事实上他从创业伊始，就一直在"用高科技的方式做水产饲料"，这是他过去所向披靡的主要原因之一。

这个目标戴自忠能否真正实现，谁也不敢妄下定论，但二人已在一条船上。

其实，二人之间的协议背后，还有一个更大的局，这个局摆在刘汉元和他进军的多晶硅产业之间，和他对弈的是整个多晶硅行业的其他企业——

根据全球市场的需求增长可以预测到，2010年多晶硅需求量在8.5万吨左右，2007年全球总供给能力已增长到5.88万吨，缺口2.62万吨，供需矛盾仍然突出。过去几年，由于供给严重不足，已导致多晶硅价格年年暴涨。最近两年，全球纷纷上马或增产多晶硅，尤其是2006年以来，国内多个地区已筹建多晶硅项目，四川川投能源股份有限公司、乐山电力股份有限公司、四川岷江水利电力股份有限公司、保定天威保变电气股份有限公司……而且都是上市公司！大家都在争抢那2.62万吨的蛋糕，谁先投产谁就能抢到最大的份额；大家都很清楚，随着产能的迅速增长，多晶硅市场过不了多久就会饱和、过剩。

因此，谁能更早造出多晶硅，同时谁能更快掌握降低成本的技术，谁就能更大地占有市场，远离风险，最终赢得未来。所以项目上马以来刘汉元一直急急如律令。

况且新光硅业已经投产了！多晶硅价格已经涨到了每吨200多万元了！

刘汉元已无退路，他和戴必须赢，速度越快越可能赢。否则，如果永祥多晶硅没有形成成本优势，速度又慢，说不清什么时候市场饱和一降价，已经落后一步的永祥多晶硅只能如断线的风筝，随风飘落……

这不是刘汉元能接受的。他走了这步棋，他必须赢得未来，他相信"做企业就是做未来"，如果现在所做不能赢得未来，那么做这些还有什么意义！

按照通威与乐山市人民政府签订的1万吨多晶硅项目投资协议，其中一期年产1000吨规模的项目工程已推进建设，于2008年6月前正式竣工投产。按照提速计划，2009年上半年就会形成全部1万吨生产能力……

——时间推进到2008年6月，设备调试成功，正式开始试产。

7月，戴自忠首批试产的多晶硅出来了，小心翼翼地装箱，立即送上飞机，马不停蹄地送到了美国权威机构进行检验。

很快检验报告出来了。纯度达到 6 个 9 以上的多晶硅，即可以切割成硅片用于光伏发电，或作为单晶硅原材料用于电子芯片的生产，而戴自忠生产出来的多晶硅，纯度超过了 8 个 9（99.999999%），不仅达标而且已接近了电子级！

戴自忠的技术终于成功了！

同时该技术成果获得了多个重大突破，技术的先进性和产品的高纯度获得了国际同行的高度赞誉。

成功了，并且是用一半的成本生产出来的。此时刘汉元、戴自忠二人内心的狂喜可以想象，业内无数同行的沮丧，也可以想象。刘、戴二人终于有机会赢得整个行业，甚至可以说已经有机会赢得触手可及的未来。

很快，永祥多晶硅的产品预订合同签订到了 5 年之后，全部销往欧美。

大功告成，刘汉元将这项世界首创的生产工艺创新技术，命名为"永祥多晶硅生产法"并申请了 10 多项专利。他说："这一次，我们突破欧美国家的技术封锁，以自己的技术创新，同样跑到了世界水平的最前沿。"专利申请形成了关门策略，任何其他企业不能采用同样的方法生产，除非永祥授权。

随后一个月内，易正义带领的 800 吨项目也试产成功。最后证明，戴自忠的综合成本，比已经能节省一半成本的 739 团队的方法，还低20%～30%，这的确值得骄傲。这时的戴教授终于不再是"戴骗子"，他终于可以稍稍放松下来，于是有机会常常去附近的峨眉山登山。"刚刚攻下了大任务，心里很是轻松。"戴教授说道。

永祥多晶硅最终用 1 年多的时间，以行业前所未有的速度实现了建设投产，快得令人咂舌。事实上，国际上拥有成熟技术的大公司建设周期基本是 3 年，当时没有成熟技术的国内同行同等规模的建设周期用了 5 年。而刘汉元完成此事，从 2006 年 12 月底见到戴自忠才开始确定做，2007 年

1月初见到739团队，1月底人才陆续到位，2、3月份努力磨合两个团队试图合在一起，3月下旬、4月初才决定分成两条线。这种情况下，2007年3月底动工，到2008年4、5月份就开始调试生产，整个过程仅用了一年的时间，而且员工完完全全都是新人。

为什么速度会这么快？

"全体永祥多晶硅员工从2007年12月1日启动系统安装以来到2008年7月，8个月时间里没有人休息过一天，连春节都没有与家人团聚；大家战斗在施工工地，坚守在建设一线，每天平均工作时间达12小时以上；尤其是许多管理人员，在两次设备调试期间，几乎都是每晚工作到凌晨两三点，甚至通宵达旦，并连续三四天或六七天在办公室睡觉过夜；年过七旬的戴教授更是以工地为家，白天奔波在工艺设备安装、调试现场，晚上就在办公室里休息……"

以这样的速度，刘汉元把事情做成了。他知道，对于这个行业，时间就是一切。

大功告成，刘汉元心中就石头落地了吗？

远非如此。他的二期三期工程还有数十亿资金要投进去，他不知道多晶硅需求的增长和产能的增长，下一步哪一个会更快，最好是需求和产能二者交替促进增长。他也不知道什么时间多晶硅会突然降价。他的内心里，一直有一个深深的隐忧……

此时他能做的，就是降成本，降成本！

只有成本够低之时，将来行情跌下来，永祥才仍然会有赢利空间。

因此刘汉元和戴自忠计划好了，第一步，年产1000吨项目投产后，生产成本降到目前普遍成本（西门子法的每吨70万～80万元）的50%；第二步，3年后成本再降低50%；第三步，5年后最终成本降到每公斤100～150元，即每吨10万～15万元，并形成从多晶硅到太阳能电池组件、太阳能发电的新能源产业链条，建成世界级清洁能源公司。

2008年9月19日，永祥多晶硅正式投产。仪式上，永祥6根刚生产出来的长约 2 米的铅灰色多晶硅棒终于面世，向人们揭开了多晶硅的神秘面纱，并开始实现销售。

看上去，刘汉元终于以最快的速度跑赢了大势。他终于可以松口气了。

此时，多晶硅价格已上涨到每吨 330 万人民币！虽然国内平均成本高达每吨 70 万 ~ 80 万元，但是 80 万和 330 万之间，仍然有 3 倍的利润空间，这确实诱人，而刘汉元的利润显然更高。此时，全球光伏市场以每年 40% ~ 60% 的增长速度已保持了 4 年，全球多晶硅光伏电池产业的规模，已经扩大了 35 倍。

第十章
刘汉元的新能源"理想国"

> 人类不是离愚昧只有一步之遥，而是本身还在愚昧之中。

> ——刘汉元

西部大开发怎么开发才是科学的？学东部，不可能。那么做什么最好？600万平方公里的西部国土上只需要在1%的面积铺上多晶硅光伏发电装置，每年所产生的能源，就可以替代中国目前需要的所有能源。中国完全可以基于自己的天空解决自己的能源问题！

• 中国人做事常常不彻底，不精细，不准确。现在做不好，长期做不好，你就永远落后。

• 一个人不可能完全成为另一个人，或者说一个企业不可能完全离开他固有的文化轨迹和思想逻辑。

• 企业的二元哲学的观点是，既理想主义又极其务实，既坚守价值观又能灵活应变，既保持高品质又能不断优化降低成本，既全国大面积扩张又牢牢做实根据地，既看重自己的利益又兼顾客户的利益，既固守传统的低利润稳定的行业，又探索新兴的高利润高风险行业……许多看似矛盾的东西，在企业经营中达成和谐统一，一点都不矛盾。

　　至此，通威集团已形成了两大核心产业，一是大农业，二是多晶硅新能源，分属通威股份和永祥股份两个不同的法人主体。农业板块相对发展时间已经很长，管理模式成熟，管理团队相对独立；而多晶硅新能源也是相对独立的技术团队和管理团队，虽然在发展战略、重大项目、重大决策方面，仍需通威来作整体的规划、部署，但整个运营也在一步步走向成熟。

　　这是看上去完全不同的两个领域，一是传统农业领域，一是近几年才兴起的新兴产业领域，完全风马牛不相及，但在刘汉元眼里，二者却都属于能源领域，前者为人类和动物的生存生长提供可食的能源，后者为人类的文明进步提供可用的能源，二者都由太阳能转化而来。

　　另一方面，人类的生存发展都要消耗资源，这就涉及资源有限和过度消耗的话题。对此，刘汉元一直相信，英国催生的西方工业革命，其实就是以技术与效率的提高来替代自然资源的浪费，当然也是建立在对化石能源消耗的基础上的。每一次技术革命，人们都精心地选择以更便利、更高效和更大规模的资源利用，来降低单位生产成本，达到更高的收益、更快和更可持续的发展。

但现在，这个话题被打破了，人类开始直接对一种完全取之不尽、用之不竭、完全无限的资源进行工业利用，那就是太阳能。

多年来，刘汉元似乎就是用这种"技术替代资源"的理性思想，来指导自己的发展，无论是做饲料还是做多晶硅，无论是技术、管理还是产品质量，甚至都非常偏执地进行着苛刻的要求。这让刘汉元形成了一种对理想主义和完美主义的追求，事事都要求达到极致……

刘汉元做多晶硅，除了追求速度以赢得当下，他还更苛刻地追求技术和效率的提高，从而获得可持续竞争优势以赢得未来。某种程度上，后者更重要。上一章笔者重点讲了刘汉元高速上马多晶硅的过程，本章则重点说明他在多晶硅这个完全不同于饲料的领域内是如何追求技术与效率的。

技术、成本、效益、奖励

戴自忠成功地降低了成本，但他的诀窍其实在业内并不是秘密，就是将多晶硅生产过程中产生的副产品回收再利用，并再次生产出多晶硅。

但要做到并不容易。

西门子法和改良西门子法，均经由三氯氢硅经氢还原反应获得多晶硅。这种方法目前最大的麻烦是生产 1 吨多晶硅，会同时产生 10 吨左右的四氯化硅。这种物质有毒害，算是一种废料，需要投资建设新的设备来处理才能排放，而且对环境的污染极大，又要花钱去治理，于是大大增加了多晶硅的生产成本。

那么，永祥生产法是一种什么样的方法？和过去的生产方法有什么不同？

系统地说，多晶硅生产是高能耗产业，电费一般占全部成本的 40% 左右，生产 1 公斤多晶硅需要维持 1100℃的高温，要消耗 200～400 度电，因此电价的高低对企业至关重要。而戴教授的廉价制造技术，在用电量、三氯氢硅消耗上，比传统方法都有大幅降低。

永祥股份董事长冯德志进一步说："永祥生产法，实际上就是不排放四氯化硅，让它继续在系统当中封闭运行，让它继续当做一种原材料。"

具体来说，多晶硅的生产，是进行一种精馏提纯法。在还原炉中，有一根多晶硅半导体作为原始硅芯，在高电压作用下升温发红成为导体，温度升到 1000 多度的时候，原始硅芯开始软化，在这种环境下，将三氯氢硅充入还原炉，在高温之下氢就会被置换出来，已经气化的高纯度的硅会上升，不断地附着在硅芯上，不断结晶生成多晶硅，同时产生一部分四氯化硅，其他不到 0.1% 的杂质磷、硼、铁、锂等则下沉，从而分离出来。在永祥法中，并不把四氯化硅排放出系统，而是或者生产硅酸，或者再进行处理再成为多晶硅的原料三氯氢硅，在系统中再循环使用，直到硅完全转化为多晶硅，最后也就没有四氯化硅排放。

"是继续加入氢吗？"笔者发现，整个系统所需的材料就是硅、氯、氢三种，四氯化硅中缺少氢。

冯德志回答："是。其实整个反应的介质就是氯气和氢气，按一定的配比不断充入。"此时产生的四氯化硅进入另一个子系统之后，继续充入氢气，又会还原为三氯氢硅，然后又将它充入还原炉，就是这样一个循环利用的过程。此时氯化氢气体只不过是一个载体，在这个过程当中需要掌握好一种平衡，使原材料工业硅不断改变性状和分子排列秩序成为多晶硅。其实，整个反应过程，仍然是从硅到硅。

"这就是戴教授的核心技术，实际上非常先进。"冯德志说。

在这个过程中，除了需要用大量的水来冷却，会产生可回收的蒸汽余热之外，几乎没有其他排放。整个过程中不管哪一种材料损耗都会越来越小，成本也就越来越低。

于是在整个循环的过程中间，成本和效益就可以计算出来。

其他同行用9～10公斤的三氯氢硅可生产1公斤多晶硅，同时还有10公斤左右的四氯化硅需要排放处理。而永祥生产法，生产1公斤多晶硅只需要5公斤左右的三氯氢硅，不排放污染严重的四氯化硅，从而完全实现了环保无害化生产，也不需要再建四氯化硅处理设备，大大节约了成本。

其他主要成本则是电力消耗。同行使用的改良西门子法生产1公斤多晶硅，耗电200多度，永祥法则可以控制在80~100多度，甚至可以做到60～80度。

通过技术的优化，永祥法整个流程更短了，生产速度更快，投资更省。流程短了，环保可靠性更高，原材料消耗更低了，能耗比别人更有优势，装置也更加简化，所以总投资也低了。同行1000吨的投资以前要

永祥股份生产的多晶硅

13 亿元，刘汉元上马 1000 吨只用了不到 6.5 亿元；同行 3000 吨投资 25 亿元，刘汉元 3000 吨投资只用了 11.5 亿元。投资比别人省一半，折旧就比别人省一半。原料方面，别人需要从刘汉元手里买三氯氢硅，而刘汉元则可以直接拿过来用。

别的同行用改良西门子法生产 1 吨多晶硅，需要 35 万 ~ 40 万元的成本，而永祥股份 2011 年时已经可以把成本控制在 10 万 ~ 15 万元左右。

其中还有一个很重要的因素是可靠性。如果说成本优化反映了刘汉元一贯的管理思想，那么多晶硅生产的可靠性就更加深刻地反映了他的"超越行业平均利润水平"的效率优先原则。

刘汉元曾经说："中国人做事常常不彻底，不精细，不准确。这个行业现在做不好，长期做不好，你就永远落后。大到许多同行做出一条多晶硅的线，过几天回头一看，他自己都搞不懂是怎么一回事，小到设计、安装一个设备，拧螺丝钉是每颗拧几下，还是拧紧一颗再拧下一颗，二者对整个系统会造成什么影响，安装人员都要明白。如果不明白，在设计整个安装流程中就必须有严格的标准化技术方案，怎么拧，拧几下，拧多紧，都要提出标准，否则结果就是完全不同的。

"我们一直灌输这个概念，在通威股份我让大家算 0.9 的 10 次方是多少，永祥股份我要求算 0.99 的 100 次方是多少，因为它是化工企业，高频次高精度循环，要求必须更高。二者结果差不多，前者 0.35 左右，后者 0.36 左右，都及不了格。也就是说，如果你每一个环节都已经达到 99% 的高标准了，但是整个系统运行下来，结果只有 30% ~ 40% 的可靠性，那么显然整个系统是废的。如果要达到整个系统 80% 乃至 90% 的可靠性，单位系统和单位原件要达到 99.9% ~ 99.99% 的工作标准甚至以上，你才能做到没有风险，没有安全问题，顶多有一点次品，但系统可以不停下来。如果你只做到了 99% 的标准，这东西没准哪一天就往外面泄漏，破坏环境，造成伤亡，经济损失和社会责任就大了。朝外面喷的同时，外面的空气会往里面跑，形成负压。你要进行维护，前后必须关得很死，要进行超洁净度的清理。这就会造成巨大的经济损失。

"我们第一批多晶硅产品，达到 8 个 9 的纯度，这和给全中国 13 亿人一人发一个鸡蛋而且不能出现一次失误、不能出现一个鸭蛋的精准度是一样的。这种纯度要求，系统上只要有一点点失误，都不可能达到，整个系统都要停下，会让系统失去很长的工作时间和工作的可靠性。

"在这里，我说的都是什么？我说的当然是质量，但我说的更是成本，是效率。所以可靠性是多晶硅的生命线，没有可靠性，成本会大上天。有了可靠性，你才能有质量，你才有可能安安心心地去想办法达到我们要求的'技术比别人更优，流程比别人更短，生产速度比别人更快，投资只是别人的一半'的目标……"

在此，我们终于明白，为什么做饲料的刘汉元，可以去做化工。

当然，刘汉元一定不会只是提要求。要让大家都按他的要求去做，他的方法是，主要核心技术人员都有股份股权，包括戴自忠。你能够把成本降低多少，产能设计下你能达到多少产出，多大的投入产出了多少，多大的产出节约了多少成本等，所对应的奖励都是明确的。

责权利明确，方向和技术明确，难怪 2009 年永祥多晶硅全年生产天数达到 352 天，即全年整个系统一直在运行。这样效率就成了永祥的竞争力，也体现了永祥管理的高水平。类比同行一些工厂 50% 的效率都做不到，永祥的产能稳定达到 80%～90%，全行业达到这个标准的只有三四家。

而且永祥申报 35 项专利，获得授权 23 项，掌握了一批多晶硅生产的核心技术。

2010 年，工业和信息化部在全国进行了一次多晶硅的调研、考察，专门来到永祥股份，仔仔细细调查了其管理和效率情况，惊奇地看到永祥厂区内依旧绿草如茵、空气清新，并不像其他企业那样排放处理四氯化硅致使污染严重，考察团得出结论："永祥是国内循环经济工厂里，做得最好的一家。"

行情暴跌

2008年9月，永祥多晶硅正式投产之时，国际市场的价格已炒到了每吨330万元。表面看这是一个好消息，但仔细想想，这似乎也可能是一个可怕的坏消息，有可能已越来越接近"上帝欲令其亡，必令其狂"的那一刻。但有谁能准确预测出此时就是强弩之末，再也无力穿透鲁缟了呢？

而问题，恰恰不是出在光伏行业，多米诺骨牌倒下的第一块是美国的联邦住宅贷款抵押公司（房地美）、联邦国民抵押贷款协会（房利美）两家房地产金融企业——一夜之间，次贷危机来了。

好日子的确结束得太早了。对于刘汉元而言，他和他的团队还没高兴几天。

9月，永祥多晶硅赶了一趟末班车，以每吨320万元的价格做成了两单业务。"当时我们是用改良西门子法生产的，每吨40万元的成本，卖了320万元，你说赚多少？毛利280万元，销售价格是生产成本的8倍！收入约1.5亿元人民币。"刘汉元沉浸在回忆中，自豪地说。

之后，10月，美国次贷危机引发的全球金融危机突如其来，德国、西

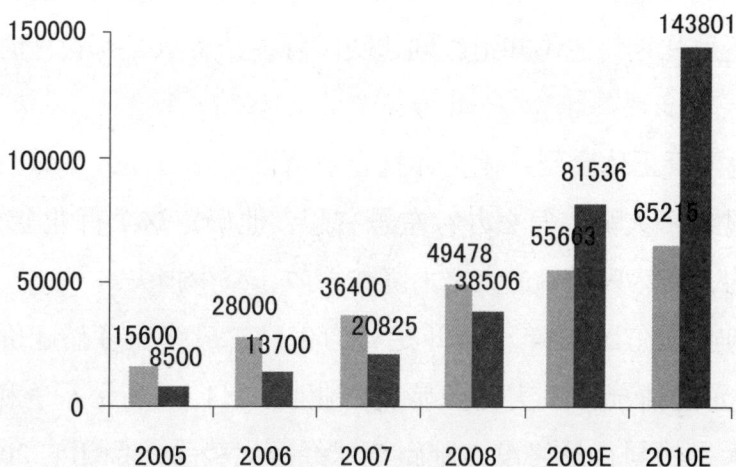

太阳能级多晶硅供需状况

- 多晶硅需求量
- 多晶硅供给量

（2005：需求15600，供给8500；2006：需求28000，供给13700；2007：需求36400，供给20825；2008：需求49478，供给38506；2009E：需求55663，供给81536；2010E：需求65215，供给143801）

班牙、日本、美国、意大利等主要市场顿时萎缩，多晶硅需求骤降，价格从每吨 330 万元一下高速下挫到 100 多万元、70 多万元，最后摧枯拉朽般降到了每吨 30 万~ 40 万元的成本价！

整个行业一夜之间目瞪口呆，愁云惨淡，无数企业停止生产。

永祥二期 3000 吨工程的实施被迫停滞，整个 1 万吨工程的推进节奏也不能按原计划进行了。

刘汉元几乎呆住了！虽然他一直以来都心知肚明，这一天迟早会来。价格下跌是必然的，每吨 330 万元的价格已经大大偏离了多晶硅的实际价值，这实际上是国际炒家们炒作的结果。而且价格上涨得越高越会令投资者疯狂进入，涨得越高必然掉得越快。

"但还是掉得太快了……"真正高速跌下来的时候，早有心理准备的刘汉元，还是没有回过神来。

至今刘汉元说起来还十分感慨："如果我们早几个月投资就好了。"按当时他的产能和行情，再有四五个月就能收回全部 6.5 亿元的投资。

价格猛然掉下来，他突然感觉心里没底，从未经历过这么大的全球性经济危机，而自己完全无能为力。整个金融体系会被破坏到什么程度？美国金融体系的崩盘会不会让整个欧元区经济崩盘？这种情况会持续多久，几个月，还是几年？他不知道。问通晓国际经济的人，都说一时半会儿看不清。

这时他才真正体会到，无论你把企业管理得多好，效率做得多高，你永远敌不过经济大势。怎么办？左思右想，他确定这个行业会一直存在，自己能做的，仍然只是尽最大努力降本增效，减少损失。

于是刘汉元在 2009 年全年开足马力生产，最终在多晶硅价格最低降到了 36 万元的情况下，实现多晶硅营业收入 11.97 亿元，净利润 219 万元——在大量的同行最终没有跑赢全球经济大势纷纷倒闭的 2009 年，永祥股份好歹与全球经济跑了个平手。

2009 年的下半年多晶硅价格回升，又上涨到了每吨 70 万~ 80 万元。

　　值得注意的是，这里有一次小小的资本运作。以饲料为主业的通威股份，在 2008 年 2 月多晶硅行情最为火暴之时，斥资 1.91 亿元收购了永祥股份 50% 股份。通威股份试图通过收购永祥股份正式涉足光伏行业。

　　然而仅仅过了两年，2010 年 2 月 11 日，通威股份又将其持有的永祥股份 50% 的股份以 2.48 亿的价格重新又卖回给了通威集团。显然，通威股份当初计划以多晶硅的畅销拉动股价，但事与愿违，多晶硅价格大幅下降之时，永祥股份赢利能力受到影响，导致公司当初收购永祥股份以"培育新的利润增长点"的目标难以实现。

永祥多晶硅二期项目奠基

多晶硅项目正式从上市公司剥离。

　　但是这并不意味着刘汉元放弃了这部分资产，相反，他不遗余力地推进着。2010 年 7 月 7 日，多金晶价格稳定在每吨 70 万～80 万元时，永祥第二期 3000 吨项目又悄然启动了，总投资达到 20 亿元，经历了一年多的建设之后到 2011 年 9 月份正式试产。这是多晶硅项目从上市公司剥离后的首个大手笔动作。

整个产业链利润空间下降的同时，刘汉元的成本也在下降，第二期3000吨投产之后，成本已经可以控制在每吨10万～15万元。

然而，市场远比人们想象的复杂。多晶硅价格一路反弹，2010年每吨70万元左右的价格持续了一年，按预期永祥二期可实现每吨50多万元的赢利，然而2011年5月，国内下游生产电池组件的企业受到欧美终端市场施压，要求降价20%，结果又导致价格一路下降到每吨30万元左右。但在刘汉元看来，每吨25万～30万元应该是理性的正常价格，跌到每吨25万以下则是非理性的，最终会逼迫一部分生产线停产，以重新取得新的平衡。不过在这样的价格区间内，永祥赢利是不成问题的。

刘汉元相信未来前景一定是美好的，他能做的，就是坚持。

中国应该如何利用光伏发电

三四年来，刘汉元一有空就会静下心来深入研究：多晶硅对人类究竟有什么意义？欧美等西方人为什么如此热衷这玩意儿？德国、日本、美国、西班牙、意大利等国，特别是德国，为什么要鼓励家家户户在自家楼顶、无用的空地上建多晶硅光伏发电装置，实行上网电价补贴？德国的这一做法对未来发展有什么意义？

对于中国，有什么意义？

地球上除了原子核能、地热能外，其他能量如风能、生物质能、水的势能以及传统的化石能源都来自太阳能，亿万年前的太阳能转化成动植物然后又转化成石油、煤、天然气。但是这些从英国工业革命以来推动了人类文明飞速发展的化石能源，以现在的消耗速度，石油和天然气再过五六十年将用完，煤100多年也会用完。

石油、煤炭、天然气等传统化石能源价格不断上涨，已经引发了全球性通货膨胀并可能带来全球性经济衰退，所以寻找新型替代能源迫在眉睫，各个国家都在投入巨大的人力、物力开发新能源。

这里有一段刘汉元的讲话，可以完全表明他的思想：

"未来人类可以永久性赖以生存的能源是什么？德国人已经替我们做出了选择：太阳能。这是地球上唯一取之不尽、用之不竭的能源，而且所有化石能源皆来源于太阳能。那么，为什么我们不直接利用太阳能呢？太阳每秒钟照射到地球上的能量相当于燃烧500万吨标煤释放的能量，如此丰富的太阳能可以直接利用，而且清洁无污染，可以永续使用。

"全球发达国家都在大规模地用光伏发电的方式来利用太阳能。中国该怎么办？中国更应该考虑能源安全的问题，我们的煤炭、天然气、石油资源大大低于世界平均水平，中国需要源源不断地进口石油才能满足发展，而进口石油的海上陆上通道全都掌握在外国人手里，这样中国的能源安全问题就是一个关系到国家民族未来安危的大问题。

"这种情况下，我们应效仿德国，眼光向内，看看我们自己有什么？中国西部600万平方公里国土的大部分地区承接了巨大的太阳能量。这时你可以发现，巨大的能量时时刻刻都在中国西部那片土地表面存在。把国家发展战略和这块土地上的资源匹配起来，可以发现太阳能是上天赐给中国的最丰富的资源。

"新疆、内蒙古、甘肃、青海、西藏，这些省份，在西部大开发中怎么开发才是科学的？学东部，没有条件，不可能。那么做什么最好？600万平方公里的西部国土上只需要用1%的面积铺上多晶硅太阳能光伏发电装置，每年所产生的能源，就可以替代中国目前需要的所有能源。只要产业政策一明了，东部发展经济，西部发展太阳能，西部就可以达到比东部还富的效果。也就是说，中国人可以基于自己的天空完全解决自己的能源问题，而不再依赖石油。

"我们来算财富，西部一亩土地无论种玉米还是其他粮食作物，亩产有500公斤已经不得了了，对应的财富最多也就两三千元人民币；一亩地如果生长出 300 公斤产油作物，制作生物柴油，可以转化的电力是 1000 多度，中间还要付出施肥、维护、生产等成本，消耗的财富折算出来至少有 1000 ～ 2000 度电。之后才能把它做成生物柴油，之后使用、消耗，又只有 30% ～ 50% 的能源转化成机械动力，达到人使用的目的。

　　"这里，我提出了一个'单位国土面积的财富输出价值'观点，对单位国土面积的不同使用会产生不同的效益。如果在西部一亩地（沙漠、荒山、戈壁等）上铺设多晶硅光伏装置来进行太阳能发电，一年可以输出 10 万 ～ 20 万度电，这和种粮食作物的 1000 度相比是什么概念？比都不用去比。

　　"10 万 ～ 20 万度电，对应成财富，以现在的电价来计算，那就是 10 万 ～ 20 万元人民币，就算打 5 折也是 5 万 ～ 10 万元人民币。这些发电装置装好后可以用 20 ～ 25 年，零排放无污染，可以天天为人类发电。

　　"多么有意义的事啊，从此中国将不再负有迅速发展的同时排放大量二氧化碳危害人类生存的道义上的责任，国际上对我们会更友好，争抢石油、煤气等化石能源的军事争端也会没有了，全中国人都会富裕。地球上的能源只有太阳能是永远取之不尽的，而且全人类谁都可以公平利用。这样一来，只要这一技术推广普及，整个人类的发展模式都会改变，除了种一点粮食，我们可以把所有耕地都还原为森林，人类从此可以永续生活在地球上。"

　　就光伏发电的现实操作，笔者进一步问了刘汉元两个问题：

　　问：光伏发电站在中国西部大规模建设布局，怎么解决资金和进一步的运作管理问题？

　　刘汉元：我们一直在思考、策划这一阶段的运作方案，最后认为用金融工具和金融衍生品比较合适。由基金作为资金来源，预计基金在国家政策和法律法规的保护下能够稳定地从中拿到 5% ～ 8% 的年收益，这是很好的了，接近零风险的前提下，银行都愿意投资。

　　这种情况下，全中国和全世界都可以用基金的方式解决资金的问题。

我们可以将规划中的 100 万千瓦，分段打包成若干个金融产品去融资。只要工程队伍在一定的面积里安装成一个打包产品，把它建成，交钥匙、完成验收，再把发多少电，然后金融资金投入多少、衍生品投资多少计算清楚，这就成为了一个金融产品。因为要使用 20 ～ 30 年，30 年以后这个场地还在，还可以继续更换新设备。在这二三十年的过程中，能源价格有涨有跌，就可以在金融市场里进行买卖。

这种打包产品，该哪一个环节赚的钱由哪个环节赚走，业主投资 5%，基金投 95%。这个产品包未来 20 年收入多少，比如初始价值可能是 1000 万元，可以溢价挂牌 1200 万元、1500 万元。至于维护，在当地有若干个维护团队，成立维护基金，就可以支撑无数光伏电站的建设及运营。

然后，我们可以在智能电网上管理所有发电系统，在大屏幕上可以实时查看，这样可以形成一个能源网络。通威力争从沙子到电站全产业链打通，这取决于政策环境和公司比较竞争优势，最终形成一种实际操作。

问：请您介绍一下光伏发电上网的相关应用技术。

刘汉元：这是一个很简单的东西，在能够见到阳光的地方都能安装。城市里高楼大厦再多，楼顶总可以见到太阳吧，高速公路上面搭上面板也可以发电吧。美国把现有的高速公路和停车场面积一核算，发现他们用电的 70% 可以靠在高速公路和停车场上面铺多晶硅面板发电来满足，这样高速公路的寿命可以延长，老化可以减缓，停车场可以让汽车的寿命延长，汽车开在高速路上也不至于晒得发烫。

由于还要解决电网上的智能调节、智能控制和一定的储能问题，另外支撑新能源汽车、电容电池等技术的应用，还会带动整个电网系统的改造跟进。

整个电网系统上，有若干分散的子系统会在网络上进行电能的交互。每辆汽车的车顶都是光伏组件，只要你在车库状态，就可以用感应的方式将车里的电能和智能电网进行交换和交易。届时，每一辆车随时都是电网的一部分，除非你在使用，停下来插上电就是电网的一部分，插上电连通之后数据可以在里面运行。比如现在用电处于高峰期，而电网缺电，现在电是 1 元钱一度，汽车就可以自动把发出的电上网卖钱，而且可以自动计费；过一会儿信息显示电价降到 0.5 元一度了，再往上输电就得亏了，自动售电系统就会停下来。冰箱现在的目标温度是 -20℃，必要的时候可以到 -24℃，不需要的时候到 -18℃ 就可以了，那么根据电网信息，程序可以自动把握。这是真正的智能电器，配合电网协调工作，根据电网信息自己决定什么时候工作，什么时候不工作。

再比如屋顶也是这样，当夏天阳光强烈时，会有大量富余的电自动售给电网，其他的电可供家里自己照明，这样不光赚钱，还节省了电费。当天气不好时，就自动从电网购电照明。高速公路上也是这样，谁投资谁受益……

——罗素有句名言："知道得最多的人，也就是最忧心忡忡的人。"当了解清楚这一切时，刘汉元几乎已经变成了另外一个人。从此一想到、一提到多晶硅光伏发电，这个以冷静著称的人就会忧心忡忡，然后他会激动，会热血沸腾，会滔滔不绝地为太阳能鼓与呼。2008 年 3 月召开的"两会"上，刘汉元当选为全国政协常委，就是从本次"两会"开始，他每年都会递交以发展光伏产业为主题的提案。

之后，经过深思熟虑，刘汉元决定在光伏领域进行产业链垂直一体化延伸。他要涉足终端。他要像德国人那样去发电！而且这也是一个空前巨大的商机。

现在，卤水、氯气、氢气到三氯氢硅、硅料，永祥股份都能自己生产，而且还有 PVC、水泥、烧碱等配套项目，此后 3 ~ 5 年，他的雄心将继续延伸，进入单晶硅、硅片、太阳能电池组件直至太阳能发电站。他要让永祥成为国内多晶硅产业链条最长、最系统的公司，也将成为一条全球最完整的多晶硅光伏产业链。

光伏理想和产业链垂直一体化

能源问题已迫在眉睫。

不仅能源面临枯竭，全球气候变暖就已经让人类喘不过气来。无论是丹麦哥本哈根气候会议还是墨西哥坎昆气候会议，国际社会已一致地将一次性能源消耗带来的一系列危机同中国联系起来。

2011年1月，世界经济论坛发布的《2011年全球风险报告》，将"增长面临资源限制"列为全球三大风险之一。"在传统能源有限的情况下，新的争夺只能转向新的领域。'新能源竞赛'无论在发达国家还是在发展中国家间，都将展开并逐步升级。"

事情已非常紧迫。中国也承诺大幅度减排。在中国的"十二五"规划建议里，与能源相关的表述达20处。"能源资源安全"、"应对气候变化"等都对能源问题多处着墨。显然，"推动能源生产和利用方式变革"，已经给企业提供了新的机会。

政策就是最大的商机。巨大的机会已摆在这里，多晶硅光伏发电，显然是机会之一。

然而，光伏发电这个对政府力量依赖性极强的产业，一直没有得到国家政策的强力扶持。对此，刘汉元以他全国政协常委的特殊政治身份，感觉自己承担着重大的推动社会经济进步的责任。他不光在每年"两会"上提交推动光伏发展的提案，还与人合写了一本34万字的大书《能源革命——改变21世纪》，并在2010年3月份的"两会"上，将其呈给了胡锦涛总书记。

这本书，是他以民建中央企业委员会的年度研究报告的形式交给总书记审阅的。当时两人握手时，刘汉元说："能源问题您很关心，我们去年作了一些思考和研究，报告以书的形式已经交上去了，我们认为这是一个非常重要的事情。"

胡锦涛总书记说："我一定好好看看。"

报告的最前面还有一页刘汉元专门写给总书记的函，刘汉元清楚地记得其中有这样一句话："无论站在我们国内资源、环境的内在要求，还是国际社会对中国发展产生的能源消耗、气候变化的担心与压力的任何一个角度来看，我国都应该下决心、花大力气，以高度紧迫感真正着手解决永续清洁能源的生产与供应问题。"他觉得，努力推动光伏发展，是自己的责任和义务。

虽然如果政策大力扶持，肯定对自己的企业有利，但他完全是站在对中国社会经济发展的前途命运着想的出发点上，来力所能及地尽到自己的责任和义务。刘汉元忧国忧民的情怀，于此可见一斑。

他要如此倡导，他也必如此身体力行，他会去践行自己的理想。

其实，刘汉元非常清楚自己肩负着多种责任。一方面，于公，作为全国政协常委，他要为推动社会经济的健康发展建言献策，特别是推动新能源的全行业发展；另一方面，于私，作为一名企业家，他又必须抓住一切机会使自己的企业获得最大化的利润和持续发展。

此时，作为企业家，刘汉元已把关注的焦点，从单纯的多晶硅生产进行了转移。

一是转向了整个产业链，二是转向了国内。其实，多晶硅暴跌之后，接下来该怎么做他已经想得非常清楚。他认为"任何事情，凡是想清楚了再去做的，没有不成功的"，他对国内产业链的微观状况进行了分析判断——

第一，如今市场上每吨 30 万元左右甚至更低的价格，其实是多晶硅正常的价值回归，之前的疯狂高价本就不正常。因此面对现在这一价格，你必须心态平和。多年来多次经历大风大浪的刘汉元，此时再次显露出他清醒理智的一面。

第二，当多晶硅价格下降之后，下游电池板生产和光伏发电才能降低成本，才能在全球在中国大规模发展。下游市场需求重新增大之后，上游多晶硅生产才可能重新上涨到一个合理的价格，多晶硅和整个光伏产业才能真正成熟、稳定地发展下去。

这一天，一定会到来。因此刘汉元知道自己必须坚持。价格降了，利润低了，整个市场重新洗牌，未来利润分布反而清晰了。这就是市场上那只"看不见的手"的作用。

第三，刘汉元又发现，产业链的利润重心也在转移。多晶硅暴跌之前，整个产业链的利润大头在多晶硅生产，下跌之后，产业链下游电池板的生产销售比过去变得更赚钱了。利润大头转移到了下游，国内全行业都呈现出这样的趋势，这是一个明显的信号。

这时刘汉元转变了思路："何不做下游？"抛开种种政治身份不谈，刘汉元本质上仍然是一个追逐利润最大化的企业家。

此时他的逻辑很直白："上游暴利就做上游，上游降价了，使下游成本降低变得更赚钱，那么我就去做下游。如果把整个产业链打通，我的最终成本将比所有竞争对手都更有优势的话，那我就把产业链打通了做！"何况，光伏发电是一个巨大无比的市场，通威没有理由不介入。

多方考虑之后，刘汉元决定将整个产业链打通，涉足电池组件生产和建站发电。

但是，还有一个问题一直在困扰着刘汉元——

刘汉元的氯碱及多晶硅企业都集中在乐山，但是乐山不具备多晶硅生产最需要的电价优势。乐山的综合电价，每度将近 0.6 元，而生产一公斤多晶硅将耗电 200 ～ 400 度，占到了整个生产成本的 30% ～ 40%，电价偏高，直接对多晶硅的生产成本带来了巨大的压力。

那么，谁能找到极低的电价生产出多晶硅，谁就能在这个低迷的市场中具备最大的竞争优势。

做企业，事实上就是一个不断产生问题和解决问题的过程。没有谁是完全一帆风顺走过来的，特别是在一个没有前人经验可循的新兴产业里。

刘汉元一边在寻找更低的电价，也一边开始了他的产业链延伸实验。

2011 年 4 月 12 日，伴随着一阵欢呼声，刘汉元以通威集团的名义，在川西理塘这个太阳能资源丰富，但电力供给紧张的藏族自治县投资 870 万元建设的 300kWp①太阳能光伏电站，正式运行。干净而强烈的阳光洒在太阳能电池板上，表面看似平静无奇的电池板，把阳光神奇地变成为了当地居民的照明、煮饭用电。

　　"这是一个公益项目，也是我们在光伏发电领域的试验田。电站的产权我们捐给了当地，但是我们要里面的实验数据，用以研究终端应用过程中的技术路径，以便技术突破。"刘汉元对这个项目钟爱有加。项目每年可以为理塘县县城及附近 8 个乡镇提供约 44 万度的发电量，每一度电都通过电力公司配送到住户家里。

　　至此，通威在河北丰宁、四川理塘已经修建了 5 个公益性质的光伏发电站，一粒粒沙子通过提炼与阳光融合，生动地映照出刘汉元的阳光胸襟和民生情怀。

大新疆，大手笔

　　古语云，"变则通，通则久"。一个个电站实验成功之后，接下来刘汉元将有更大的手笔。

　　对于时下的经济危机，有一个戏谑的说法："所谓'衰退'，就是别人停产的时候；所谓'萧条'，就是自己停产的时候。"好在对于刘汉元而言，他面临的只是严重"衰退"。2011 年、2012 年间，在许多同行纷纷停产之时，他仍然因其低成本成功地坚持生产供应市场。刘汉元不懈追求的"成本优化"和"超越行业平均利润水平"的经营理念，至此成功经受了一次最大的考验。

　　刘汉元相信，中国最终会走向光伏发电，但是中国也需要对上网电价进行补贴。中国必须走这条路，也只有这条路可走。2009 年 3 月，多晶

---

① Wp 为太阳能电池峰值功率的缩写，表示的是最大输出功率。——编者注

硅价格暴跌即下游成本猛降之后，以甘肃敦煌10MW（1万千瓦）光伏发电特许权招标项目为标志，中国终于大规模启动了国内光伏发电市场的建设，以此作为国家应对金融危机挑战、培育新的经济增长点举措之一。

随后，甘肃、青海、宁夏（实践证明，在宁夏银川安装1千瓦组件，每年可发电1700度，这样如果装机1万千瓦，宁夏每年可发电1700万度）、云南等日照资源丰富的省区，纷纷开始制订规模庞大的光伏电站建设计划……

很有意思的是，全球金融危机来临之后的2009年，中国本土的光伏装机容量，反而从2008年的40MW（4万千瓦）猛升到了600MW（60万千瓦），年增长率达到1400%！

大势所趋。2011年8月，国家发改委终于正式公布了上网电价每度补贴1.15元和1元两种价格，虽然补贴电价仍然远低于安装发电的成本价，但是，我们终于迈出了第一步。

至此，刘汉元知道，基于自己的技术自信和成本优势，一个更大的机会他可以去抓住了——整个行业衰退之际，正是强者愈强之时。

2011年9月，通威集团与新疆维吾尔自治区人民政府签订了战略合作框架协议，总投资435亿元布局新疆太阳能光伏一体化，由永祥投资建设5万吨太阳能级多晶硅项目、3GW（30亿瓦）太阳能硅片及电池项目和5座各35万千瓦的火力发电机组。产业链垂直一体化的布局十分明确。

这是永祥股份调整产业方向的重大举措，刘汉元开始大规模进军下游了。

投资新疆，一是新疆有巨大的太阳能资源优势；二是可就地获得煤炭的便利；三是新疆阜康市有大型水库能够提供充足的水资源；四是背靠乌鲁木齐等大中型城市，阜康市高速公路半小时可到乌鲁木齐，足以获得大量员工和满足员工生活需求。"此次新疆布局，通威新能源产业将形成四川和新疆'双基地'发展格局。"

刘汉元在西部发展太阳能的理想，终于可以亲自去实践了。而理想得

新疆维吾尔自治区人民政府与通威集团合作签约

以付诸实施，最重要的是新疆可以解决困扰了他多年的成本问题，特别是
电价问题。可见价格变化可实现理想，换言之，理想也是有价格的。

435亿元投资新疆，成本方面取决于两点：一是技术，而技术在永祥
股份已相当先进了；二是原材料资源的成本优势。怎样在技术领先的情
况下，寻找低成本的生产基地，这一点对任何企业而言都是一个不可忽
视的重要环节。

那么具体的成本优势是：

第一，目前国家很重视新疆的发展，给予了新疆很优惠的政策，但国
家的政策是新疆的资源就地利用就地转化成产业。项目跟着资源走，正中
刘汉元下怀，他正好可以在新疆亲自实践实现产业链一体化发电。

第二，当地有储量丰富的煤，揭开地表土壤就是几十米上百米厚的煤
层，开采成本相对低廉，最终价格为每吨100～200元。在中国其他地方
建电站发的电需要全部上网，但是新疆有政策，企业自备电站可以不上

网,作为企业的动力车间,自己发电自己用。这样,低成本的煤在自备的动力车间发电,成本每度仅 0.1 ~ 0.2 元,而四川乐山的电价是每度近 0.6元,因此永祥在新疆生产 1 吨多晶硅,成本仅 4 万~ 8 万元,而多晶硅的市场价格是 30 万元左右,永祥可获数倍的利润!按刘汉元的算法,他每年可节约 15 亿~ 20 亿元。这是刘汉元投资新疆最重要的原因。

而多晶硅因体积小,附加值超高,可装箱空运,上百万元的多晶硅一趟航空货运价就发出去了,单位运输成本极低。因此距离不是问题。

第三,西部得天独厚的太阳能资源。新疆大片土地不能耕种,而阳光又非常充足强烈,因地制宜,用生产出的多晶硅大规模地铺装光伏电站发电,就可实现刘汉元的理想。按国家的上网电价每度 1 元,永祥卖电又可赚得盆满钵满。而且多晶硅和电还可向西出口,卖到中亚乃至欧洲各国,开辟新的潜力市场。

第四,当地有一个大型水库。因为永祥生产多晶硅无污染,作为冷却过程当中热量携带者的水,最终可以还到大自然当中去,所以循环用水已不是问题。

这样,刘汉元实现了更低成本基础上的产业链垂直一体化,他的光伏事业迈出了最重要的一步。同样,刘汉元也在云南、江浙、内蒙古,四川的甘孜州、西昌等具有适合条件的地区进行考察,一旦合适,也将进行一体化投资。

——至此,刘汉元新能源"理想国",开始在国内一步一步付诸实施。

在刘汉元长期不懈的促进之下,新出台的《中国光伏发展报告》指出,到 2030 年中国光伏装机容量将达 1 亿千瓦,年发电量可达 1300 亿千瓦时。预计 2050 年前后,太阳能发电将可以而且能够从我国能源结构的补充和配角,转变为我国能源供应的主要选择和主流方式!

刘汉元终于可以笑到最后……

现在的刘汉元与过去相比,在理性、平和之中似乎多了一种激情,他相信完成任何一件事通常都有多种方法,但一定有少数一两种方法可以

"求解全局最优"，那就是先进技术和低成本相结合的方法。他二三十年来所有的经营历程，都是在寻找这两种方法的结合。在水产饲料行业，他用这样的方法，使通威成了全国乃至全球最大的水产饲料企业，在多晶硅光伏领域，他正在用这种方法使自己获得异于同行的成功。

"高瞻远瞩公司"的品质

J.C. 柯林斯在他的《基业长青》一书中对许多国际一流大公司进行了比较研究，发现了花旗银行、宝洁公司、美国运通公司等这些平均年龄已超过 100 岁的全球最优秀公司的许多相同特点：

第一，"他们最大的创造是公司本身及其代表的一切"，"最为高瞻远瞩的公司能够持续不断地提供优越的产品和服务，原因在于它们是杰出的组织，而不是因生产优越产品和服务才成为伟大的组织"。

第二，有着利润之上的追求，同时务实地追求利润。

第三，以核心价值为基础的保守主义，同时又有大胆、果断、冒险的行动。

第四，有清楚的远景和方向感，同时又进行机会主义式的摸索和实践。

第五，有宏伟远大的目标，同时进行的是渐进式的演变和进步。

第六，进行理念的控制，同时拥有运作的自主性。

第七，极为严谨的文化（甚至有时像教派），同时具有变革、行动与适应有能力。

第八，为长期投资，同时要求短期业绩。

第九，达观、高瞻远瞩、面向未来，同时优异地执行日常的实际运营……

仔细对照，我们可以发现，通威几乎一条不差地具备同样的品质。其实通威在一定程度上已不是一家企业，而是整个社会肌体不可或缺的一部分，成为社会或区域经济发展的一种基本元素，万户共同成长计划是这样，"蓉崃模式"更是这样，通威股份旗下80多家公司特别是此二者本身就是一种融于社会的"杰出的组织"，二者本身就是通威最了不起的创造。显然通威与第一条是吻合的。

通威踏踏实实地追求着利益，但同时又立志解决人类的粮食安全与能源安全问题，这既是通威"高于利润的追求"，是一种神圣的使命，又是通威实实在在的利润来源，第二条也是吻合的。

显然通威以刘汉元的谨慎低调的思想观念为核心，多年坚持专业化，但同时他又一直在追求大胆变化，从"通威鱼"、"金卡猪"到万户成长计划再到"蓉崃模式"、新能源，通威也一直在不断大胆果断地冒险，尝试种种新的可能，与第三条也是吻合的。它的远景和方向感是明确的，但也不放过任何机会，政策带来的机会、行情带来的机会、市场信息变化带来的波动，通威都及时敏感地抓住，第四条也是吻合的……

其他各条，也是基本吻合的。最重要的是，通威这家完全诞生于中国农村的本土"元企业"，以类似于国际大企业的经营思想和经营路径，每年源源不断地赚回利润。

看上去，刘汉元一直在变，在坚持水产饲料专业化时他在专业化领域内求变，在多元化之后他又在多元化领域内求变。然而他内在的许多东西，又是不变的。一个人不可能完全成为另一个人，或者说一个企业不可能完全离开他固有的文化轨迹和思想逻辑。不管是能源安全领域还是食品安全领域，刘汉元皆有所变有所不变。

再深入思考，我们发现《基业长青》的观点和通威的历程，都符合中国二元哲学的思想，皆一张一弛，一静一动，一近一远……

麻省理工学院的乔·贾瓦斯基教授说："领导者就是要去探索企业命中注定要走的路，并付诸充满勇气的不懈追求……经得起考验的公司都有崇高的宗旨。"通威身上流淌着一流企业基业长青的基因，在笔者看来，通威已经明显具备了某种"伟大公司"的品质。

第十一章
追寻万事与万物的本质

速度是任何物质、任何事物以及任何能量存在的方式。

——刘汉元

以食品安全、粮食安全和能源安全为企业发展战略，刘汉元这才感觉心里完全踏实了。而且以此终极目标制定的发展战略，并不是天马行空，而是实实在在可以具体操作和实现的。

- 技术是人能支配的事物之间的隐秘关系，而管理则是掌控事物运行规律的技术。

- 看清事物的本质和本源，直接在本质和本源上研究利用，这多么让人向往！最直接的状态最有效。这种"短链逻辑"，是事物之间最本质最直接的关系，路径越短，速度越快，成本越低，效率越高。

- 探寻万物深处的未知，这是何其精彩的人生！企业经营只是这种精彩人生的体现形式之一，一面是企业经营，一面是探寻未知，二者相互依存，探寻新的价值。

- 好企业犹如水底的潜流，无声无形又势不可当。

最直接的，往往是最有效的。

其实自然万物的联系从来都是直接的，物与物、事与事，从来都是两点之间的直线连接，纵然是一个庞大的系统，每两个个体之间仍是如此。是人自以为是地施加影响，违背了自然规律使事物之间的关系变得扭曲、复杂、模糊。在刘汉元看来，找回物与物、事与事之间最直接简短的关系，就是找回真理，也是掌握技术和发现最好的管理方法。

也许企业经营管理中的许多事，我们都应重新思考。

发现世界的真相

"万物的和平在于秩序的平衡，秩序就是把平等和不平等的事物安排在各自适当的位置上。"古罗马思想家奥古斯丁曾如是说。刘汉元所希望的，也是人类与自然的关系达到一种"秩序的平衡"，让一切存在的都各自回到应有的位置，实现永续发展。

但是，人类并没有这样做。

他直接问笔者："你知道地球的地壳有多薄吗？"笔者还没回答，他直接说："地壳相对于地球半径的厚度，比鸡蛋壳的厚度与鸡蛋的半径比还要薄，只相当于鸡蛋壳的1/3。而且几大板块挤过去撞过来，整个地球就像一个破裂的薄壳鸡蛋。鸡蛋的内部是静止的低温的，而地球这个破薄壳蛋的内部却是烧得发红的涌动的岩浆，随时都充满了喷发的危险。就是这样一个破碎的薄壳上，人类还在不停地打洞、抽油，搞得千疮百孔，挖出来烧个几十百把年把能源烧光，然后弄得沿海最繁荣的地方全让海水淹掉。照这样的模式，人类无法永续发展。犹如抽自己的血来换饭吃，饭吃饱了血抽干了，人还是死了。"

听他说这席话，看得出刘汉元内心的悲哀与痛苦……

这时我们可以发现，刘汉元其实是一个对万事万物的真相有着独特眼光的人。他总能看到事物的本质，热衷于发现万物之间最神秘的关系。

他又问笔者："世界存在的真相是什么？"

他说，是速度。是组成万物的原子之中的电子，以每秒30万公里的速度围绕原子核旋转而形成的一种"速度膜"，从而形成千奇百怪的物质形态。"换言之，万物如果失去了速度，这个世界将不存在，连本质都将失去。"他认为，速度是任何物质、任何事物以及任何能量存在的方式。

而万物之间的隐秘关系（规律），对人而言，就叫"技术"。

刘汉元是一个对事物之间的关系（规律）有狂热探究兴趣的人。他曾经和几个企业家一起去拜访比亚迪股份有限公司的王传福，几个人一块儿深入谈了三个小时，然后刘汉元对电动汽车上的铁锂电池产生了浓厚的研究兴趣。"电动汽车就是电池太大，需要把几百公斤装在车上。"他开始研究能不能将电池缩小，于是又开始研究与电有关的原子、电子、原子核……

然后他发现了速度构成万物的本质。

最后他认为，如果在一个火柴盒里依秩序排列装满电子并作为电动汽车的动力，那么这辆车就可以永续使用不再充电了，但估计人类永不能实现。这时候的刘汉元还真让人眼花缭乱，他的一些想法很离奇，但又很具诱惑力。

培根曾说：“人是自然的仆役和解释者。”显然此时的刘汉元是一个解释者。

在刘汉元眼里，世界真的非常神奇。两次“鱼粉事件”之后，他开始研究单细胞植物微藻——地球上先于其他所有生物出现的一种光合作用产物——全球已知的达两万多种，它们利用阳光、二氧化碳在水里生长，同时产生蛋白质、多糖、脂肪、色素、生物毒素等多种生物活性物质。某些种类的微藻可大量提炼生物柴油并可进一步生产出航空煤油，而有的微藻蛋白质含量高达 60% ~ 70%，相当于小麦的 6 倍、猪肉的 4 倍、鱼肉的 3 倍、鸡蛋的 5 倍，且消化吸收率高达 95% 以上，是人类迄今为止所发现的最优秀的纯天然蛋白质。

这不正是鱼粉的最佳替代品吗？进一步，它不正是人类粮食的替代品吗？

只要有水和阳光，它们就可以大量生产，就可以解决不断增多的人类带来的粮食安全问题，而且按推算，未来只需要目前耕地的 10% 就可以养活全中国的人口，健康水平还可以更高！微藻还能大量吸收二氧化碳，可以解决全球变暖的问题。刘汉元淡淡地说：“地球原本是个覆盖满了二氧化碳的星球，正因为微藻吸收二氧化碳放出氧气，动物才开始出现，然后微藻又进一步进化成高等级的植物。这个星球，才进化成现在的模样。”

现在，我们何不回到世界最初的形态中去，直接利用微藻呢？

数千年来人类用战争杀戮手段争夺的，都是微藻亿万代递进衍生而成的生物质能源和化石能源。在这个进化过程中，蛋白质和能源的利用率变得越来越低，成为越来越有限的、低效间接利用太阳能的能源。一直以来人类都在走这么长的一条弯路，今天，刘汉元的事业终于传递出一个信号：我们何不截弯取直，回到世界最初的形态即"元"状态中去，直接利用太阳能，并且直接利用最初最大量最简便的蛋白质来源呢？

太阳能就不必说了，微藻的具体应用方式很多，比如在厂矿企业里建一个车间，将企业生产所产生的二氧化碳不断充入水中，只要有充足的阳光，微藻就可以吸收二氧化碳不断生长，企业就可在实现节能减排的同时源源不断地产出生物柴油、蛋白质……

"人类世界完全可以用如此简单的方式形成良性循环，因为地球就曾经以此种简单的方式良性循环了亿万年！"因此通威倡导的，是看清事物的本质和本源，然后直接在本质和本源的层面进行研究和利用。"微藻不正是直接利用太阳能的产物吗？"刘汉元说，"最直接的，往往是最有效的。这就是一种短链逻辑，整个利益链越短越有力越有效。"

也许你觉得不可思议，但有人说刘汉元的"思想比财富更有价值"，他看到的是世界的本质、本源，根本和最初的状态，这就叫"元"。作为"元企业"的通威，几乎本能地对"元"状态的事物有着天然的亲近与兴趣。

回到本质中去，这是刘汉元最具魅力的智慧。

因此通威成立了专门的微藻研究所，为未来在此方面的发展全面展开研究实验。

管理深处的"短链逻辑"

这就是刘汉元，一个事物内在规律的探索者和运用者。从13岁进四川水产学校开始，就浸润在对事物规律的"研究"之中。从试验流水网箱养鱼，到生产出系数更低的饵料，到0.9的10次方内在含义的全新理解，到"蓉崃模式"的运用，到降低多晶硅成本的一系列探索，他所做的，总是别人没想到和没做到的事……

探寻万物深处的未知，这是何其精彩的人生！而企业经营只是这种精彩人生的一种体现形式。通威的经营一如硬币的两面，一面是企业经营，一面是探寻未知，二者相互依存支撑，从而产生新的价值。

企业经营中的管理也是如此，在刘汉元看来，"事物之间最本质的关系是一种路径最短、成本最低、关系最简单的关系"。扁平化就是管理简单直接化的一种尝试。那么在企业管理方面，刘汉元又是如何探寻这种本质关系的？

2011年几乎整个5月份，刘汉元都在为一件事生气。4月28日下午，他对相关领导说："各地分、子公司上午上班时间不统一，你们去拿一个方案，把全国各地所有分、子公司上下班时间统一起来，特别是上午上班时间。"因为集团有110多家分、子公司，广泛分布在全国各省市，东西部跨度大，东部部分公司早晨8：00就上班了，中西部的公司多数8：30上班。时间不统一，刘汉元希望统一起来以便于工作和管理。

他认为，这样的小事不复杂，总部打电话问问东部西部主要的公司领导，提一下要求，统一一下意见，选择一个合理的时间确定下来，第二天就可发出调整作息时间的通知。

哪知相关领导却搞了一场运动式的民主大讨论，制作了表格下发到各分、子公司要求相关人员填写意见，然后分、子公司都放下手里的工作关门在公司开会、讨论，这样一折腾，连同五一长假，半个月就过去了。刘汉元一了解到情况后，大为震怒："不要什么事情都顾及民主，事事民主最终的结果是平均智慧加极低效率！"在春天水产饲料销售旺季到来之际，你们不去市场打拼，却关起门来为这等小事浪费时间？

刘汉元深感不可理解，在通威这个以讲究效率著称的公司内部，在市场竞争如此激烈的销售旺季每一小时每一秒钟都是利润收入或损失的情况下，做事应该直接、简短、迅速有效，而不是去绕一个很长的弯路，这样做事显然成本大且效果差。

"塞翁失马，焉知非福"，通过此事，刘汉元及时发现了公司管理的问题，在全公司严厉整顿此事，再次强调效率的重要性，并提出"三个决定":"效率决定效益,细节决定成败,速度决定生死。"使整个公司的工作作风再次得到改观。

由此他再次发现,"管理不是一劳永逸的事",需要时时创新。同时他开始探寻管理的一个重要规律:在注意情商的前提下,管理是否总是有一条最简短、最直接有效的路径?

当然,一些基本的规律性的方法必须遵循,通威一直要求不管是哪一层级的员工特别是干部要达到"德、能、勤、绩"的岗位要求,顾名思义就可以理解;同时管理是一门艺术,还要求做到"四Q发展",情商(EQ)、智商(IQ)、逆境商(AQ)和责任商(RQ),缺少任何一方面都做不好工作。他认为,在"德能勤绩"和"四Q发展"充分结合的基础上,更直接、更短路径的管理就是最好的管理!

正如我们常说的一句话"走正确的路比正确地走路更重要",通向管理效果的道路有很多条,最正确的道路,是最短最快的那一条。

那么针对企业外部比如养殖户的管理,最短的路径又是什么?除了经济利益,最短的路径,是直指人心。如果没有深入有效的沟通,心与心之间距离会非常遥远,如果实现了有效沟通,心心相印,距离才真正最短。

其实通威多年来所做的所有技术服务工作,也都是为了直指人心。

笔者看到的《通威报》,就充分体现了通威人直指人心的"短路径"操作。

创刊至今20年不间断的《通威报》已出版数千万份,读者除了1.7万名通威员工,更多的是千千万万的养殖户。这份报纸从过去的4开4版发展到现在的对开16版,持续、系统、完整地传播着通威的经营管理和文化理念,做得既大气又精细,既有企业大事、新闻思想,又向养殖户传播技术信息和方法,在通威文化的建立和传承中扮演了极为重要的角色。这也是我国6000多份企业报中,连续办报、从未间断过的年龄最老的几家企业报刊之一。太多没有到过通威的人,相互交流时提及《通威报》,反而如数家珍,娓娓道来。

从每一期的报纸可以看出,通威为了做好这份报纸,在全国建立了饲料行业专家作者团队和遍布全国各分、子公司的内部通讯员体系，并对体系进行了成功的管理和运转。相反的是，一些著名企业的企业报，不管是内容质量、版式设计还是纸张印刷，都做得相当平庸，甚至不能卒读。

二者的不同反映了什么？笔者认为，通威做这份报纸，看似付出的时间精力和成本很大，但"在要达到的目的上实现了一种短路径"，那就是直指人心，所有的付出达到了最好的效果；而某些大企业平庸的报纸花的时间精力成本都小，但在达到办报目的上却走了一个漫长的弯路，反而让读者看到了企业品牌和文化建设的不足，把企业完全可以充分、高效利用的一个重点阵地忽略了，实在可惜。办报效果和企业形象就这样一增一减，对企业的评价和忠诚度就会一增一减。显然后者对办报的重要价值和意义还理解不清。

而且，从办报区别可以小见大，可以看出企业和企业之间责任力的不同、管理水平的不同、传播意识不同。千千万万的养殖户看到《通威报》后可以凭直觉判断，连报纸都办得这么好的企业，更加重要的生产经营管理水平肯定更加出色。

正因为出色的管理，我们才看到通威连续 19 年成为中国和世界上最大的水产饲料产销集团，2010 年整个集团销售收入 306 亿元，上市公司通威股份全年实现营收 96.22 亿元，收入下降了 7.3%，净利润却增长了 9.7%。

2011 年，通威品牌价值以 110.68 亿元人民币连续 8 年入列"中国 500 最具价值品牌"榜，同时，通威荣膺"2011 中国经济成就最具影响力企业"；刘汉元荣膺中国经济 CEO（首席执行官）论坛唯一个人奖项——"2011 中国经济最具影响力人物"奖……

2011 年，在金融危机影响持续不退的情况下，通威集团销售收入达到 352 亿元人民币，同比增长 15%，其中上市公司通威股份销售收入达到 116 亿元，同比增长了 20.57%。2012 年 6 月，通威品牌价值已提升到了 150 亿元人民币，是中国企业中品牌价值连续三年实现三级跳的屈指可数的企业。据笔者了解到，2012 年通威集团销售收入将超过 400 亿元人民币。对于这几个数字，我们想说的是，越是出色的企业，越能在逆境中赢得尊重。

也许，管理的实质，就是找到那一条"短路径"？

显然，路径越短，速度越快，效率就越高。

刘汉元与通威的社会责任

社会责任是一个不得不说的话题。

以刘汉元全国政协常委、民建中央常委、全国工商联新能源商会常务副会长、中国饲料工业协会常务副会长、中国渔业协会常务副会长等身份，可以看出，他远远不仅限于企业的经营管理者，而且完全是一个政治的参与者与行业的管理者。

除了民建中央的工作，他主要以全国政协常委的身份参加每年在北京举行的"两会"，并在会上提交自己的提案，对国家事务献计献策带来积极影响。比如——

1998 年的《建议完善，建立一套切实可行的道路建设规范标准和交通管理办法》的提案，2001 年年底该提案获得"全国政协优秀提案奖"。该奖每届颁发一次，政协委员 5 年一届，共有 2 万多件提案，刘汉元的提案是其中受表彰的 100 多件之一。

2005 年 3 月，针对当时凸显的税制问题，他及其他委员共同提案《抓住最佳时机，统一内外税制》，率先呼吁政府进行两税合并等税制改革，2006 年他将目光转向"三农"领域，针对农村大量资金外流的金融现状和相关机制约束，提出了《完善农村金融体系，强化金融服务"三农"》的提案，建议国家制定农村资金回流政策，引起了有关部门高度重视，推动了农村金融体制的改革。2007 年他的提案《抓住最佳税改时机，公平税

赋优化税制》，连续三年和数十位委员一起联名提议，最终促成了国家在
2008 年将国内企业 33% 的企业所得税税率与外资企业"超国民待遇"的
15% 的企业所得税税率，统一成了 25%，为中国企业争取到了公平竞争的
大环境，善莫大焉。

对此，刘汉元觉得很是骄傲。虽然不是以一己之力促成而是数十位委
员一起反复提的，但他对自己有幸成为这数十位委员中的一位，一起推动
了历史的进步而深感自豪。

2008 年"两会"期间，在民建和工商联组讨论会，吴邦国委员长
来了，说到原罪和仇富心理。刘汉元说："有贪官有污吏不等于政府是
贪污政府和腐败政府，有投机有偷税也有为富不仁不等于这个群体具有
这个共性。"吴邦国对刘汉元的发言很是赞赏。就是这一年"两会"上，
刘汉元当选为第十一届全国政协常委。

2010 年刘汉元提案《充分利用西部光伏资源，加快建设我国新能源基
地》，他发现了西部最合适的太阳能开发和效益最大化的开发价值。2011

刘汉元（左二）参加每年一度的全国"两会"

年的提案《关于将"质量强国"作为国家战略，并纳入"十二五规划"的建议》，显示出刘汉元站在国家战略的层面，思考更加宏大的问题……

笔者见过一些全国政协委员的提案，刘汉元历年的提案显然更专业更有说服力。这与他一向能洞察事物本质的能力有关。看事物看实质，看内在的规律，然后他会放低自己，"懂得越多的人越谦逊"，但你看他提出的问题观点却十分精辟独到。这才是刘汉元。

对于社会慈善，通威也承担起了一个大企业应有的责任。早在 1992 年，刘汉元就捐资成立了"通威希望工程奖励基金"，共资助四川省凉山州、巴中、广元、达州等贫困山区贫困学生和优秀教师近 2000 名；通威还成立了"通威水产教育奖励基金"，一次性捐助 100 万元支持四川农业大学水产教学大楼建设；2007 年，通威积极支持民建中央发起的"中华思源工程"，捐赠 5000 万元启动"思源·阳光计划"，用于太阳能清洁能源的科研投入和新产品研发，为经济欠发达地区，特别是少数民族相对集中的山区农村送去优质、高效、环保的太阳能生产、生活用电；2008 年汶川地震通威集团捐款捐物 1250 万元……

通威的慈善行为一直坚持不断，对社会的各种捐款捐物总额已超过 2 亿元。

通威对社会的责任，更重要更直接的远非于此，而是直接带动国内 85 万养殖户，并通过产业链条的延伸，直接、间接带动中国 3000 多万农民养殖鱼畜禽类增收致富。这才是一个企业对社会作出的持续不断的最大贡献。

而更大的光伏理想和微藻理想，还在路上。

生活无故事，知识有智慧

刘汉元的个人生活，我们决定放在这一部分里稍作介绍。不谈显然是

1992 年设立的"通威——希望工程奖励基金"举办的夏令营活动

通威每年捐资 500 万元，连续十年共捐资 5000 万元成立"中华思源工程·阳光计划"

不合适的。那么一个企业家中的思想者作为普通人、常人，又是一种怎样真实的面貌？

再怎么深刻的思想，在形而下的日常生活面前，都得退到一边去。

刘汉元很上镜。漂亮的双眼皮，兼有浓厚的书卷气和科研人员的精明、清爽，从来都是梳得一丝不苟的发型，脸上看不到苦难，除了略微显黑的皮肤留下了一点多年在农村日晒雨淋的印记，在他身上基本看不出二三十年辛苦打拼的历练沧桑。

刘汉元懂生活。一个人如果连生活都不懂，他又怎么懂得工作？有一年赴南京参加世界华商大会前两天，他还在家里聚精会神地修理一台雅马哈功放。他原本就对电器修理技术极为纯熟，不过看那副认真的神情，完全就是一个专业的电器修理员。

喜欢摆弄音响，自然对视听是有感觉的，他喜欢西方古典音乐，车上不想事的时候，会听一听，怡情养性，放松心情。

而在 2002 年赴上海参加 APEC 会议之前，他也刻意安排时间在成都会展中心溜冰场陪女儿溜冰，给女儿当教练。常年奔波在外忙工作，他一有机会就会陪陪家人特别是女儿。"不能欠家人太多，同时你得回到真实的生活状态中。我们创业的终极目的以及我们的工作是为了让生活更美好。"

在成为亿万富豪之后，刘汉元仍然过着中国传统男人的生活。夫人管亚梅对他的评价是：很顾家。刘汉元自己的总结是：每天按时上班，按时下班，除了非去不可的应酬，都尽量回家吃饭。

回家之后，刘汉元会用相当多的时间来读书，关心行业动态，学习新的企业经营管理和科学知识。这是多年养成的习惯，在学习的过程中思考、研究，融会贯通，举一反三。刘汉元认为，自己之所以能跨学科地掌握多种知识，那是因为知识是一种网状的东西，各种学科形成的是一个相互关联的大系统。

"系统性才是世界的本质。没有任何一个物体和物种是孤立存在的，个体一定是群体特征的呈现，而群体的系统性力量却是个体不能呈现的。任何事物的作用都是系统性的作用，孤立的作用是不存在的。因此同一门学科知识有这两个层面上的实质内容的不同，而绝大多数人只掌握了个体、孤立的知识，而系统性的知识力量，主要来自观察、研究，和运用时的把握及体会。对知识创造性和系统性的运用，那叫智慧。'运用之妙，存乎一心'。"

刘汉元在人民大会堂"身边的榜样——树立和践行社会主义核心价值体系先进人物事迹报告会"上做报告

这可以让我们从另一个层面，了解到刘汉元成功的奥秘。

不看书的时候，他有时会陪夫人去看喜欢的电影，有时在家里看，有时就和普通人一样到电影院去看。有时他也会陪夫人看看电视连续剧，当然主角是夫人。有时候他也会对某一部电视剧上瘾，有时候就只是陪夫人打打瞌睡。管亚梅只要看到刘汉元在旁边看着睡着了，她就知道这个电视剧不好看了。

另一个话题是关于钱。钱对于刘汉元，在不同的时期有不同的追求目标，在某种意义上，它更多的是企业追求的一个数字目标。而从人的角度来看，钱的规模越小的时候，它的个体属性就越大，但是规模发展到一定的程度，钱的社会属性会越来越大。如果说谁拥有财富，实际上是说他有一种更大的责任。刘汉元如是说。

刘汉元曾经说："写通威最难的是写报告文学，通威没有人们想象的大起大落，走得非常平稳。"没有传奇，这恰恰是他的过人之处。这证明他有一种他人没有的绝对清醒的品质。与刘汉元谈话时，你经常可以感受这一点。

说到外界对通威诸如"最好"的评价时，他通常会在后面加上"之一"二字。显然，那不是谦虚，而是一种思维和话语的习惯，一种低调冷静的风格姿态。对任何事情，如和别人的谈话时他绝不会无意识地点头说"嗯"，他一定会听清楚后，或者表示同意，或者说："不能简单地这样总结，必须要有全面的分析。"他无法判断清楚的问题，他肯定不会随便回答。他先要求对问题中的词语作明确的界定，然后再答。刘汉元的习惯是，没想清楚的话没想清楚的事他不会随便说随便做。所以十几年来，刘汉元一路顺风顺水，难怪他不那么憔悴。而且做人他还做得轻松。他爱笑，爽朗地大笑；爱电子，现在依然可以和摄影师探讨数码相机的电池和芯片问题；爱女儿，只有谈起他的女儿，他才毫不保留地用大量的赞美而不加"之一"。

所以他是清醒而理智的，他认为"清醒者生存"。有一次凤凰卫视采访刘汉元，问："有舆论认为，袁隆平用杂交水稻解决了中国人温饱的问题，您用'通威鱼'解决了中国的膳食品质问题，您怎么看这个评价？"刘汉元不假思索地回答："虽然我们都是全国农业科技先进工作者的获得者，但与袁教授相提并论，我认为不敢也不合适，对老人家我是非常尊重。"

刘汉元谦逊、低调的风格，于此可见一斑。

特别值得注意的是，这位全国政协常委发自内心的谦逊和低调，不会因对方身份地位的高低不同而不同。通威一位普通司机孙师傅给笔者讲了一个小故事，说明刘汉元的谦逊是一种发自内心的"对人的尊重"。

有一次，这位司机外出办完事回公司，车进公司大门时，突然遇到刘汉元本人开着车出大门，两车在大门处相遇停下了。司机一看是老板开车出来了，连忙倒车退让。谁知他车还没动，刘汉元已经把车倒向了一边，并招手示意他先进去。孙师傅一下被感动了。

大概是一年前发生的小事，孙师傅说："我一直记得。"

结束语：务实的理想主义

实际上，一家企业无论处于哪一个行业，无论做得怎么样，仔细梳理下来最终都会形成一个终极目标。那么通威的终极目标或者说愿景是什么？通威最终将以什么样的战略去达成它的终极目标？

至此，在整个发展战略上，通威已形成两个核心产业，一个和人类的食品安全息息相关，一个和人类生存需要的能源安全息息相关。不管是满足人吃的能源还是人用的能源，通威的终极目标都是为了生活更美好，两个都对人类的生存安全起着重大的推动作用，解决的都是人类长久发展的根本性问题。

以食品安全和能源安全为企业发展战略，刘汉元这才感觉心里完全踏实了。而且以此终极目标制定的发展战略，并不是天马行空，而是实实在在可以具体操作和实现的。

刘汉元和通威高管们越来越发现，这两个目标很伟大，很有社会责任感、使命感。这两个产业做起来，大家感觉不焦躁了，不会为了一时的小利被其他的项目所诱惑，而是坚定不移地朝着这两个方向努力。正如刘汉元曾说过的一句话："这两个产业，这两个战略目标和愿景，让我睡觉都很踏实，因为你做的事情对人类是真正有贡献的。"

　　着眼宏观，刘汉元在我国经济发展历程的坐标里看到了自己的身影。

　　他伴随着中国改革开放走过了 30 年的历程，见证并参与了这一伟大历史潮流里的每一次宏观和微观经济从不合理到趋于合理的转型变化过程，在这个过程中中国由弱变强，通威也由弱变强，更多像通威这样的企业构成了中国 30 年经济发展史，而 30 年经济史也推动了每一个像通威这样的企业成功走到了今天。可以说是历史机遇带给了通威一切，但在同样的机遇面前，又由于刘汉元个人的独特和清醒使通威变得更加与众不同且更加低调理智。

　　即使在一个容易让人冲动的行业里，他也比别人更多了一分务实和清醒。

　　这是一个既着眼于长远国计民生又清晰看见眼前利润的企业，一个有空间、有弹性的企业。

　　他的两大产业布局，一个着眼于最低端的饮食需求，一个着眼于最高端的未来能源，一个做当下，一个做未来。让刘汉元心里更为踏实的是，无论社会经济出现多大的动荡，只要不至颠覆，人们"吃鱼"和"放心吃鱼"的需求就不会变，通威股份的利润就是稳定的。因此通威就有足够的发展空间，来应对能源产业发展可能遇到的风险。

　　这时可以看到，刘汉元有一种清晰的理想主义的追求，但他又非常务实，并不凌空虚蹈。他过去两条腿走路的多元化追求演变成虚与实、动与静、变与不变的二元哲学理念。

　　更有意思的是，它做得风生水起又默默经营，深刻影响着我们的日常生活又有形而上的伟大目标；它不显山不露水，少有人注意，但我们每一天都不知不觉地悄然与它产生直接间接的关联。现在是在餐桌方面，将来则可能会在能源上……这样的企业犹如水底的潜流，无声无形，又势不可当。

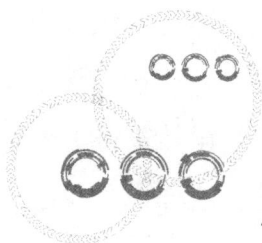

后记

我们都在经营一种时间函数

为了写这本书，笔者数次往返于重庆与成都之间，去和通威的人包括刘汉元面谈。两小时清爽的动车旅行是一段美好的时光。而多年前往返重庆、成都之间须乘坐的 K96、K98 次列车，朝发夕至，要在四川盆地里摇晃整整一个白天才能到达，那是有节奏的"咣当"声与身心疲惫交织的一种辛苦记忆。1995 年成渝高速公路通车之后，四五个小时耗费在旅途上的过程，也已经超过了人对时间的忍耐力。心情烦躁了好一阵，你才会感觉到，哦，快到成都了！

而两小时刚刚好。你可以保持好心情，准备好状态，神清气爽地进入下一个环节。也许这就是时代进步对人的影响，具体来说是科技的进步，不光影响到效率，它还影响到心情，影响到生活。

企业的经营也一样，一个完全处于传统行业的企业，现在它可以运用现代技术、现代理念，进行管理提升，重新认识和梳理自己的价值。这样它才能不断校正自己的方向，不被怀疑和迷茫困扰。

所以时间可以改变一切，好企业经营的是一种时间函数，它会随时间而改变，但不会随时间而崩溃。

我在写这本书的时候也经历了时间的考验，但最终没有使自己崩溃。那时候，白天上班，晚上写作。工作从夜晚9点10点开始，到窗外传来早行人的声音、汽车声和出现鸟鸣时结束。然后睡两三个小时之后起床吃完早餐，开车送小孩上学，再一直开到办公楼下停车上班。周而复始，三月有余。虽然算得上高效，但这样的透支显然是很糟糕的。

可以这样说，我也是在经营一个时间函数，看似高效，但不可持续。它不是常态，却很有价值。但是，将个体的短期行为变成企业也搞这种运动式的经营，相信很快就会分崩离析。所以看一家企业是否优秀，重要的是观察它的常态，是否平静而高效，而不是看它是否轰轰烈烈。轰轰烈烈永远不可能是企业的常态，国家亦如此。人不是机器，何况由人组成的企业还增加了组织的成本和惰性。好企业的经营，其实就是用好的制度（机制）把常态调整到优秀并保持住就可以了。

对我这种昼夜不分的状况给予了最大的包容和支持，使这本书得以正常完成的，是我的家人，我首先要感谢他们。我几乎放下了应承担的一切家庭事务，家人默默地把它们都承担了起来，包括孩子的外婆，一个70多岁的老人，她默默地尽了她最大的努力来支持我。

当然也要感谢我的妻子和孩子。孩子知道不来打扰我。这期间正值妻子复习考博，她和我一样辛苦熬夜，为了防止相互影响，她把书房让给我，自己窝在空荡荡的客厅沙发里看书。而我写下这一段后记之际，她已在西南大学完成了她最后一科的考试，正走在去面试的路上。愿上帝给她好运。

写这本书，我忘了爸爸的生日。原本打算在他生日那天回去，突然出现在爸妈面前给他们惊喜。结果我想起此事之时，爸爸的生日已过了好几天。

感谢通威众多接受了我采访的领导们，这本书应该说首先得益于他们积极的响应，他们对我的访谈毫不含糊地给予了全力支持；感谢黄其刚，作为集团副总裁他直接管理此事，他的宽怀和信任给了我最大的安慰和信心，让我有足够的勇气来面对这近百个深夜和凌晨。

感谢王辉、孙远、崔维顺，蓝狮子文化创意有限公司的吴晓波董事长及其出版团队，这本书的完成也来自你们的支持。要特别致谢的是通威的李岩，你在短期内完成的录音整理是这本书字数的好几倍。你开心的笑脸让人印象深刻。

这时才发现，一件像样的事要把它完成、做好，一个人是不可能的。总是需要一个团队，团队之间除了相互帮助、支持，往往还能在重要时刻进行推动，甚至是某种约束。

做了十几年的财经记者，受到圈内人士和读者认可，便一直想写书，写财经人物传记、企业案例和商业现象的深度研究之类的书籍，却因工作繁忙无从做起。没想到，第一本书来了，却是刘汉元和通威，一个10年前我采访过，至今仍然是我采访过的所有企业家里最难写的人和最难写的企业。现在，终于完成了。

冯骥才说："世界上有两种生命，前一种用时间计算，后一种用行程计算。不同的是，后一种有生命的目的。"说得真好。我觉得，我写这本书和刘汉元经营通威这个企业一样，我们都是向着某个目的去的。

其实我最想达到的目的，是还原这个企业经营的精彩，不唯好看，更求价值。但是"时光老人手里有一个筛子，那些重要的绝大部分都会漏过网眼，坠入遗忘的深渊，而所剩下的也往往是一些次要的东西"。虽然我自信写出了刘汉元和通威最精髓的东西，但无疑还是无法还原其本真。所有的行程都因时间而不能重复。时间留给这个世界的除了精彩，还有巨大的遗憾。

周　唱

2012 年 8 月

图书在版编目（ＣＩＰ）数据

财富之上：刘汉元和他的商业哲学 ／ 周唱等著. — 杭州：浙江大学出版社，2012. 9

ISBN 978-7-308-10370-1

Ⅰ．①财… Ⅱ．①周… Ⅲ．①商业经营-经验-中国 Ⅳ．①F715

中国版本图书馆CIP数据核字(2012)第184550号

财富之上：刘汉元和他的商业哲学

周　唱等著

责任编辑	黄兆宁
封面设计	红杉林文化
出版发行	浙江大学出版社
	（杭州天目山路148号　邮政编码：310007）
	（网址：http://www.zjupress.com）
排　　版	杭州林智广告有限公司
印　　刷	浙江印刷集团有限公司
开　　本	787mm×1092mm　1/16
印　　张	18.5
字　　数	256千
版 印 次	2012年9月第1版　2012年9月第1次印刷
书　　号	ISBN 978-7-308-10370-1
定　　价	46.00元